"十二五"国家重点图书出版规划——老龄问题研究与对策

国家应对人口老龄化战略研究

积极应对人口老龄化战略研讨会文集

国家应对人口老龄化战略研究总课题组　编

华龄出版社

责任编辑：李成志
责任校对：高雅婧
责任印制：李未圻

图书在版编目（CIP）数据

积极应对人口老龄化战略研讨会文集/国家应对人口老龄化战略研究总课题组编．—北京：华龄出版社，2014.2

（老龄问题研究与对策：国家应对人口老龄化战略研究）

ISBN 978-7-5169-0372-8

Ⅰ.①积… Ⅱ.①国… Ⅲ.①人口老龄化—对策—中国—文集 Ⅳ.①C924.24-53

中国版本图书馆 CIP 数据核字（2013）第 288810 号

书　　名：积极应对人口老龄化战略研讨会文集
作　　者：国家应对人口老龄化战略研究总课题组　编
出版发行：华龄出版社
印　　刷：科伦克·三莱印务（北京）有限公司
版　　次：2014 年 1 月第 1 版　　2014 年 1 月第 1 次印刷
开　　本：889×1194　1/16　　印　　张：12.75
字　　数：250 千字
定　　价：38.00 元

地　　址：北京西城区鼓楼西大街 41 号　　邮编：100009
电　　话：84044445（发行部）　　传真：84039173
网　　址：http：//www.hualingpress.com

总课题组

组　长　李立国　李学举

副组长　陈传书　卢向东　傅绍林　朱　勇　曹炳良　由明春

成　员　（按姓氏笔画为序）

于学军　王素英　尹志远　李　宏　苏　国　杨瑾峰
吴玉韶　张　立　陆　颖　郝福庆　阎青春　符金陵
鲍学全

总课题组秘书组

组　长　朱　勇　曹炳良

副组长　肖才伟　吕晓莉　党俊武

成　员　（按姓氏笔画为序）

孔　伟　孙娟娟　孙慧峰　李　霞　李志宏　肖文印
张　宝　张一鸣　张民巍　周　宏　庞　涛　钟长征
骆开定　徐　平　陶　红　龚仁伟　彭　捷

子课题组负责人（按姓氏笔画为序）

于　宁　王小章　王天夫　邓文奎　米勇生　李　军
李　爽　杨立雄　杨菊华　何　平　陈文辉　张肖敏
张建军　张恺悌　林　义　周尚意　郑秉文　陆杰华
饶克勤　莫　荣　贾旭东　郭志刚　崔卓兰　谭　琳

总　　序

回良玉

“十二五”国家重点出版规划之《老龄问题研究与对策·国家应对人口老龄化战略研究》丛书出版在即。这是我国社会科学领域一项重大系统工程的成果，凝聚着众多部门专家学者、工作人员的智慧和汗水，是我国老龄问题研究道路上的一座丰碑，对构建中国特色的老龄问题理论研究体系具有重大促进意义，对制定实施积极应对人口老龄化国家战略具有重大决策参考价值。在此，我向所有为此次战略研究作出贡献的专家学者、工作人员表示衷心的祝贺！

人口老龄化是经济社会发展进步的产物，也是21世纪人类社会共同面临的重大课题。人口老龄化作为一种不可逆转的客观发展趋势，同全球化、城镇化、工业化一道成为重塑世界发展格局的基础性力量。本世纪上半叶，是我国建成富强、民主、文明、和谐的社会主义现代化国家，实现中华民族伟大复兴的重要时期，也是我国人口老龄化快速发展、老龄问题日益凸显的时期。快速发展的人口老龄化与经济体制转轨、社会结构转型、文化观念转变、利益结构调整相叠加，给我国发展带来的影响全面、持久而深刻，已经成为影响国计民生、民族兴衰和国家长治久安的重大战略性问题。

我国是发展中人口大国，老龄问题具有自身的特殊性，在应对人口老龄化的道路上没有哪个国家能够为我们提供现成的经验，我们必须在前进中不断摸索，探寻规律，探索出一条具有中国特色的积极应对人口老龄化之路。这是一项关系社会主义现代化建设全局的重大课题，也是我国一项长期性战略任务。在此背景下，必须树立战略思维、加强战略研究，谋划出符合我国基本国情、切实可行的积极应对人口老龄化的战略。正是基于这个初衷，全国老龄工作委员会于2009年起组织实施了国家应对人口老龄化战略研究。

此次战略研究，是摸清我国人口老龄化的基本态势、存在的突出问题、面临的严峻挑战、应对的现实基础等问题的一项重大国情研究，是探索我国人口老龄化发展规律及其与经济社会发展的相互关系、建构具有中国特色的老龄问题理论体系的一项重要基础研究，是找准我国老龄问题的矛盾症结、理清我国应对人口老龄化战略思路、明确我国老龄事业发展道路的一项重大决策研究。党中央、国务院对此高度重视，胡锦涛总书记、温家宝总理都提出了明确要求。这次战略研究，也是首次从国家层面、战略高度全面审视中国的人口老龄化问题。20多个省（区、市）、30多个国家部委、40多个科研单位、400多名专家学者参与其中，历时三载，形成囊括8个重点领域、24个子课题、520多万字的研究成果。这次研究的突出成果可以概括为三“有”：

一是研究上有更大突破。此次战略研究在人口老龄化与人口长期均衡发展，与经济可持续发展，与社会和谐稳定，与养老、医疗、服务等民生保障建设等问题，以及人口老龄化条件下的城乡统筹发展、老年人问题及解决途径、老年人社会管理等领域，取得了崭新的研究成果。其中，人口老龄化态势发展预测模型、影响经济发展的途径和机制、整个社会的养老成本测算方法、老龄事业发展指标体系等研究成果，填补了当前老龄问题研究领域的空白。

二是认识上有更深发展。实现了“四个提升”。即把解决老年群体的问题提升到解决全体公民老年期的问题上来，确保全体公民进入老年期后能够享有更有尊严、更加体面的幸福生活。把解决单纯的养老问题提升到全面应对人口老龄化问题上来，从经济、政治、文化、社会发展各个领域全面作出安排。把被动解决人口老龄化带来的问题提升到积极应对人口老龄化的导向上来，主动适应人口老龄化的客观要求，提前作好全局规划和战略准备。把应对人口老龄化挑战提升到全面激发经济社会发展活力上来，从调整经济结构、转变增长方式、培育人力资本、扩大社会参与、创新社会管理、加强公共服务等方面，最大限度地保持和激发各方面的积极性、主动性和创造性，实现经济社会长期发展、繁荣稳定。

三是对策上有更多创新。此次战略研究系统提出了有中国特色的积极应对人口老龄化的战略框架，进一步完善和发展了“六个体系”。在老龄战略管理体系方面，提出要更加注重对老龄化态势的动态监测、对老龄问题的风险预警、对规划实施的监测评估与监督管理；在养老保障体系方面，提出要更加注重合理界定政府、社会、企业、家庭、个人的责任界限，建立完善多主体、多层次、可持续的制度架构；在健康支持体系方面，提出要更加注重面向全民的健康管理、健康促进和健康保障，面向老年人的预防保健、疾病治疗和康复护理。在养老服务体系方面，提出要更加注重巩固发展家庭养老功能，建立完善长期护理保障制度，充分发挥市场在资源配置中的基础作用。在宜居环境体系方面，提出要更加注重城乡规划、住房建设、公共环境建设的前瞻性和预见性，营造更加安全、便捷和舒适的老年生活环境。在老龄工作体系方面，提出要更加注重老龄工作体制的完善和政府主导作用的发挥、社会力量的参与、老年群众组织的建设和老年人社会管理体制的创新。

总的看，这次战略研究领导有力、组织周密、参与广泛、配合默契，注重理论研究与实践发展相结合、战略研究与成果转化相结合、定性判断和定量测算相结合、系统研究与结构分析相结合，带动了地方和部门、学术机构和社会团体对老龄问题的深入研究，取得了一批高质量、高水平的研究成果，达到了“摸清底数、探索规律、理清思路”的预期目的，引发了社会各界对老龄问题的普遍关注，营造了积极应对人口老龄化的良好氛围。为推动我国老龄事业进入视野更开阔、思想更深刻、认识更全面、工作更务实的新阶段奠定了坚实基础，为中央立足长远、谋划全局、科学决策、积极应对人口老龄化提供了重要依据。

此次战略研究成果显示，我国人口老龄化比原来估计的形势更加严峻、影响更加深远、任务更加紧迫。

形势更加严峻，突出表现在“三个超出预期”。一是老年人口规模超出预期。到2050年，我国老年人口将上升到4.83亿，比此前国家人口发展战略预测的多出5200万。二是老龄化程度超出预期。到2050年，我国人口老龄化水平将上升到34.1%，比之前的预测高出4个百分点，比同期全球老龄化平均速度快一倍多。三是社会抚养负担超出预期。到2050年，我国社会抚养比将上升到98.8%，比之前的预测高出13.6个百分点，社会抚养负担愈发沉重。

影响更加深远，突出表现在“六个持续”。一是经济运行下行压力持续增大。人口老龄化改变劳动力供给结构、提高经济运行成本、降低国民储蓄率和资本积累，对经济发展方式转变、国家税源结构、金融市场稳定、实体经济发展产生重要影响。二是养老保障压力持续增加。随着人口老龄化程度不断加深，我国老年抚养比将由目前的近5个劳动力抚养1个老年人发展到2050年前后的1.5个劳动力抚养1个老年人。社会养老保险潜在缴费者不断减少，领取者不断增加，养老保障体系压力日益沉重。三是医疗卫生服务负担持续增重。伴随着疾病谱向慢性病转型，社会医疗卫生服务需求和疾病经济负担大幅增加，老年人口疾病经济负担占国内生产总值（GDP）的比重将由现在的2%上升到2050年的5%，医疗卫生资源供需矛盾日益突出。四是社会养老服务需求持续增长。据研究，2050年我国80岁及以上的高龄老年人将超过1亿，临终无子女的老年人将达到7900万左右，均比现在增长近4倍，失能、半失能老年人将达到1亿左右，比现在增长近2倍。社会养老服务需求日益增长，健全养老服务体系任重而道远。五是统筹城乡协调发展难度持续增强。在工业化、城镇化的发展进程中，农村人口老龄化程度将长期高于城市，这将对解决“三农”问题、统筹城乡发展构成巨大挑战。六是社会管理服务要求持续增高。到2050年，我国老年人口将占到总人口的三分之一，逐渐成为重要的社会利益群体，对社会管理、公共服务、意识形态、社会稳定、代际关系、文化教育等诸多领域将带来广泛而深刻的影响。

任务更加紧迫，突出表现在“三个不足”。一是思想认识不足。2020年后，我国将迎来第二次老年人口增长高峰，人口老龄化对经济社会发展各方面的压力将急剧放大，可能出现老龄问题集中爆发、同步呈现的严峻形势，但从整个社会来看，对此问题的认识仍然不够。二是制度建设不足。我国现行的养老、医疗、服务等制度体系的设计和运行下了很大功夫，取得了很大成效，但仍滞后于应对人口老龄化的客观需要。三是工作准备不足。当前，我国老龄工作的组织架构、管理体制、运行机制、监督机制还不健全，基层老龄工作基础仍很薄弱，难以适应统筹应对人口老龄化复杂形势的客观要求。

人口老龄化将贯穿21世纪我国社会主义现代化建设全过程，特别是21世纪前半叶。我们必须深刻认识我国经济社会发展的人口基础将要发生的重要变化，将其作为想问题、作决策、办事情始终应当把握的基本国情，增强发展老龄事业的责任感、紧迫感和使命感，树立“积极老龄观”，实施有中国特色的积极应对人口老龄化战略。

树立“积极老龄观”，就是要做到“三个积极看待”。一要积极看待老年人。老年人曾为国家建设作出重要贡献，在经验、知识、技能方面具有独特优势，是经济社会发展可以依靠的重要力量。全社会都要尊重和接纳老年人，形成敬老、爱老、助老的良好氛围，同时要继续发挥老年人的作用。二要积极看待老年生活。老年期是人生发展的重要阶段，人人都要积极面对老年生活，提前规划老年生活，乐于安享老年生活。三要积极看待人口老龄化。我国的人口老龄化是经济社会发展进步的产物。我们既要看到人口老龄化带来的不利影响和各种挑战，又要看到应对人口老龄化的有利条件和发展机遇，既发挥老年人作用，又努力满足广大老年人不断增长的物质文化精神需求。

实施积极应对人口老龄化战略，就是要以科学发展观为指导，立足我国改革开放和现代化建设大局，贯彻“积极老龄观”，主动适应人口老龄化发展的客观规律，抓住“发展、保障、健康、参与、和谐”五个关键。

一是把握发展重点。人口老龄化将是长期影响我国经济社会发展的基础性因素，对经济可持续发展、城乡统筹发展和人口长期均衡发展的影响尤其深远。要推进经济结构战略性调整，把经济增长转变到依靠科技进步和体制创新上来，实现经济持续、稳定发展，为积极应对人口老龄化提供坚实物质基础；要统筹城乡协调发展，加快城乡一体化进程，加快发展农村社会事业，促进公共资源在城乡之间均衡配置，确保城乡老年人共同分享改革发展成果；要促进人口长期均衡发展，稳妥处理人口规模与结构之间的矛盾，提高人口素质，加快由人口大国向人力资源强国转变。

二是完善保障制度。保障制度不仅关系到老年人切身利益，而且关系到经济发展活力与社会和谐稳定。要加快完善多支柱的养老保障体系、多层次的医疗保障体系、多元化的养老服务体系，坚持“广覆盖、保基本、多层次、可持续”的基本方针，以增强公平性、适应流动性、保证可持续性为重点，创新制度设计、做好制度衔接、加大投入力度、加强监督管理，为全体公民进入老年期享有稳定、充足、公平的保障提前做好制度安排。

三是实施健康促进。健康是人生中最宝贵的财富，是人全面发展的基础，关系到千家万户的幸福，也是一个国家人力资本的重要组成部分，是保持和发展生产力的重要因素。实施健康促进行动，完善健康支持体系，是延长国民健康寿命、提高生活质量的民生之举，也是低成本应对人口老龄化、保持国家经济社会发展活力的优先之选。要合理配置公共卫生和医疗服务资源，加快建设重大疾病防控体系，加快发展老年保健事业，提升为老服务能力，减少老年病的发生率，最大程度延长老年人独立、自主生活时间。要倡导健康文明的生活方式，开展健康教育，增加健康投资，促进健康老龄化目标的实现。

四是扩大社会参与。在人口老龄化的背景下，经济社会发展离不开老年人的参与。要建立健全老年人参与社会的体制机制，改善参与的环境条件，鼓励支持广大老年人积极参与经济、政治、文化、社会建设活动，使老年人参与权利得到保障、参与愿望得到尊重、参与才能得到发挥。要完善老年人力资源开发政策，推进老年人才市场建设，为老年人自立自强、自我发展、自我实现创造条件。要进一步完善党政主导、老龄委协调、部门尽责、社会参与、全民关怀的大老龄工作格局，推动形成人人参与、人人共建、人人共享的良好局面。

五是促进和谐共融。要以实现家庭和睦为目标，加强家庭美德教育，完善家庭支持政策，健全家庭服务体系，提高家庭发展能力，巩固家庭养老功能。要以实现代际和顺为目标，统筹解决好未成年人、成年人和老年人三大年龄群体间的责任分担、利益调处、资源共享和权益保障。要以实现社会和谐为目标，增强文化融合和社会认同，实现社会管理体制由成年型向老年型的适应性转变，充分发挥老年人在促进社会和谐稳定中的积极作用。

总的来说，积极应对人口老龄化是我国一项长期性、基础性、全局性战略任务，我们要充分利用当前经济社会平稳较快发展和社会抚养比相对较低的有利时机，以更加坚定的决心、更加得力的举措、更加完善的制度、更加积极的行动，着力破解老龄工作和老龄事业发展领域的突出矛盾和问题，从物质、精神、服务、政策、制度和体制机制等方面打好应对人口老龄化挑战的基础，确保人口老龄化条件下经济社会的长期繁荣稳定，为实现中华民族伟大复兴的中国梦奠定坚实基础。

代　　序

华建敏[①]

积极应对人口老龄化是关系我国社会主义现代化建设全局的一个重大课题，也是我国的一项长期战略任务。当前，我国人口老龄化带来的新情况、新问题、新挑战日益突出，对经济社会发展的影响日益深刻，社会各方面的关注和关切也日益增强。

1999 年我国进入老年型国家行列，13 年以后的今天，我们更加深刻地认识到我国人口老龄化形势的严峻性和复杂性。一是老年人口的规模世界第一。根据第六次全国人口普查，2010 年我国 60 岁及以上老年人口已经达到 1.78 亿人，占全球老年人口的 23.6%，是全球唯一老年人口超过一个亿的国家。二是我国老龄化的速度世界第一。“十二五”时期，我国迎来第一个老龄人口的增长高峰，年均增长 860 万人左右，预计到“十二五”期末全国老龄人口将达到 2.21 亿人，占全国总人口的 16%。2021 年到 2035 年，我国将出现第二个老年人口的增长高峰，年均将增加1 100多万人。根据联合国公布的数据，2000 年我国老年人口比重与世界平均数大体相同，均为 10%左右，到 2010 年，我国上升了 3.3 个百分点，而世界平均上升了 1 个百分点。预计未来 40 年，世界老龄人口的比重将上升 10.8 个百分点，我国将上升 21 个百分点，我国老龄化的速度与世界的平均速度比要快一倍多。三是我国解决老龄化问题的难度大。我国是在经济尚不发达的情况下进入老龄化社会，应对老龄问题的经济基础还很薄弱，人口老龄化快速发展，一方面将导致长期以来推动我国经济平稳较快发展的人口红利逐步地减少，乃至消失；另一方面将导致社会用于养老方面的支出大幅增加，这对社会再生产带来直接影响。这个影响一定不会小，如果处理不当，就会拖累我国现代化建设的进程。与西方发达国家相比，短期以内我们所需要解决的问题更多、更难、更大。从我国老龄人口区域分布来看，呈现出了城乡倒挂的局面，发达国家城市人口老龄基础水平一般高于农村，我国的情况刚好相反，按常住人口计算，目前全国近 60%的老年人口生活在农村，农村人口中老年人口占 16.3%，高于城市 5 个百分点，随着城市化进程的加快和人口的迁移，城乡人口老龄化倒置情况还可能继续发展。此外，我国 80 岁以上高龄老人失能和半失能老人的数量不断增加，家庭

---

① 华建敏，第十一届全国人大常委会副委员长。

养老功能明显弱化等等，都对我国妥善应对老龄化提出了挑战。所有这些，要求我们必须在思想理论、法律政策、物质条件、社会环境等诸多方面加强探索、加快完善，努力走出一条中国特色的应对人口老龄化之路。

应对人口老龄化也是国际社会共同关心的重大问题。1982 年联合国第一届世界老龄大会将健康老龄化作为解决老龄问题的奋斗目标，强调一个国家若有较大比例健康老人，老年人的作用得到充分发挥，这个国家的老龄化过程就是健康的老龄化过程。2002 年联合国第二届问题老龄世界大会在健康老龄化的基础上又提出了积极老龄化的发展战略，要求在“健康、保障、参与”这三个方面采取行动，不仅要促进老年人保持身心健康，还要帮助他们积极面对晚年生活，继续为社会做出有益的贡献，老年人不仅仅是被关怀照顾的对象，也是社会发展的参与者和创造者。要积极借鉴国际经验和理念，在全社会树立积极的人口老龄观，以积极的态度、积极的政策、积极的行动应对人口老龄化，形成适合我国国情的应对人口老龄化的战略体系和行动纲领。

当前，我国正处在经济转轨和社会转型的关键时期，人口老龄化的加速发展与工业化、城镇化、现代化建设加速相伴随，与城乡差距、地区差距以及收入差距的不断扩大相叠加，人口结构的变化对我国经济社会发展的影响必然是广泛的、复杂的、深刻的，一定意义上也是持久的。经济社会发展是个复杂的函数，人口问题都是一个很大的问题。这种人口结构与城乡人口的结构、数字结构对我们国家未来的发展一定会有至关重要的影响。加强国家应对人口老龄化战略研究，摸清我国老龄问题的底数，做好变量分析，把握好我国人口老龄化的发展规律，找准矛盾的症结所在，明确发展的方向，对于协助党和政府科学决策，正确制定应对人口老龄化的措施，具有特别重要的作用。

《积极应对人口老龄化战略研讨会文集》集合了国内众多著名的老龄问题研究专家，就人口老龄化对经济社会可持续发展带来的诸多影响进行深入探讨，体现的是学术责任、民本责任，更是国家责任、社会责任。很多专家的治学箴言、醒世恒言、肺腑明言，让我们对老龄问题的认识进一步深刻，对人口老龄化的思考进一步提升，对老龄工作的责任进一步清晰。这也恰是结集此书的意义所在。

积极探索实践，加强应对人口老龄化理论创新（代序 2）

蒋正华[①]

人口老龄化是社会文明进步的结果，是人类社会共同面临的发展趋势，标志着人类生命新阶段的开始。从新中国成立到 20 世纪末，我国基本完成了人口转变，迈入了老龄化国家的行列。从未来发展看，21 世纪上半叶是我国实现两个宏伟目标的重要发展时期，也是我国人口老龄化形势日益严峻的时期，人口老龄化将伴随着我国社会主义现代化建设的全过程，成为我们想问题、做决策、办事情必须始终把握的一个新的基本国情。

人口问题是人类社会基础性的问题，人口年龄结构的老龄化对人类生活等所有方面都会产生重大的影响，对所有国家经济社会的发展既是机会，也是挑战。安南在担任联合国秘书长的时候，曾经总结各个国家的一些政府共识，他说：我们正在经历一场静悄悄的革命，它大大超出了人口学范围，给经济、社会、文化、心理和精神都带来了重大的影响。这个结论可以说是各个国家经过这些年实践和探索所取得的一个共同认识。与发达国家不同，我国人口老龄化超前于经济社会发展水平，用大家常用的一句话是“未富先老”，带来的影响就更加突出、深刻和复杂。在人口领域，人口老龄化将逐步成为 21 世纪我国人口长期均衡发展面临的主要矛盾之一，制约人口发展活力的提升。在经济领域人口老龄化不仅改变了劳动力的结构、消费需求结构和国家税源结构，降低了国民储蓄和资本积累，而且提高养老的经济社会成本，影响金融系统的安全，加大转变经济发展方式的难度，逐步加剧实体经济与虚拟经济的结构性矛盾，增加我国宏观经济运行的系统性风险，这将成为影响我国宏观经济运行基本面的重要因素。在社会发展领域，人口老龄化改变社会利益格局，容易引发代际利益冲突，增加家庭养老负担，削弱家庭发展能力，促使家庭矛盾加速外化；老年人疏离社会现象日益严重，不利于增加社会认同和融合。老年群体社会诉求日益凸显，对公共政策的调整和社会管理机制的创新提出了更高的新要求。在城乡统筹发展领域，人口

① 蒋正华，第九届、十届全国人大常委会副委员长。本文为作者在“积极应对人口老龄化战略研讨会”开幕式上的致辞。

老龄化与城镇化交互推进，大量农村年轻人口迁往城镇，加速了城镇化发展过程，缓解了城镇老龄化压力，但是加剧了农村老龄化程度，给农业生产、农村建设和农民养老等带来了诸多新问题，加大了统筹解决三农问题的难度。在民生保障领域，快速发展的人口老龄化将大幅增加养老保障、医疗保障和服务保障的需求，放大了全体社会成员面临的收入风险、疾病风险和失能风险，改变了保障制度的内在规律，加大了保障制度可持续发展的压力。

当然，人口老龄化也有促进社会经济发展的作用，老龄化的根本原因在于人口平均寿命不断延长，人类健康水平不断提高，这将有利于人类知识的积累和创新，有利于21世纪知识经济的发展。从正面看，人口老龄化也可以称为人类的健康长寿化，这将成为世界未来的一个常态。在19世纪，人们一般把老年人的概念界定为50岁；到20世纪中期，调整到60岁；现在进入21世纪了，老年人的年龄标准也应该提高。我认为，传统的老龄化概念不适应了，更准确讲是长寿化。既要看到它对社会经济发展带来的压力，同时也应该看到它对发展的促进。人类社会应该创新发展模式、生活模式，形成新的概念和体制，把人类社会不断推向新的发展高度。我国将是世界上老龄问题最严峻的国家之一，人口老龄化给我们经济社会发展带来严峻挑战，挑战中也蕴含着新的机遇。从应对挑战方面看，现阶段我国在物质、制度、思想、政策、组织特别是体制机制等方面的准备还很不充分，必须立足当前，抓住机遇，努力走出一条具有中国特色的积极应对人口老龄化之路，实现人口老龄化条件下国家的可持续发展。

我们正面临一个前所未有的人口老龄化时代，积极应对人口老龄化的时代实践需要很多理论创新成果。中国社会主义市场经济靠改革开放取得了世人瞩目的成就，创造了适合中国国情的发展之路。中国人口问题研究也必须立足中国的基本国情，不迷信外国人已有的各种理论。实际上很多外国的理论都是对某一些地区的特定人口状况进行研究的结果。这些理论和化学理论、物理理论是不一样的，它是实际情况的研究和总结。这些总结往往是适应某一部分国家，对另外一些国家不一定适应，比如“人口红利”，这些专家是在研究亚洲很多国家状况的结论，也有一些亚洲国家就不适应这种结论，像菲律宾是很突出的例子，违反所谓人口红利理论的。我认为，人口问题从根本上讲不是一个理论问题，而是实践探索问题。我们要把更多的力量放在深入实践、研究实际上，通过实际问题的分析研究来提出解决中国人口问题的理论创新成果。只有这样的理论创新成果才能对中国的发展真正起到很好的推动作用。

积极应对人口老龄化加强老龄政策研究（代序 3）

李立国[①]

我国从 1999 年迈入人口老龄型社会以来，人口老龄化进程不断加快。到 2011 年底，60 岁及以上老龄人口已达 1.85 亿人。2050 年前后，将达到 4.8 亿人左右，超过总人口的 1/3，占世界老龄人口的 1/4，成为世界上人口老龄化程度最高的国家之一。我国是发展中的人口大国，人口老龄化速度快、规模大、峰值高、发展不均衡，更为突出的是我国还处在社会主义初级阶段，人口老龄化与工业化、城镇化、现代化进程相伴随，与城乡区域发展不平衡相重叠，与经济社会体制改革、社会利益调整相交互。与发达国家相比，我国面临着提高亿万老年人福利水平和实现国家可持续发展的双重压力，应对人口老龄化的条件更复杂，任务更艰巨，时间更紧迫。党中央、国务院一向高度重视人口老龄化问题，制定了一系列积极应对人口老龄化的战略决策和部署，结合国民经济和社会发展规划实施，有效应对，使老年文化、医疗、教育事业和产业的发展较好地实现了老有所养、老有所依、老有所教、老有所学、老有所乐、老有所为，人口老龄化已成为人类社会面临的挑战。

目前，世界上人口老龄化的国家和地区已经增加到 90 个，一些国家和地区及时建立协调机制，制定综合战略，针对我国日益凸显的老龄化问题，胡锦涛总书记强调要制定实施应对人口老龄化战略的政策体系。2011 年，国务院颁布实施了《中国老龄事业发展“十二五”规划》和《社会养老服务体系建设“十二五”规划》。在第三次全国老龄工作会议上，中共中央政治局委员、国务院副总理、全国老龄委主任回良玉同志明确提出：要构筑全方位应对人口老龄化的国家战略和行动纲领，形成适合我国国情的应对人口老龄化战略体系。积极应对人口老龄化不仅是党和国家的重大战略部署，也已经成为全社会的共识。

积极应对人口老龄化是一项带有全局性、综合性、系统性的社会重大工程，需要党政部门、科研机构和社会力量广泛参与。今天，中国老龄协会就应对人口老龄化战

---

① 李立国，民政部部长、全国老龄委副主任、全国老龄办主任。本文为作者在“积极应对人口老龄化战略研讨会”开幕式上的致辞。

略问题举行研讨会，为专家学者提供交流研究的平台，广泛听取和发表专家学者的意见和建议。与会的各位专家学者，都是在相关研究领域有建树的领军人才，衷心希望各位专家学者畅所欲言，贡献真知灼见，为积极应对人口老龄化建言献策。人口老龄化将对我国发展带来诸多可以预见和难以预见的挑战，但挑战之中也蕴藏着新的发展机遇，我们要坚定信心，切实增强责任感和紧迫感，抓住机遇，迎接挑战，制定和实施积极应对人口老龄化战略，为实现全面建设小康社会目标和基本实现现代化目标而共同奋斗。

目　录

第一篇　经济学视角下的老龄化问题

提高老年人劳动参与率的路径 …… 蔡　昉（3）

人口老龄化是重大经济问题，应及早从国家经济战略层面开展应对 …… 李　军（12）

人口老龄化背景下老龄产业发展研究 …… 陆杰华　田　丰　薛伟玲　黄匡时　王伟进　田峻闻（22）

中国人口老龄化给城镇化带来的挑战与机遇 …… 张　华　周尚意（31）

第二篇　社会学视角下的老龄化问题

国际社会应对人口老龄化的战略与策略——兼论对中国的启示 …… 郑秉文（49）

未来主要人口风险是过低生育率导致过度老龄化 …… 郭志刚（62）

关于上海市人口老龄化新特点的思考 …… 桂世勋（76）

人口老龄化过程中家庭变迁的挑战 …… 原　新（86）

中国老龄社会发展战略研究 …… 杨燕绥　胡乃军（98）

人口老龄化与文化发展研究 …… 贾旭东（105）

第三篇　应对人口老龄化的制度安排

为积极应对人口老龄化提供法律保障 …… 辜胜阻　刘江日（121）

人口老龄化与养老保障制度可持续发展的关键战略问题 …… 林　义（125）

人口老龄化对卫生系统的挑战及健康老龄化战略 …… 饶克勤　钱军程（137）

中国老年人长期照护制度研究 …… 杨菊华　杜　鹏　张文娟　彭舒新　唐　丹　姜向群（148）

人口老龄化对中国社会经济发展的影响及其应对 …… 彭希哲（162）

创新体制机制 优化资源配置——加强和改进社会养老服务的若干思考 …… 何文炯（171）

后记 …… （182）

第一篇 经济学视角下的老龄化问题

提高老年人劳动参与率的路径

蔡 昉[①]

【摘要】我国目前的老龄化具有未富先老的特征。“老”不可逆转，但我们可以用“富”积极应对人口老龄化。保持可持续增长，提高养老保险参与率，比节约养老金支出更重要。弹性退休制度，充分利用高技能人员的人力资本存量，实际退休年龄比法定退休年龄更重要。为未来提高退休年龄创造条件，教育优先、加大培训力度更重要。

【关键词】劳动力成本 延长退休年龄

一、引言

长期处于低生育的人口转变阶段，使得中国人口年龄结构发生了迅速的变化。根据人口普查，2010 年开始，15—59 岁年龄段人口已经开始绝对减少，预计在 2010—2020 年的 10 年间，这个年龄的人口将减少2 934万人。我们可以将此看作是中国劳动力供给的下降。与此同时，经济增长将保持对劳动力的强劲需求。例如，在 2001—2011 年 10 年间，包括城市劳动者和农民工在内的城市就业，总共增加了约 1.15 亿人，今后的 10 年即使劳动力需求减半的话，也远远大于由劳动年龄人口决定的劳动力供给。

劳动力供给的下降和劳动力需求的增长，导致劳动力短缺持续存在，普通劳动者的工资不断迅速上涨。自 2004 年以来，民工荒以及农民工工资的上涨成为持续性现象。由于这一转折点从理论上早已为获得诺贝尔经济学奖的刘易斯所预见，我们可以把 2004 年看作是中国达到刘易斯转折点的年份。刘易斯转折点之后，劳动力短缺成为经常性状态，根本性地改变了中国经济增长的模式与趋势。在此前可以收获人口红利的年代，人口抚养比持续下降，保证了劳动力充足供给和高储蓄率，劳动力从农业向非农产业的转移带来资源重新配置效率，成为生产率提高的重要源泉。而随着刘易

① 蔡昉，中共十七大代表，第十一届全国人大代表、全国人大常委会委员、农业与农村委员会委员，中国社会科学院学部委员，中国社会科学院人口与劳动经济研究所所长。兼任中国人口学会副会长、国家规划专家委员会委员等。

斯转折点的到来，劳动力供给受到制约，资本报酬递减现象发生，生产率提高的难度加大，因此，推动经济增长的引擎明显减弱。

在劳动力成本上升、投资收益下降和生产率改善速度减慢等导致经济增长减速的表象背后，是中国潜在 GDP 增长率的降低。潜在增长率是指在价格稳定的假设下，资本和劳动等各种生产要素达到充分利用，并且生产率按照正常速度提高的情况下，一个国家可以达到的正常增长速度。根据测算，2011—2015 年即中国的“十二五”时期，GDP 潜在增长率将从 1995—2009 年期间的 9.8%降低到 7.8%，2016—2020 年即“十三五”时期，潜在增长率将进一步下降到 6.3%（陆旸，2012）。

对中国经济增长前景继续保持乐观固然是合理的，但是，如果寄希望于政府出台各种产业政策、区域发展战略和宏观经济刺激手段，达到保增长的目标，则不可避免看到各种扭曲的结果，欲速则不达。那些旨在达到超越潜在增长率的实际增长速度的政策，通常会导致生产要素价格的扭曲、产业结构偏离比较优势、通货膨胀、产能过剩，以及对低效率企业和行业的保护。因此，我们需要向政策制定者提出的第一个建议是：潜在增长率是不应该超越的。

然而，潜在增长率是可以改变的。也就是说，通过创造生产要素供给和生产率提高的更好条件，提高潜在增长率，从而在此基础上保持长期经济增长可持续性。因此，劳动力供给和人力资本潜力需要在更深更广的领域进行挖掘，包括调整退休年龄以开发老年劳动力资源。例如，上述同一研究表明，如果在今后的两个五年规划期间，每年劳动参与率提高 1 个百分点，分别可以在“十二五”期间提高潜在增长率 0.92 个百分点，在“十三五”期间提高潜在增长率 0.87 个百分点（陆旸，2012）。

在理解人口老龄化原因时，人们通常着眼于观察人口转变从最初的少年儿童人口减少阶段，进入到相继而来的劳动年龄人口减少的阶段，从而老年人口占全部人口比重提高这样一个事实，但是，往往忽略由于寿命延长带来的人口预期寿命提高在其中所起的作用。我们设想，即使人口年龄结构不发生在少儿年龄组、劳动年龄组和老年组之间的消长，如果老年人活得更长，按照定义的老年人在全部人口中比重这个指标来观察的老龄化程度也会提高。

由于经济社会发展，中国出生人口预期寿命已经从 1982 年的 67.8 岁提高到 2010 年的 73.5 岁。在健康寿命延长的条件下，老年人不啻宝贵的人力资源和人力资本，因此，开发第二次人口红利也只有从劳动力供给和人力资本积累的角度来观察，才具有显著的意义。本文揭示中国劳动者人力资本存量的特殊性，结合国际经验和教训，提出与发达国家延长退休年龄政策不尽相同的特殊路径。

二、延长退休年龄的国际经验与争论

在大多数发达国家，挖掘劳动力供给潜力的一个政策手段，是提高退休年龄以便扩大老年人的劳动参与率。例如，有大约半数的经济合作与发展组织国家，已经或者计划提高法定退休年龄，其中 18 个国家着眼于提高妇女退休年龄，14 个国家着眼于提高男性劳动者的退休年龄。2010 年，经济合作与发展组织国家男性平均退休年龄为 62.9 岁，女性为 61.8 岁。按照目前的趋势估计，到 2050 年，经济合作与发展组织国家男女平均退休年龄将达到 65 岁，即在 2010 年的基础上（图 1），男性退休年龄提高接近 2.5 年，女性退休年龄提高大约 4 年（OECD，2011）。

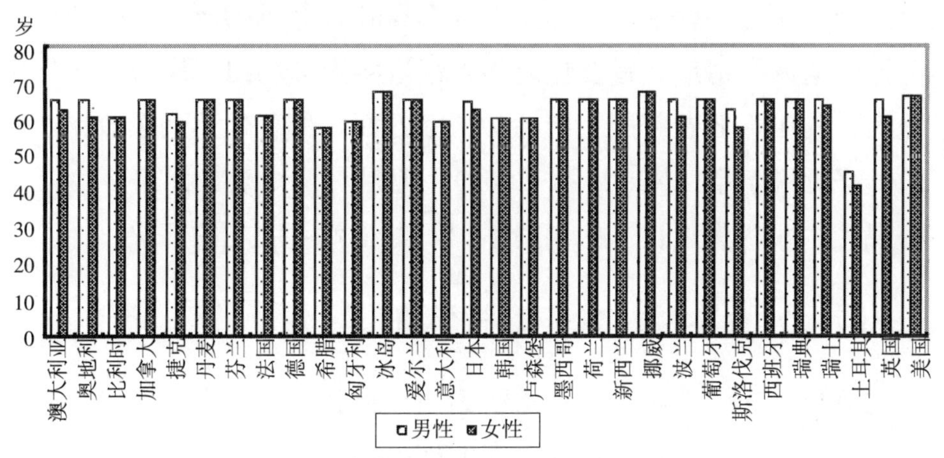

图 1　2010 年经济合作与发展组织国家退休年龄

资料来源：OECD. 2011. Pensions at a Glance 2011：Retirement-Income Systems in OECD and G20 Countries［M］. Paris：OECD.

然而，提高退休年龄的政策并非没有争议，实际执行中出现的情况远比政策初衷要复杂得多。近年来欧洲国家发生的一些事件表明，提高退休年龄的政策在一些国家遭到民众的抵制。导致这种民众意愿与政策意图相冲突的原因，有着来自劳动者和决策者的不同解释。

反对此类政策调整的民众，往往认为政府提高退休年龄的政策调整，动机是减轻对养老保险金的支付负担。与此相对应的政府解释则是，劳动者长期耽于过于慷慨的养老保险制度，以至因为不愿意失去既得利益而加以反对。随着人口老龄化的进程加速，养老金缺口成为现实的或潜在的问题。特别是在劳动年龄人口尚高的时候形成的现收现付模式，最终会因人口年龄结构的变化而日益捉襟见肘。因此，政府的确要从养老保险制度的可持续性角度出发，考虑退休年龄的问题。这种认识和利益的冲突，使得退休年龄的变化不可避免地成为一种政治决策，受到人口老龄化之外因素的制约。

也有一种官方解释，认为政府延长法定退休年龄的出发点是提高劳动参与率，以应对老龄化加剧导致的劳动力供给不足问题。然而，这一说法在许多欧洲国家，并不能得到民众的广泛认同。不过，日本为了解决1947—1949年出生的人口集中退休可能导致劳动力供给严重不足的问题，在2004年开始实施《改正高龄者雇用安定法》，要求企业采取法律规定的措施延长工作年限。实施的结果，明显改善了60—64岁老龄人口的雇佣环境，提高了他们的平均收入水平，促进了国内消费需求的扩大（三菱东京UFJ银行中国有限公司，2012）。

值得考虑的关键问题在于，提高退休年龄并不必然意味着老年劳动者可以自然而然地获得就业岗位。即使在发达国家，劳动力市场上依然存在着年龄歧视，造成老龄劳动者就业困难。在许多国家，在青年失业率高和就业难的压力下，政府某些政策甚至还纵容了提前退休的情形，旨在让老年人给青年人“腾出”岗位。虽然此类政策的实施结果表明，其在降低老年职工劳动参与率方面，部分地达到了效果，对于降低青年失业率却丝毫无济于事（Magnus，2009），但是，这个政策倾向至少反映了社会上流行的一种观念，即认为延长退休年龄不利于青年就业问题的解决。

三、中国人力资本年龄分布的特殊性

把身体健康长寿的因素与人力资本积累（包括教育、培训和干中学）因素结合起来考虑，有效工作年龄理应伴随预期寿命的提高而延长。如果能够做到这一点，就意味着可以通过把实际退休年龄向后延，从而扩大劳动年龄人口规模，不仅增加劳动力供给数量，而且可以降低每个劳动年龄人口供养的退休人数。图2显示了把实际退休年龄从55岁延长到60岁及至65岁时，可以达到的降低老年人口抚养比的效果。以2030年为例，延长实际退休年龄，可以把每百名20岁以上的工作年龄人口需要供养的老年人口，从55岁退休情形下的74.5人降低到60岁退休情形下的49.1人，进而降低到65岁退休情形下的30.4人。

值得指出的是，法定退休年龄与实际退休年龄是不一样的，即在法定退休年龄既定的情况下，实际退休年龄可能因劳动力市场状况而产生巨大的偏离。例如，虽然法定的退休年龄大多数采取男60岁、女55岁，但是在就业压力比较大，特别是受到劳动力市场冲击的情况下，劳动者的实际退休年龄经常会大大低于法定退休年龄。据调查，目前中国城镇劳动者的实际退休年龄只有53岁，远低于法定退休年龄。可见，真正能够改变人口工作时间从而体现对老年人供养能力的，是实际退休年龄，而与法定退休年龄无关。如果单纯改变法定退休年龄而劳动力市场却无法充分吸纳这些人口，则意味着剥夺了他们在就业与退休之间的选择，使他们陷入严重的弱势地位。

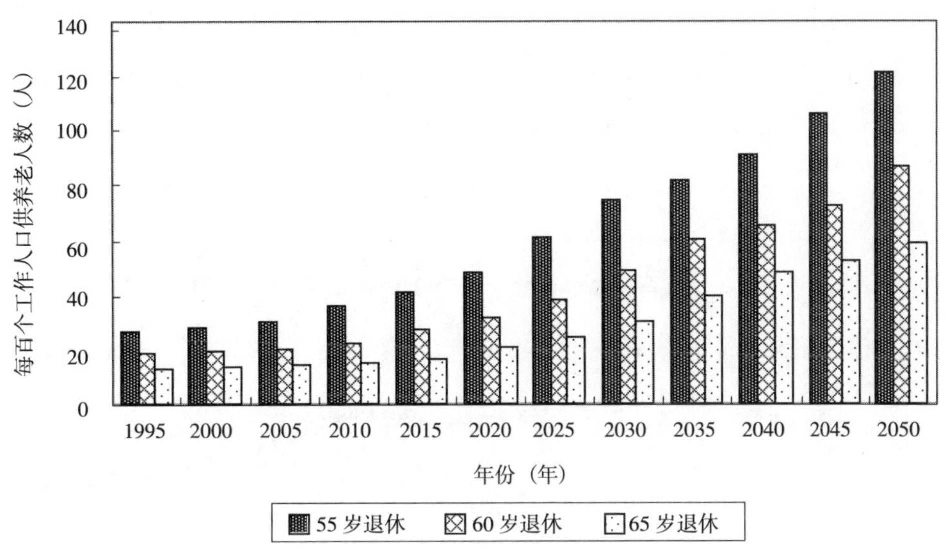

图 2　不同实际退休年龄具有不同的抚养比
资料来源：United Nations，2010

虽然在许多发达国家，提高法定退休年龄成为应对老龄化及其带来的养老基金不足而广泛采用的手段，但是，由于与发达国家在两个重要条件上相比，中国的情况有显著的不同，使得这个做法不应成为近期的选择。

首先，劳动者的不同群体在退休后的预期寿命不同。预期寿命是反映人口健康状况的综合性指标，在总体水平上受到经济和社会发展水平的影响，在个体上与不同人口群体的收入、医疗乃至教育水平密切相关，因此，在同样的退休年龄下，不同群体退休后的余寿是不同的，从而导致能够享受养老金的时间长短各异。例如，即使在美国这样一个整体收入水平和医疗水平都较高的国家，1997 年 67 岁年龄组人口在 65 岁上的余寿，在全部人口达到 17.7 岁的同时，女性高达 19.2 岁，而低收入组的男性仅为 11.3 岁（Weller，2000）。中国预期寿命的差异应该更加显著，从地区差距来看，2000 年上海为 79.0 岁，而贵州仅为 65.5 岁。虽然我们没有分人群各年龄组的预期寿命数字，由于中国有比美国更大的收入差距，并且社会保障覆盖率低，基本公共服务具有某种程度的累退性，我们可以合理地推断，退休人口的预期余寿差异会更大。一项公共政策，只有在设计的起点上就包含公平的理念，才具有操作上的可行性。

其次，以人力资本为主要基准来衡量的劳动力总体特征不同。中国目前临近退休的劳动力群体是过渡和转轨的一代。由于历史的原因，他们的人力资本禀赋使得他们在劳动力市场上处于不利竞争地位。延缓退休年龄以增加劳动力供给的可行前提，是老年劳动者的教育程度与年轻劳动者没有显著差别，加上前者的工作经验，因而在劳动力市场上是具有竞争力的。这种情况在发达国家通常是事实，如在美国的劳动年龄人口中，20 岁的受教育年限是 12.6 年，而 60 岁反而更高，为 13.7 年。目前在中国劳动年龄人口中，年龄越大受教育水平越低。例如，受教育年限从 20 岁的 9 年下降到 60 岁的 6 年，而与美国的差距则从 20 岁比美国低 29%，扩大到 60 岁时比美国低 56%（图 3）。

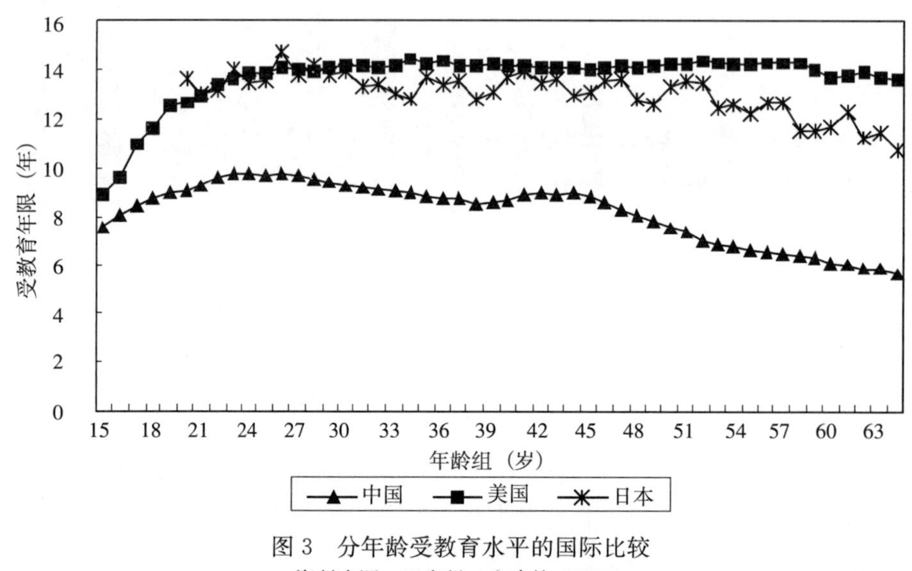

图 3 分年龄受教育水平的国际比较
资料来源：王广州、牛建林（2009）

在这种情况下，一旦延长退休年龄，高年龄组的劳动者会陷入不利的竞争地位。在西方国家，由于劳动力市场需要一个追加的劳动力供给，延长法定退休年龄可以为劳动者提供更强的工作激励，而对中国来说，类似的政策却意味着缩小劳动者的选择空间，甚至很可能导致部分年龄偏大的劳动者陷于脆弱境地：丧失了工作却又一时拿不到退休金。在刘易斯转折点到来的情况下，劳动力短缺现象不断发生，就业总量压力也明显减缓，但是，劳动力供求中结构性矛盾反而更加突出，与劳动者技能和适应能力相关的结构性失业及摩擦性失业愈益突显。这表明，目前劳动力市场上对高年龄组劳动者的需求，并没有随着刘易斯转折点的到来而增大。

根据 2005 年 1%人口抽样调查数据计算，城乡劳动年龄人口的劳动参与率从 45 岁就开始下降。例如，城镇的劳动参与率从 35—44 岁的 85.9%降低到 45—54 岁的 69.3%，进而下降到 55 岁及以上的 23.1%。对于那些年龄偏大的劳动者来说，劳动参与率的降低显然是在劳动力市场上竞争力缺乏的结果，即“沮丧的工人效应”的表现。

四、政策建议与中国特色路径

对于未富先老的中国来说，最大的挑战在于，在劳动者中，年龄越大受教育程度越低，因而临近退休年龄的劳动者学习新技能的能力不足，适应产业结构变化遇到更大的困难。如果这时不能退休，就意味着把他们推到弱势的劳动力市场地位。劳动者不是同质的。在雇主感受到年轻劳动力严重不足的同时，他们并不愿意雇用年龄偏大的劳动者；当具有高教育水平和高技能的老专家受到劳动力市场青睐时，年近退休的普通劳动者仍然面临就业困难。

可见，至少就中国目前条件而言，单纯提高退休年龄并不是提高老年人劳动参与率的唯一出路。扩大劳动力总体规模和降低社会对老年人的供养负担，恐怕不应该在当前的临近退休年龄人口身上做文章，而是需要创造条件，把当前的这一代年轻人逐渐培养成为拥有更充足人力资本的劳动者，使得他们不仅适应产业结构变化的要求，而且能够在未来具备能力延长工作时间。中国应该选择一个有差别和拥有自主选择权的退休年龄制度，在近期内主要着眼于提高实际退休年龄而不是法定退休年龄。这个制度框架应该包括以下内容，通过立法和严格执法、发展教育和培训，以及广泛的劳动力市场制度和社会保险制度安排逐步推进。

首先，严格执行现行法定退休年龄，制止提前退休现象。在遭遇经济冲击和就业压力大的时期，企业在政策的默许之下劝说许多尚未达到退休年龄的职工提前退休，导致实际退休年龄大大低于法定退休年龄。在 20 世纪 90 年代末的宏观经济低迷时期，大量职工提前退休导致实际退休年龄一度降低到平均只有 51 岁。而在 2009 年遭遇世界性金融危机期间，返乡农民工中那些年龄偏大的，虽然往往只有 40 岁左右或者以上，但许多人从此不再回到城市打工。因此，严格执行现行退休年龄，并将其适用性延伸到农民工，有助于防止实际退休年龄低于法定退休年龄的现象再度发生。

当然，保持农民工劳动参与率的制度保障是多方面的，其中特别有赖于户籍制度的改革。目前，在中国城市化率达到 51％的情况下，具有非农业户口的人口比重只有 35％，不仅难以稳定农民工劳动力供给，还失去了这个年轻群体可能对基本养老保险制度做出的净贡献。一方面，要通过推动以农民工市民化为内涵的深度城市化，把各种政府承担的基本公共服务项目延伸至新移民，使目前候鸟式的农民工的就业更加稳定，使他们更加乐于接受教育和培训，为将来延长退休年龄做好充分的准备。另一方面，以农民工为主要对象的基本养老保险制度的扩大，可以在一段时间内大幅度增加个人和社会养老保险基金的积累，缓解养老金支付危机的效果，从目前来看要明显高于提高法定退休年龄。

其次，对于就业者具有受教育程度高、技能需求强的特征的部门、行业和企业事业，如政府部门、社会团体、高科技企业、科研机构、高校和文化事业单位，应该实行具有弹性的退休年龄制度，允许在单位和劳动者都有意愿的条件下，适当延缓退休时间的制度。女性职工与男性职工退休年龄的统一，也可以从这些部门着手进行。养老保险制度应对此作出必要的调整，形成合理、适度的激励机制，让那些提高劳动参与率的自发性制度安排，能够得到正规制度的允许、鼓励和激励。譬如可以允许企业适度降低雇用成本，同时使延缓退休人员从工资和退休金的平衡上总体增加收入。

第三，国家通过发展教育和在职培训，提高新成长劳动力教育水平和在职劳动者的技能，并使其具备根据产业结构调整的需求更新技能的适应力，为未来整体提高法定退休年龄做好人力资本准备。由于这是一项关系长期增长潜力和具有未雨绸缪性质的事业，政府应该承担主要的财政责任，不断加大投入。近年来，随着就业岗位增加，对低技能劳动力需求比较旺盛，一些家庭特别是贫困农村家庭的孩子在初中阶段辍学现象比较严重。从家庭的短期利益着眼，这种选择似乎是理性的，但是，人力资本损失最终将由社会和家庭共同承担。因此，政府应该切实降低义务教育阶段家庭支出比例，巩固和提高义务教育完成率，而通过把学前教育和高中教育纳入义务教育，让农村和贫困儿童不致输在起跑线上，也大大有助于提高他们在小学和初中阶段的完成率，并增加继续上学的平等机会。此外，应当从中长期发展对劳动者素质的要求出发，加大职业教育和职业培训力度。

最后，加强对就业促进法的宣传和执法检查力度，制止和消除就业中存在的性别歧视、年龄歧视和户籍身份歧视。由于导致劳动者年龄与受教育程度呈反方向变化关系而造成的人力资本不足现象，是一种历史性的政策遗产，即劳动力存量的人力资本不足，是教育发展大环境造成的，而不是家庭或个人受教育激励不足的结果，因此，解决劳动力存量的人力资本问题，需要政府来埋单。政府公共就业服务特别应该向那些临近法定退休年龄的劳动者倾斜，为他们提供技能培训以及更加积极的就业保护和扶持政策。

参考文献

[1] Magnus，G. 2009. The Age of Aging：How Demographics Are Changing the Global Economy and Our World [M]. Singapore：John Wiley & Sons.

[2] OECD. 2011. Pensions at a Glance 2011：Retirement-Income Systems in OECD and G20 Countries [M]. Paris：OECD.

[3] United Nations. Department of Economic and Social Affairs. Population Division. 2011. World Population Prospects：The 2010 Revision [R/CD].

[4] Weller. C. E. 2000. Raising the Retirement Age：The Wrong Direction for Social Security [R]. Economic Policy Institute Briefing Paper，September.

[5] 陆旸. 2012. 中国的潜在产出增长率及其预测 [M] //蔡昉. 中国人口与劳动问题报告 No. 13——人口转变与

中国经济再平衡．北京：社会科学文献出版社．

[6] 三菱东京 UFJ 银行（中国）有限公司（BTMU）．日本“团块一代”老龄化带来的影响——着眼于《改正高龄者雇用安定法》[J]．BTMU 日本经济观察，2012（22）．

[7] 王广州，牛建林．2009. 我国教育总量结构现状、问题及发展预测．蔡昉．中国人口与劳动问题绿皮书 No. 9. 北京：社会科学文献出版社．

人口老龄化是重大经济问题，应及早从国家经济战略层面开展应对

李　军[①]

【摘要】人口老龄化是重大经济问题，不是单纯的社会问题，更不是单一性的养老问题。应对人口老龄化，不仅需要在社会方面、养老方面，同样需要在经济方面全力展开。研究结果表明，人口老龄化对国民储蓄、劳动力市场、增长潜力、增长方式、消费、资源分配、实体经济与资本经济协调性、经济社会成本等诸多方面都将产生深刻影响。其中，人口老龄化显著降低经济增长的动力与活力，是人口老龄化影响经济社会发展的核心问题。在一定条件下的模拟测算结果表明，2011—2050 年人口老龄化因素可使中国潜在年均经济增长率下降约 1.7 个百分点，国民储蓄率下降约 13.5 个百分点。同时，人口老龄化也带来一定发展的机遇。应及早在国家经济战略层面上开展应对人口老龄化的工作。

【关键词】影响　退休年龄　收入分配　系统性风险

人口老龄化是重大经济问题，而不是单纯的社会问题，更不是单纯的养老问题。应对人口老龄化，不仅需要在社会方面，更需要在经济方面全力展开。挑战与机遇并存，及早从国家经济战略层面开展应对人口老龄化，争取将人口老龄化对经济社会发展的不利影响降到最低。

一、人口老龄化是重大经济问题的理论基础

人口老龄化是人口结构的一种变化，是经济中“生产型”人口（劳动力）相对减少，“消费型”人口（未成年人与老年人）相对增加的过程。这种人口结构的变化，必然导致用于消耗、消费的经济资源相对增加，可用于生产的经济资源相对减少，深刻改变经济资源配置关系，由此对经济各方面产生重大而深远的影响。

经济增长是经济发展的基础，因此人口老龄化对经济发展影响的一个核心问题，

---

① 李军，中国社会科学院数量经济与技术经济研究所研究员、经济系统分析室主任、博士生导师。

是人口老龄化对经济增长的影响。研究结果表明，人口老龄化显著降低经济增长的潜力与活力。经济增长的潜力体现为经济中的生产能力，主要由资本积累、劳动力供给及技术水平等生产性因素决定。经济增长的活力体现为经济中的总需求与总供给的成长性，主要由消费、投资及贸易等经济行为因素决定。人口既是最基本的生产要素，又是生产成果的最终消费者，这种双重属性决定了作为人口结构变化的人口老龄化，对经济的供给与需求两方面的因素都有系统性的深刻影响。

1. 人口老龄化不利于提升资本积累水平

人口老龄化降低国民储蓄率，不利于提高实体经济中的资本积累水平。无论是怎样的养老方式与保障制度，养老的本质都是老年人口分享当期劳动力的生产成果（产品及服务）。在实体经济中，如果养老水平不变，老年人口比重越高，意味着老年人口分享当期生产成果的比例越高；相应地，在当期生产成果中可用于生产投资的比例相对越小。因此人口老龄化对宏观实体经济的影响效应是：国民储蓄率（投资率）下降，消费率上升，导致投资增长潜力下降，从而对资本积累进而对经济增长产生不利影响。当今一些已经进入高度老龄社会的国家如日本、意大利等国的经济增长处于长期乏力状态，与这些国家长期处于低储蓄率、高消费率的状况有密切的关系。

2. 人口老龄化降低劳动力供给能力

一定社会中劳动力数量的多少，一方面取决于人口总量，另一方面与人口的年龄结构有关。人口老龄化就是老年人口比重不断上升的过程。当人口老龄化发展到一定程度后，劳动年龄人口数量将出现相对乃至绝对减少，导致劳动力供给能力下降，同时提高人口抚养比而增加劳动力负担。在生产方面，劳动力是最基本的生产要素，在一定技术水平下，劳动投入减少将降低经济增长潜力。而随着人口老龄化程度的不断提高，劳动力对经济发展的约束性将不断增强，欧洲许多国家已经出现由于劳动力数量绝对减少而对经济增长产生十分不利影响的情况。

3. 人口老龄化对消费需求有复杂的影响

在老龄社会中，老年人口必然成为经济中越来越重要的消费群体，成为影响消费需求的重要力量。然而，不能简单地认为人口老龄化一定有助于提高消费需求水平。老年人口是从劳动力转变过来的，因此当劳动力成为老年人而增加老年人口数量时，同时的效应是有相等数量的劳动力减少。这意味着老年人口数量增加而导致老年人口的消费总量增加，同时产生的效应是劳动力数量减少而导致劳动力消费总量将减少。“一增一减”效应的综合结果是增加还是降低总消费水平，取决于经济中的一些具体条件，如与老年人与劳动力的消费倾向及收入水平有关。

如果老年人的消费倾向高于劳动力，人口老龄化主要是有利于增加消费；反之，如果老年人的消费倾向低于劳动力，人口老龄化主要表现为不利于增加消费。而老年人同劳动力在收入水平上的差异，可能是影响消费总量更为重要的因素。经济中的“需要”形成“需求”的前提条件是要有相应的支付能力，没有相应的支付能力，老年人口再多，也无法形成真正的市场需求。如果现实经济中的老年人口的支付能力总体上不及劳动力，那么人口老龄化不利于总消费需求水平提高将是主要的结论。对中国现实而言，这种情况有较大的可能性。

4. 人口老龄化深刻影响投资行为与贸易方式

随着人口老龄化程度上升，劳动力稀缺性不断提高，由此对资本与劳动要素价格，以及对贸易比较优势都将产生深刻影响。人口老龄化导致养老资金的规模越来越大，由此对投资行为将产生越来越深刻的影响。当一个国家处于人口年龄结构相对较年轻的发展阶段时，劳动力价格相对较低，资本价格相对较高。因此，由资本逐利性的特点决定了资本有流向那些人口年龄结构较为年轻的国家或地区的内在驱动力量，表现为人口年龄结构较为年轻的国家或地区有相对较强的投资吸引力。随着人口老龄化程度的不断提高，投资吸引力将趋向下降。人口老龄化过程中的国民储蓄下降，使投资品的供给能力将趋于减弱，从而不利于投资增长。

长期以来，中国的贸易比较优势在于拥有丰富且廉价的劳动力资源。中国参与国际分工和国际贸易的优势，正是来自中国在劳动要素和资源禀赋方面的比较优势。然而，人口老龄化的发展将不断减弱中国低劳动力成本的贸易比较优势，导致中国现行出口产品的竞争力不可持续。

总之，人口老龄化对需求的影响具有复杂性，其中既有提升需求水平的因素，也有降低需求水平的因素，从而人口老龄化对经济增长的活力有较大的影响。而人口老龄化对需求影响的不确定性与复杂性，增加了在经济层面应对人口老龄化的难度。

5. 人口老龄化问题的本质不是统计学概念

人口老龄化问题的本质不是一个人口统计学概念。提高老年人口的年龄标准，虽然可以在统计上降低老年人口的比重，形成人口老龄化程度下降的表面现象，但是人口老龄化引发的相关经济社会问题并不能由此而消除。显然，无论如何定义老年人口的年龄标准，一个人活 80 岁与活 100 岁，其所花费与占用的经济社会资源是不同的。因此，即使不承认有人口老龄化，人类预期寿命不断延长而引发的相关问题始终就在那里。

人口老龄化问题的本质在于人类预期寿命不断延长而增加资源消耗及经济社会负担。人口老龄化对应着这样的变化：个人一生的收入中养老费用将占有更大的比重；家庭要为其成员的养老支付更多的财富；企业将提供越来越多的养老金；政府要不断扩大养老及社会保障支出规模；整个社会要为老年人口提供更多的资源。在宏观经济上，这种效应就是深刻改变国民收入分配格局，深刻改变经济资源的配置关系。

6. 人口老龄化增加经济发展的压力与难度

人类预期寿命不断延长是人类社会生产力水平不断提高，进而人类生活水平不断提高的结果，是人类社会文明进步的重要标志。因此，从人类文明进步的角度看，人口老龄化是好事情。但是，人口老龄化增加经济社会的负担，是必须要想办法解决的问题，存在着如何应对的问题。如果只停留在人口老龄化是否为“好事情”问题上，并不解决实际问题。

在实现中，并非人的主观动力都能转化为实际生产力，如果老年人及其家庭乃至社会保障体系不具有增加收入的能力，同时也无法取得其他的有效帮助，那么“好事情”就会带来很大的问题。因此，谈论应对人口老龄化是要解决“做”的问题，而不是空乏争论老龄化是否为“好事情”。只有积极而有效地应对人口老龄化，才能最大限度地维护老年人的福利，促进经济社会不断发展。如果不能很好地应对，经济社会发展就会出现被动局面，就会陷入困境，老年人口的福利也终将会受到很大损失。

人口老龄化对发展产生的压力，决不意味着相关的问题就可以自动得以解决。否则，人口老龄化反而成了解决问题的一种方法了。事实上，人口老龄化在增加解决相关问题的压力与紧迫性的同时，更增加了解决问题的难度。例如，人口老龄化程度提高而导致劳动力稀缺性上升，并不等同于就业机会增加，不等同于吸纳农村剩余劳动力的机会增加，反而容易导致就业“结构性矛盾”的出现。即，一方面经济中需要大量高质量、训练有素的劳动力而无法满足；另一方面，大量需要就业的劳动力因满足不了工作岗位的条件要求而无法实现就业。

二、人口老龄化对中国经济发展影响的基本判断

中国是当今世界上人口最多的国家，拥有数量规模巨大的老年人口，有特殊的国情，因此不能简单地套用国际经验分析判断人口老龄化对中国经济社会的影响。人口老龄化必将对中国经济社会发展产生重大而深远的影响。

首先，人口老龄化降低国民储蓄率。人口老龄化导致“生产型”人口减少，“消费型”人口增加，促使国民储蓄率及实体资本积累水平下降。在一定假定条件下利用经济模型模拟测算，结果显示：即使不考虑人口老龄化增加资源占用的效应，人口老龄化程度提高的因素可使 2011—2050 年期间中国的国民储蓄率下降约 13.5 个百分点。

其次，人口老龄化降低劳动供给能力。“十二五”期间（2011—2015 年）中国

15—59 岁劳动年龄人口比重将出现由升转降的拐点，并由此在未来几十年内持续下降。预计到 2050 年，我国 15—59 岁劳动年龄人口将下降到 7.1 亿人，比 2010 年减少约 2.3 亿人。模型测算的结果表明，如果现行的产业发展模式不能有效地向技术与资本替代劳动方向发展，2030 年后我国劳动力供给将出现严重不足。

第三，人口老龄化对资本积累、劳动力供给的显著不利影响，最终导致将降低中国长期经济增长的潜力。在一定假定条件下运用经济模型模拟测算的结果显示，人口老龄化将显著降低中国潜在经济增长率。其中，2021—2025 年是人口老龄化影响中国经济增长相对最为严重的时期，该期间潜在年均经济增长率由此下降约 2.2 个百分点。在 2011—2050 年期间，人口老龄化因素可使中国潜在年均经济增长率下降约 1.7 个百分点。

第四，人口老龄化增加转变经济增长方式的紧迫性。人口老龄化具有降低资本积累水平、增加资源约束性、减弱投资拉动经济增长的动力、提高劳动力稀缺性、增加劳动力成本上升、降低以低劳动力成本为比较优势的出口产业竞争力等多方面效应。因此在人口老龄化条件下，我国过去主要依靠投资与出口拉动经济增长的方式不可持续，从而增加转变经济增长方式的紧迫性。

第五，人口老龄化同时增加转变经济增长方式的难度。首先，人口老龄化导致占用越来越多的经济建设资源，制约与提高技术进步、促进产业结构升级等有关投入的增长。其次，人口老龄化增加产业与企业转型的成本，不利于产业及企业提高竞争力。第三，人口老龄化增加劳动服务型产业发展的难度，特别是人口老龄化提高对护理、照料等人工服务产业发展的需求，在未来劳动力供给趋紧的形势下将显著增加对劳动服务型产业发展的约束。

第六，人口老龄化增加了消费对经济增长贡献的复杂性与不确定性。当前中国老年人作为消费群体的购买力不够，难以实现通过扩大老年人口的消费实现对经济增长的促进。特别是在短期内，要使老年产业发展并成为新的增长点困难重重。从长期来看，需要国家从社会保障、收入分配乃至国有资产配置等方面做多方面的工作，才能为发展老龄经济提供基础条件。

第七，人口老龄化不利于实体经济与资本经济协调发展。从长期来看，人口老龄化对金融系统的稳定乃至宏观经济的稳定有系统性影响。人口老龄化一方面对应着实体经济中“消费型”人口扩大、消费率上升、投资率下降的局面，另一方面对应着资本经济中个人与家庭储蓄率提高、金融性养老资产增加、资本市场中资金规模不断增大的局面。实体经济中的投资率下降与经济中资金量不断扩大的彼此背向发展，到一定程度后将成为影响宏观经济稳定的系统性风险。

第八，人口老龄化增加金融型养老资产贬值的风险性。金融型养老资产不是未来养老万无一失的保障。不论是怎样的养老制度与方式，养老的最终实现都必须是由当期的劳动力通过实体经济提供产品与服务。养老的本质实际是上代人与下代人交易，实现资本经济与实体经济有效结合的过程。而人口老龄化不利于实体经济与资本经济协调发展的机制，使金融型养老资产不能确保未来一定得到预期养老水平的实现。

第九，人口老龄化将显著增加经济社会成本。即使按低保障水平的养老和医疗假设条件测算，我国人口老龄化导致经济社会成本将逐年加大。预计 2015 年用于养老、医疗、照料、福利与设施方面的费用占 GDP 的比例为 6.6%，到 2050 年提高到 23.3%，增加 16.7 个百分点。如果按适中保障水平假设，该比例到 2050 年将达到 26.9%，接近当时欧盟成员国平均水平。即无论从现期看，还是从长期看，人口老龄化的经济社会负担均是沉重的。

第十，人口老龄化同时产生一定的发展机遇。人口老龄化增加转变增长方式的动力，为提高消费对经济增长的贡献提供了一定程度的有利条件，催生并促进相关新兴产业如养老产业及有关服务产业的发展。事实上，老年产业的发展是具有结构性的，老年人首先可能在旅游、护理等市场方面发挥显著的消费带动作用。

三、经济层面应对人口老龄化的政策选择

应对人口老龄化不是单纯的老龄事业或社会保障事业范围内的事情，需要从经济领域各个层面展开积极而有效的全面应对。

1. 要把人口老龄化作为经济工作中的基础性决策因素

充分认识人口老龄化是重大经济问题至关重要，这是从经济方面深入开展应对人口老龄化的重要前提。要在各项经济工作中充分考虑人口老龄化因素，把人口老龄化因素及人口年龄结构变动因素作为经济决策的重要基础。经济发展的模式及进程，要与不同时期的人口老龄化及人口年龄结构变动的特点相适应，超前或滞后都不利于经济健康发展。

要充分认识中国人口老龄化的特殊性。中国是人口大国，特殊的国情决定了不能简单套用国外经验，特别是不能以美国经验看待中国人口老龄化问题。就中国总体而言，移民是不可行的。一方面，人口老龄化是世界性问题，从长期来看，随着各国家老龄化程度普遍提高，在世界范围内发生年轻劳动力大规模移民的可能性越来越小；另一面，像中国这样的人口大国，世界上没有哪个国家能够提供足够的人力资源移民到中国，更谈不上可以影响到中国的人口结构。局部地区如边境地区进行适度的移民以解决当地劳动力不足有一定的可行性，但在总体上要通过移民的方式改变中国的人

口年龄结构是行不通的。例如，预计到2050年前后，中国65岁及以上的人口比重可能超过25%，届时要把中国65岁及以上人口比重降到20%左右，估计约需要补充三四亿人的年轻劳动力，这显然是无法实现的。

应对人口老龄化，实施资本与技术对劳动替代的战略是必然的选择。从长期来看，为应对未来人口老龄化条件下对劳动力总量减少预期的影响，适时、适度推进劳动密集型产业向技术与资本密集产业转变是十分必要的，否则未来中国劳动力总量显著减少之时，中国经济必将受到严重影响。

2. 依靠技术进步促进经济增长

经济增长的不竭动力源于技术进步水平的不断提高。在人口老龄化条件下，依靠技术进步促进经济增长更具有特别重大的意义。人口老龄化进一步增加了依靠技术进步促进经济增长的重要性与迫切性，同时也成为影响技术进步的重要因素。在人口老龄化条件下提高技术进步对经济增长的促进作用，需要充分结合人口老龄化情况特点，选择相适应的实现途径与方法。

一是加强基础教育投入、提高人口整体素质。促进技术进步的基础在于提高劳动力质量，其中提升国民素质是至关重要的基础。增进健康，建立终生学习与教育的机制，加强职业培训，将有利于劳动力流动，克服低劳动力素质者对产业结构升级的不适应。特别是要建立国家及经济发达地区重点扶持落后地区基础教育发展的机制，提高落后地区的人力资源素质，这具有重要的战略意义。

二是重点加强对农村基础教育与职业培训。根据中国的国情，中国农村人口老龄化程度高于城市，大量富余劳动力主要在农村。而未来中国经济发展，经济转型与产业结构升级，将不断提高劳动力质量要求。而目前现行的农村大量富余劳动力难以满足对高质量劳动力的需求。因此，如何加强对农村劳动力基本素质的培养，是非常重要的问题。从长远的战略角度看，重点要长期持续加强对农村基础教育的投入。

3. 产业结构调整及转变发展方式要与人口老龄化进程协调适应

历经改革开放三十多年的长足发展，中国在人口、资源、能源、环境等诸多方面已经发生了深刻变化。转变经济发展方式，调整经济结构势在必行。然而，产业结构调整及转变经济增长方式不是一蹴而就的，需要统筹考虑各方面的影响因素。

一是产业结构升级必须要把人口总量及人口年龄结构因素紧密联系，充分考虑对劳动力转移与就业的影响。产业结构升级的过程在一定程度上就是劳动力转移的过程。从农业经济向工业经济转变，伴随的是大量剩余农业劳动力向工业部门转移。因此，作为人口大国的产业结构升级，人口总量及人口年龄结构因素是重要的约束性影响因素。根据中国人口年龄结构的分布情况看，产业结构升级并非是时间越早越好，也不是力度越大越好，更不是水平越高越好。中国产业结构升级的过程，需要充分考虑中国人口老龄化及劳动力比重变化的进程情况。

二是实现技术与资本对劳动替代，需要与人口年龄结构变化的进程相适应，未来中国经济的发展及经济转型务必要与人口年龄结构的客观变化特点相适应。应对人口老龄化需要适时进行产业结构调整，逐步有序地减少劳动密集型产业。在这个过程中，要处理好短期内劳动就业压力大与长期劳动力结构性短缺的关系。在一定的短期内，劳动力总量仍处于供过于求的状态，但在此期间将伴随有局部性的劳动力结构性短缺。对此，要根据中国不同的地区、不同的城乡、不同的阶段以及不同的具体问题等，分别采用不同的应对措施，而不适宜采用统一的标准。

人口老龄化是实现中国经济发展与经济转型的一个基础性约束性条件。为应对长期的人口老龄化效应同时又要解决好短期现实经济问题，进行转变经济增长方式与产业结构调整的时机、力度及技术路线是非常关键和重要的。相应的准备工作从现在就要开始进行。如进行相关产业的劳动力职业培训、转岗培训、产业升级的技术储备、劳动力流动的制度安排、失业人员的社会保障等方面的工作；促进第二产业及第三产业中的部分高端产业向资本与技术密集型产业方向发展；劳动就业向分散化方向发展，而技术进步将为就业分散化提供更大的空间。

4. 促进资本经济与实体经济协调发展，防范系统性风险

首先，将统筹资本经济与实体经济的协调发展作为应对人口老龄化经济战略的重要选择。在资本经济方面，要确保资本经济的运行与发展始终围绕着服务于实体经济的宗旨而进行，资本经济不能脱离开实体经济而自成独立的运行系统。在实体经济方面，在努力提升经济增长潜力的同时，积极探索实体经济与养老保障相联动的机制。保持资本经济与实体经济的协调发展，不仅对宏观经济稳定有重大的意义，而且对实现真正的养老保障具有重大的意义。

其次，要高度重视金融型养老资产的规模与变化。随着人口老龄化程度不断提高，金融型养老资产规模将不断扩大，对金融系统的影响也将越来越大。既存在着金融型养老资产保值升值的问题，同时也存在着庞大的金融型养老资产对金融系统稳定性影响的问题。不能使金融型养老资产成为资本市场上金融杠杆的一部分，更不能使之成为“热钱”。要充分认识到金融市场上局部利益的最大化，可能是金融系统总体利益的最小化，甚至可能导致整个金融系统的崩溃。

第三，要高度重视人口老龄化与房地产的关系。房产成为越来越重要的个人及家庭的资产，同时和养老行为有越来越密切的关系。在房产不断升值的预期下，将个人及家庭的现金资产甚至养老金转变成房产作为保值、升值的方式，已被越来越多的人

所重视。因此，政府监管部门和金融监管部门要密切关注房地产市场运行和资本市场运行，适时制定有效政策，遏制市场主体投机炒作行为，及时抑制乃至刺破资产价格泡沫。

5. 改善国民收入分配格局，提高老年人口支付能力

在老龄社会中，老年人口成为越来越重要的消费群体，如何有效利用老年人口的消费需求，对中国经济社会发展具有重大的意义。

首先，要利用人口老龄化的机遇发展相关产业、扩大消费需求，提高老年人口的支付能力是其中的一个关键性问题。目前中国在此方面的情况是，中国老年人口群体的支付能力不足，无法形成经济中的真正需求。经济理论中的需求是指有相应支付能力的需要，没有支付能力的需要只能是一种欲望。产业发展的一个重要基础，是供给与需求要有彼此相适应的均衡关系。仅有供给而没有相应的需求水平，就没有产业发展的基础。

其次，需要从总体上改革收入分配制度，逐步提高居民收入占国民收入的比重至合理水平，藏富于民。提高老年人口的支付能力是十分复杂的问题，需要从个人、家庭、政府乃至社会保障体系建设等诸多方面着手解决。收入是影响消费的最为重要的因素。长期以来，中国消费增长乏力与居民收入增长显著滞后于经济增长有密切的关系。同时，收入分配不合理，收入差距不断扩大，少数人占有越来越高的收入比重，进一步抑制了消费需求总水平的提高。

6. 适时提高退休年龄，逐步建立老年人口就业的机制与市场

从长远来看，提高退休年龄以扩大劳动力资源的数量基础，是应对人口老龄化的重要措施。提高退休年龄的重要意义不在于促进经济增长。提高中国经济增长的潜力主要依靠技术进步及资本投入。模拟测算结果表明，单纯增加中国劳动力供给数量并不能明显提高经济增长速度。提高退休年龄主要有以下几方面的重要意义。

一是减缓劳动力总量减少速度，以此减弱对劳动力稀缺性提高的预期，有利于防止因非经济效益提高因素导致用工成本大幅度上升。劳动力工资的提升应主要由经济效益提高而实现。否则，企业成本额外增加将不利于企业提高竞争力。

二是缓解社会保障负担，减缓人口抚养比过快下降，减轻“少子化”情况下的家庭负担。虽然中国劳动力总量减少对经济增长的影响是有限的，但是对社会保障的影响以及劳动力供养负担的影响是显著的。劳动力数量的减少与老年人口数量的增加，就是对社会保障贡献的人减少，分享的人增多。扩大劳动力资源规模有助于增强社会保障的重要基础。

三是缓解劳动密集型产业以及劳务性产业对劳动力数量的需求。中国经济发展将

对劳动力保持旺盛的需求。即使在高度发达的高科技社会，技术也不可能完全替代人工劳动。如对老年人的身体照料、心理疏导及精神抚慰等需求不是技术能够替代的。人口老龄化将增加对人工劳务性服务的硬需求。提高退休年龄能够在一定程度上增加劳动力供给能力，对促进必要的劳动密集型产业发展，特别是劳务性产业发展具有重要的积极作用。

7. 务必保持中国为“生产型”国家而非“消费型”国家

发展实体经济才是经济发展的核心内容。然而，发展实体经济的关键在于发展生产力。从长期来看，人口老龄化不利于提高生产能力。国际经验已经表明，从长期来看，高度的老龄化与低储蓄率、低投资率和高消费率相伴随，是导致经济增长潜力降低的重要原因之一。随着人口老龄化程度的不断提高，中国实体经济的国民储蓄率存在趋于下降的内在动力机制。

不适宜把扩大消费作为促进经济增长的长期战略选择。以扩大消费促进经济增长的方式，主要适用于短期内的现实中国经济。作为人口大国、人均资源有限的发展中国家，中国不能遵循超前消费的经济发展模式。当前一些西方发达国家频发各种严重的经济问题，特别是出现债务危机，与这些国家遵循“消费型”国家的经济发展模式有很大的关系。

要不断改善消费结构，倡导“绿色消费”。消费的实质就是消耗。如果消费的增长主要来自对物质产品消费的增长，则意味着消费的增加即是对物质资源消耗的增加，从长期来看这将降低人类社会发展的可持续性。因此，在扩大消费的过程中还必须要注意消费结构的转型，即要从主要依靠物质产品消费的增长，不断转向主要依靠非物质产品消费的增长。这是对转变中国经济增长方式提出的更高要求。

总之，应对人口老龄化的挑战需要全方位的应对措施。人口老龄化是中国经济社会发展中的长期性问题，其复杂的经济影响效应不会在“十二五”这样的短期内完全显现。然而，这并不表明中国的人口老龄化问题不具有急迫性和重要性。人口总量与年龄结构的变化有其客观规律，人口老龄化的经济效应必然要遵循一定的时间规律才会不断显现，应对人口老龄化的措施须及早提出并进行有效的实施。

人口老龄化背景下老龄产业发展研究

陆杰华[①] 田 丰 薛伟玲 黄匡时 王伟进 田峻闻

【摘要】 伴随着人口转变、经济转型、社会转型与政府转型的宏观背景，我国老龄产业有了长足的发展。老龄产业具有涉及到的内容多、领域广的特点。现在我国老龄产业面临诸多机遇和挑战，分析表明，我国老龄产业发展潜力巨大，将是国民经济中的朝阳产业，应坚持“政策推动、企业参与、市场运作、统筹规划、社会支持”的总体思路，有序推进老龄产业各个领域的整体发展。

【关键词】 老龄产业 朝阳产业 产业政策

发展老龄产业是积极应对人口老龄化行之有效的策略之一。发展老龄产业也必将是中国应对人口老龄化的必然和重要选择之一。我国发展老龄产业的根本宗旨是服务于老年人，最大限度地满足老年人日益增长的物质、文化与精神生活的现实需要，提高老年人的生活质量。伴随着人口老龄化速度的加快，其发展的迫切性也日益加剧。我国老龄产业的产生与持续发展正在成为满足老年人日益增长的物质生活和精神生活的需求的重要保证，也正在推动着中国老龄事业的健康发展。老龄产业将是21世纪我国老龄事业的发展的一个重要方向。进入21世纪以后，随着政府、企业以及社会的介入和学界研究的拓展，在人口转变、市场发育、政府转型等主客观条件的共同作用下，中国的老龄产业日渐兴起与发展，正在成为国民经济的一个重要产业。

一、老龄产业的定位与基本框架

人口老龄化背景下中国老龄产业发展是一个全新的研究领域，不仅需要跨学科的研究视野，还要具有创新性的思维。老龄产业就是一个目标服务对象为老年人口的产业体系，包括所有为老年人提供产品和服务的经济实体，如满足老年人口衣、食、

---

① 陆杰华，北京大学社会学系教授，北京大学老龄健康与家庭研究中心副主任，博士生导师，兼任中国人民大学人口与发展研究中心兼职研究员、国家人口和计划生育委员会专家委员会委员、民政部养老服务业专家委员会委员、中国老年学会常务理事、北京市政协常委、北京市人口学会常务理事等职。

住、行、用、医疗保健、照料护理、精神慰藉等各方面需求的多方面行业部门总称。其中，老龄产业是许多行业部门的通称，它并不是传统意义上一个独立的产业部门，而是由于老年消费市场需求增长带动而形成了国民经济中一个新兴产业。从老龄产业的实践上看，老龄产业体系基本涵盖了第一、二、三产业。此外，老龄产业的性质同时包括生产、经营和服务等三个方面。

从理论上讲，中国老龄产业具有丰富的内涵和外延。老龄产业是一个涉及领域十分广泛的综合性产业体系，它涵盖了第一、二、三产业中涉及专门为老年人生产、销售、经营、服务的所有企业和经济实体。同时，我们还必须看到，中国老龄产业还具有以下三个明显特点。一是特殊性。老龄产业的服务对象主要集中在60岁及以上的老年人群，或者虽然年龄低于60岁，但是有着相应特殊需求的群体。二是综合性。一方面，老龄产业是一个包含一、二、三产业的综合产业体系；另一方面，老龄产业还包含养老服务市场、老年住宅市场、老年用品市场等众多领域在内的综合市场体系。三是福利性与市场性并存。市场性是老龄产业的本质要求和主要特点，但老年人是一个特殊的服务群体，一些为老服务本身是属于老年社会保障或老年社会福利体系的内容，因此在一定时期内，老龄产业将会呈现出市场性和福利性并存的鲜明特点。

老龄产业具有涉及到的内容多、领域广的特点。根据老年人的特殊需求和未来我国老龄产业发展的总体框架，老龄产业大致可以分为十个行业：一是养老服务业，如各类养老服务机构、居家养老服务业、社区养老等。二是老年卫生保健业，如老年人药品、保健品及老年医疗辅助设备等。三是老年日常生活用品业，如老年人的服装、生活用品等。四是老年金融业，如专为老年人设计的健康储蓄计划、证券投资规划等。五是老年保险业，如与涉老相关的人寿、健康和养老保险等。六是老年房地产业，如老年人住宅、老年社区等。七是老年文化娱乐业，如老年旅游业，老年文化、体育和娱乐业等。八是老年教育产业，如老年大学、老年培训班等。九是老年咨询服务业，如为老年人进行心理、职业、婚姻咨询服务等。十是其他相关产业等（详见表1）。

大力发展老龄产业不仅是贯彻落实科学发展观，应对人口老龄化挑战的重要举措，也是加快经济发展方式转变，推进产业结构调整的必然要求，还是改善民生、提高老年人生活质量的重要途径，对于拉动内需、促进就业、推动经济社会又好又快发展具有重要意义。21世纪中国的老龄产业也将是一个朝阳产业，前途光明，大有可为。

表1　中国老龄产业的基本框架体系

领域	主要内容	服务对象	选址
养老服务业	家庭护理（尤其是长期照料）、日常家庭照顾、家庭修膳以及各种用品修理等	各个年龄段，尤以高年龄段为主	以社区为服务网络，以家庭为主要服务依托
卫生健康业	药品、医疗器具、保健品、老年人常用辅助医疗设备、老年人健身器材、老年医院、临终关怀等	各个年龄段	社区或者商业网点等
老年日常生活用品业	服装、饮食、餐具、防滑器具等	各个年龄段	商业中心、社区以及上门送货等
金融业	储蓄计划、证券投资规划等	各个年龄段，尤以高年龄段为主	社区或者商业中心等
保险业	人身保险、健康保险、养老保险等	各个年龄段	人口集聚的商业中心等
房地产业	老年公寓、托老所、护理医院等	各个年龄段	无明显特点，可分布在各种地方，但应当具有老年人需要的基本服务设施。
文化娱乐业	旅游陪同人员、棋牌社以及其他闲暇休闲等	低年龄段为主	无明显特点，可分布在各种地方
教育产业	老年大学、老年职业培训、老年职业介绍所等	低年龄段为主	社区或者工商业中心等
咨询服务业	心理咨询、婚姻介绍所等	各个年龄段	主要以社区为主
其他相关产业	文化消费品、老年特殊需要品等	各个年龄段	无明显特征

二、现阶段老龄产业发展面临的机遇与挑战分析

我国人口老龄化是在计划生育政策背景下，伴随着经济改革、社会转型同步出现的一个重要社会问题。我国人口老龄化过程，也是经济体制市场化、公共服务社会化、老龄产业现代化条件下的人口转变过程，因而我国老龄产业兴起、发展与西方发达国家存在着诸多不同之处，具有典型的中国特色。

客观地讲，现阶段我国老龄产业正处于快速发展的黄金机遇期，这是由于所处的发展环境所决定的。一是我国经济保持长期稳定高速发展，成为老龄产业发展的催化剂。二是老龄人口基数不断增加，消费增长预示巨大的发展空间。三是老年人口需求水平不断提高，为产业发展提供源动力。四是经济发展方式转变呼唤大有作为的老龄产业。五是政府合理科学规划，为老龄产业健康有序提供良好的发展机遇。

我们在看到中国老龄产业发展面临千载难逢的机遇期同时，我们还必须看到面临的诸多挑战和困难。事实上，机遇是潜在的，而挑战是现实的，需要积极面对。

第一，产业政策不甚明朗，政府、社会、市场分工不明确。由于老龄产业带有浓厚的福利色彩，老龄产业政策还兼具有弥补市场缺陷、有效配置资源的功能，特别是规范政府、社会和市场的专有职能，以及引导三者之间相互补充，发挥合力作用。现阶段尽管我国老龄产业发展势头良好，但由于政府、社会与市场之间分工不明确，一方面导致老龄产业所负担的社会保障功能不到位，存在过度依赖市场的现象，难以满足老龄人口合理生活需求；另一方面，市场化程度不够深入，老龄产业的部分产品和服务没有向市场化转变，未能充分发挥生产企业和服务单位在市场经济中主体作用。所以，老龄产业政策不明朗，缺乏产业政策引导，没有清晰的总体设计思路，导致老龄产业发展方向不明确。

第二，产业发展需要较大规模投入，见效慢，财政、金融和科技支持力度不够。现有的老龄产业规模普遍偏小，产业布局较为分散，老龄消费市场仍然处于初级阶段，而老龄产业发展空间大，与传统产业结合能力强，在经济发展和产业结构调整中的带动作用将远远超过单一老龄产业覆盖范围。但从本质上说，老龄产业仍然是个弱质产业，市场融资超出了企业的现有能力，需要多方的、多层次的资金支持，尤其是政府的政策支持。

第三，产业中长期规划缺失，产业发展基本处于无序状态。由于长期以来，我国没有充分认识到老龄产业开发的市场前景，对老龄产业发展重视力度不够；加之老龄产业前期投入大，项目投资回收周期长，一些服务和产品还依赖于国家财政支持，一些老龄产品和服务的企业虽有发展目标，但并无长期性的规划、计划性不强，导致老龄产业发展缺乏整体规划，未能体现出全面效益，相对人口老龄化速度以及老年人的客观要求，产业发展较为缓慢。产业中长期规划的缺失集中表现为政策支持缺失，老龄产业发展动力不足，产业未来发展方向不明，基本处于无序状态，部分老龄消费品市场，如保健品行业，出现品牌杂乱、产品良莠不齐等恶性竞争的混乱局面。

第四，处于“未富先老”发展阶段，老年人口消费能力有限。未富先老是我国人口老龄化的重要特点，主要是指与已经进入老龄化的发达国家和地区相比，我国经济发展和人均收入处于较低阶段，即尚未达到富裕国家的经济和社会发展水平时，人口结构已经出现提前老龄化的特点。2011 年，我国人均 GDP 已经超过4 000美元，这一水平位于低收入国家与“现代化国家”的标准之间，说明我国经济社会发展水平仍属于“中低收入国家”，尤其是我国社会保障制度尚未健全，老龄人口退休金标准偏低，在大部分地区仅能维持基本生活。因而，上述因素决定了老龄人口的收入和消费水平不高，消费能力相对有限。

第五，专业性人才队伍较为薄弱，产业发展创新人才支撑不足。随着我国家庭结构日趋小型化，养老模式逐步从单一的家庭养老向社会养老和市场养老过渡，老龄产业所涉及的领域不仅仅是产品开发，还将涉及到老龄人口的服务与经营管理，特别是一些带有专业性管理和服务内容，如心理咨询、日常护理、家政服务、金融保险等领域，迫切需要一支能够切实为老龄人口服务，为老龄产业发展创新的专业性人才队伍。从当前情况来看，在常见的日常护理，家政服务领域，专业性人才队伍仍有较大缺口，在尚未发展的心理咨询、娱乐产品设计、金融理财等领域，专业性人才队伍几乎为零，凸显老龄产业相关领域职业化人才建设滞后的尴尬局面。

第六，市场准入制度尚未健全，产品标准化和服务规范化明显滞后。产业发展的标准化建设是一个开发相关产业市场的基本条件，而目前老龄产业产品和市场还相当地混乱，迫切需要在老龄产业发展过程中推动标准化建设，如制定相关老龄产品和服务的标准，包括食品、用具、交通、娱乐等产品和服务都需要有行业公认的标准。虽然国际标准对于我国老龄产业发展有借鉴作用，但同时这些产品标准和服务标准也要本土化，适应我国老龄人口的客观需要。因此，按照统一的标准和规范，提升老龄产业的综合品质，才能更好的满足老龄消费者需要，推动老龄产业发展。

三、未来老龄产业发展的主要效用分析

在市场经济条件下，一个经济形态得以发展，不仅要有社会需要，而且也要有发展潜力。这样才能从根本上保证该经济形态的长期可持续发展。我们应用经济计量方法，并以未来老年人口变化态势及消费水平为基础，对老龄产业市场发展潜力进行比较全面的量化估算。分析结果显示，老年人口消费增加的速度要远远快于人口增长速度。但就老年消费和老年人口的增长来看，老年人口的增长速度在2035年左右达到相对高位之后，并没有继续保持高速增长之势，而是呈现出稳步增长态势，增长速度明显慢于之前年份。但是老年人口的消费却一直呈现出高速增长之势。同样地，总人口的增长速度也远远不及总消费变动速度那么快：总消费的变动一直呈现高速增长之势，而总人口的变动则在2030年达到高位值后出现持续的下行变动。老龄产业在GDP中的比重，可以用老年消费在GDP中的比重来衡量。同样，老年人消费总额在支出法GDP中所占的比重在预测期内呈现逐年递增趋势。从2011年的5.552 8%，持续上升到2050年的17.253 9%，40年间增长11个多百分点，而且GDP总量增加相当显著。这个比例变动也大致证明了我国老龄产业在未来国民经济增长中的关键地位，尤其是在转变经济发展方式的宏观经济背景下显得更有其特殊意义。

如果根据分城乡的估算模型结果，预计到2050年老年人消费总量将高达232 453.8亿元，占整个消费市场的27.55%。与此趋势一致的是，老龄消费市场在

支出法 GDP 中所占的比重也持续上升，预计从 2011 年的大约 5.1%持续攀升到 2050 年的约 16.4%（见表 2）。而且，从不分城乡和分城乡的模型的对比中可以发现，老龄市场城乡差异依然明显存在，这种差异表现在城镇老年消费市场规模要远远大于农村。当然这种差异也正好顺应和反映了老龄化和城镇化协同并进的局面，对于更好地解决诸如农村老龄问题无疑具有极大的促进作用。由此可见，21 世纪中叶，我国老龄产业将成为未来经济社会发展的重要经济形态，在国民经济中发挥至关重要的作用。

表 2　老龄产业分城乡的未来消费预测

年份	城市总消费	农村总消费	总消费	农村老人消费	城市老人消费	老人总消费	老人消费比重	老人消费占 GDP 比重
2011	96 465.19	28 645.94	125 111.10	3 680.42	9 047.48	12 727.90	0.101 733	0.050 527
2015	134 932.10	33 933.22	168 865.30	5 264.61	14 625.51	19 890.12	0.117 787	0.055 722
2020	197 222.20	40 352.67	23 7574.90	7 251.30	24 058.18	31 309.48	0.131 788	0.061 952
2025	273 031.80	45 774.54	318 806.40	10 292.97	40 474.31	50 767.28	0.159 242	0.077 633
2030	362 475.40	49 414.50	411 889.90	14 042.48	65 061.34	79 103.82	0.192 051	0.097 967
2035	456 356.50	53 601.75	509 958.20	17 356.09	94 059.39	111 415.50	0.218 480	0.116 223
2040	554 080.80	58 813.34	612 894.20	19 505.68	123 365.20	142 870.90	0.233 109	0.128 774
2045	662 273.90	63 256.05	725 529.90	21 053.30	160 148.50	181 201.80	0.249 751	0.142 994
2050	777 283.70	66 508.93	843 792.70	23 604.66	208 849.10	232 453.80	0.275 487	0.164 048

老龄产业不仅具有极大的发展潜力，老龄产业的发展对于社会经济发展也具有极大的效用。老龄产业以其自身蕴藏的巨大市场潜力在拉动内需，培育新的经济增长点方面，发挥着重要作用。主要表现在两个上升过程的叠加效应，使老龄产业在扩大内需，培育新的经济增长点方面具有极大的效益。第一个上升是：未来支出法 GDP 的预测中，消费在 GDP 中所占的比重不断上升。第二个上升是：老龄消费市场规模和在全人口消费中的比重不断上升。这两个过程使老龄市场在 GDP 中所占的比重持续攀升，保证了老龄产业在拉动内需和培育新的经济增长点方面持久、强大的动力。在产业结构优化升级方面，当前我国第二产业在国民经济中所占的比重仍然高于第三产业，产业结构存在很大的优化空间，第三产业还具有极大的发展潜力。而老龄产业中隶属于第三产业中的比重部分很高，这对于降低中间商品价格，提高最终消费增量，降低单位产值能耗，提高第三产业在国民经济中的份额都具有极大的作用。老龄产业的发展势必改变原来的产业结构，促进产业结构向着更为优化的“三二一”结构演进。在就业方面，估测期内老龄产业以每年至少创造超过千万的就业机会对解决失业问题产生积极价值，尤其是在 2028 年劳动力充裕时期。在 2028 年以后劳动力短缺时期，老龄产业由于自身的产业优势将对因劳动力资本的节约、劳动力不足可能带来的

负面影响产生积极作用。

四、促进老龄产业健康发展的战略措施

不论从理论还是从现实上看，未来中国老龄产业将是一个服务于以老年群体为中心的庞大产业链。其不仅是国民经济的一个朝阳产业，同时还是具有显著公益性质的新兴产业。从上游产业来看，中国老龄产业主要包括硬件、技术、资金和队伍四大基础产业支柱。从下游产业来看，中国老龄产业大致分为养老服务业、老龄休闲业、养老保险业和老年社会工作四大支柱产业。

未来老龄产业是一个朝阳产业，是大有可为的新兴产业。发展老龄产业的指导思想是：以邓小平理论和“三个代表”重要思想为指导，全面贯彻落实科学发展观，以提升老年人生活和生命质量为指导理念，秉承以人为本的可持续发展理念，以“老有所养、老有所医、老有所为、老有所学、老有所乐”为基本目标，以“全面、多样、高质量满足老年人需求”为根本宗旨，循序渐进地促进老龄产业的整体发展；坚持“政策推动、企业参与、市场运作、统筹规划、社会支持”的总体思路，有序推进老龄产业各个领域的整体发展，优先发展养老服务业，鼓励发展老龄休闲业和老龄保险业，重点培育老年社会工作，解放思想，更新理念，稳步推进我国老龄产业快速健康高质量发展，使老龄产业成为未来我国国民经济的新“动力产业”之一，并全面提高老年人物质、精神和文化需求。按照上述指导思想，发展中国老龄产业的主要原则包括以下几点。一是以人为本，关注民生。即老龄产业要突出以人为本，以民生为抓手，促进老龄产业的可持续发展，把老龄产业和老龄事业纳入改善民生的总体布局，凸显执政为民的理念，将老龄产业建设成为系统性、基础性、保障性的民生工程。二是政策引导，确定重点。即发展老龄产业离不开政府的政策支持，政府应该在税收、资金、贷款等方面给予老龄产业各种优惠，要把老龄产业纳入国民经济和社会发展的总体规划。三是强化规范，提高质量。即要建立完善的行业规范，建立健全行业标准及相关监督体系。四是分类指导，发挥优势。即未来老龄产业发展不能搞“一刀切”，而是要具体问题具体分析，抓住重点、把握关键，进行分类指导、分类解决，并且注重个性化服务，注重多样化服务，强调品牌效应，发展有特色的老龄产业。

根据现阶段我国经济社会发展以及老龄产业的客观实际，总结以往老龄产业发展的成功经验以及教训，未来中国老龄产业发展的制度设计应当主要包括以下几点。

第一，高层倡导，统一认识，将老龄产业发展纳入政府经济和社会发展规划。一是加强中央高层的倡导，并在全国范围内进一步统一认识，将老龄产业发展纳入到国民经济和社会发展规划中去，合理确定老龄产业的发展目标。二是进一步整合老龄产

业发展合力，通过高层的协调和领导，将老龄产业发展的合力整合起来，形成发展老龄产业的良好氛围和环境。三是紧密围绕老年人的实际消费需求，结合我国经济社会发展水平，制定老龄产业的中长期行业发展规划。四是探索建立全国范围内的养老产业发展评估指标体系，实行对各地老龄产业发展的动态、系统监测。

第二，政策扶持，确保落实，进一步完善发展老龄产业的相关优惠政策。一是积极出台老龄产业扶持和优惠政策，加大政策扶持力度。二是设立老龄产业发展基金、接纳社会捐赠等方式，筹措老龄产业发展资金。三是加强对老龄产业相关政策落实的监督。

第三，制度建设，完善准入制度，促进老龄产业发展体制规范化和标准化。一是建立老龄产业发展委员会或者说老龄产业发展协调委员会，专门协调和统筹老龄产业的发展。二是严格老龄产业行业准入制度。三是加强老龄产业的运营监管。

第四，区分老龄产业中的公共品（非竞争性行业）和私人品（竞争性行业）。一是根据老龄产业的市场属性区分老龄产业中的非竞争性行业和竞争性行业，形成以市场机制为主要资源配置手段的老龄产业管理体制和运行机制。二是重点培育、引导和完善竞争性行业的需求市场。

第五，注意老龄产业发展的区域和城乡差别。一是通过相关政策鼓励和扶植中西部老龄产业发展，促进东西部老龄产业发展的区域均衡。二是在土地优惠和资金支持以及政策优惠等多方面鼓励农村发展老龄产业，尤其鼓励农村发展养老服务业，多建养老院和养老服务机构，消除老龄产业的城乡差异。

第六，加大产业对外开放力度，鼓励国内外企业和民间力量的介入。一是突破现有的政策框架和限制，鼓励社会力量或个人投资养老服务行业并依法注册，积极推动形成现代企业管理运营模式，享有与公办养老服务机构同等的优惠政策。二是全面贯彻实行“谁投资谁管理谁受益”的原则，形成合理的投资收益机制。

第七，总结各地老龄产业发展的典型，加强典型的示范作用，稳步推进全国老龄产业的发展。一是重点开展全国老龄产业发展现状摸底调研工作，通过摸底调研不仅可以对全国老龄产业的现状有个初步的了解，从而真实地把握我国老龄产业发展现状、需求及其潜力，而且可以总结经验，发现规律。二是要从全国范围内找出老龄产业发展的优秀典型和不同发展模式或路径，总结其发展老龄产业的成功经验和独特经验。三是探索建立全国性和地方性老龄产业发展示范基地和示范园区，鼓励各地政府大力发展老龄产业示范基地和示范园区，为老龄产业发展搭建平台，稳步推进全国老龄产业发展。

第八，加强老龄产业理论和市场研究，重视科研部门在产业发展中的重要作用。

一是加强对老龄产业的理论研究。二是加强对老龄产业的市场理论研究，尤其是老龄产业的市场运作方面的理论、老龄产业的开发理论以及老龄产业企业管理理论等。三是加强对老龄产业市场现状和需求方面的调查和评估，力求每年发布中国老龄产业发展报告，分析经验、找出问题，为老龄产业发展出谋划策。

第九，积极拓宽发展老龄产业的国际视野。一是加强对各个老龄产业相对发达的国家的老龄产业发展模式的研究，要从理论和实践两个层面加强对国外老龄产业发展模式的研究。二是重点关注发展中国家在老龄化产业发展中的成功经验和老龄化产业发展中各种深刻教训。

参考文献

[1]《人口研究》编辑部．发展老龄产业：应对人口老龄化的一项重要战略［J］．人口研究，2001，(2)．

[2] 艾慧．中国老龄产业研究现状与展望［J］．经济纵横，2007 (2)．

[3] 程勇．制定发展老龄产业的政策，形成良好的政策环境［J］．人口研究，2001，(2)：34-36.

[4] 戴星翼．论老龄化过程与市场体系［J］．市场与人口分析，1996，(1)：13-15.

[5] 顾大男．中国人口老龄化与未来商机分析综述［J］．市场与人口分析，1999，(3)：40-43.

[6] 顾鉴塘．完善和改进政策措施，使老年人更好地享有社区和社会服务［J］．人口研究，2000，(2)：59-62.

[7] 姜向群．影响我国老年产业发展的人口学与社会经济因素［J］．市场与人口分析，1997，(3)：15-17.

[8] 李建民．我国老龄产业发展研究应该关注的几个问题［J］．人口研究，2001，(2)：38-39.

[9] 鲁志国，黄赤峰．人口老龄化与产业结构调整［J］．中国经济问题，2003，(3)．

[10] 陆杰华，我国老龄产业研究评述及展望［J］．北京大学学报（哲学社会科学版），2002 (01)．

[11] 陆杰华．关于我国老龄产业发展现状、设想与前景的理论思考［J］．人口与经济，2000，(4)：59-63.

[12] 穆光宗，中国“老龄产业”发展的市场潜力和战略取向［J］，市场与人口分析，2000 (04)．

[13] 上海老年经济学研究所．“制约老龄产业发展的因素和对策研究”课题报告［R］，2004.

[14] 汪雁，对老龄产业内涵及性质的再思考［J］，市场与人口分析，2004 (03)．

[15] 邬沧萍．老年服务业和护理业是老龄产业重中之重［J］．人口研究，2001，(2)：28-31.

[16] 谢建华．中国老龄产业发展的理论与政策问题研究［N］．中国社会科学院研究生院博士学位论文．2003.

[17] 荀志坚，老龄产业发展政府与企业面临的共同考验［N］，2009 年中国老年保健暨产业高峰论坛文集，2009。

[18] 杨宏，人口老龄化形势下发展中国老龄产业［J］．大连海事大学学报（社会科学版），2006 (02)．

[19] 张纯元，曾毅．市场人口学［M］．北京：北京大学出版社，1996.

[20] 张纯元．老龄产业有着良好的发展前景［J］．市场与人口分析，1997，(4)：14-16.

[21] 张文范．21 世纪初中国老龄产业发展的指导思想及政策构想［J］．市场与人口分析，2001，(2)：57-64.

[22] 张智敏，唐昌海．发展老龄产业的经济学分析［C］//程勇．21 世纪的朝阳产业——老龄产业．北京：华龄出版社，2001：129.

中国人口老龄化给城镇化带来的挑战与机遇

张　华　周尚意①

【摘要】中国也已进入老龄社会，人口老龄化进程与城镇化进程相互叠加，在不同地区有很大差异。中国大陆各省区老龄化与城镇化的叠加情况有八种组合类型，与国外相比，中国人口老龄化与城镇化互动影响的特殊性有两点，其一是人口老龄化超前于城镇化，其二是人口老龄化具有城乡二元结构。中国城镇化对人口老龄化的影响是，中青壮年劳动力从农村迁移大城镇，一定程度上缓解了经济发达的东部地区以及城镇的人口老龄化压力，但加速了中西部和农村地区的人口老龄化进程。中国人口老龄化给城镇化带来的挑战是，劳动力供给相对减少，一定程度上减弱了城镇竞争力。但是人口老龄化还提供了两方面的机遇：其一，增加涉老服务业的就业机会，拉动城市产业升级；其二，推动城市基础设施建设一步到位。

【关键词】人口老龄化，城镇化，机遇与挑战

一、中国人口老龄化与城镇化的空间叠加

1. 中国人口老龄化的地区差异

中国人口老龄化具有明显的地区差异。上海早在1979年就已经成为“老龄城市”（陶立群，2006），而边远的青海、新疆、宁夏等欠发达省区在2010年仍未跨入“老龄省市”的行列。中国人口老龄化的地区差异可以从以下方面分解说明。

第一，从老年人口数量来看，老年人口的分布与总人口的分布基本吻合，其秩相关系数达到0.98，且统计显著，即人口大省也是老年人口多的省区，中国中东部省区的老年人口数量一般较多，西部省区相对较少（图1）。

第二，从老年人口比例来看，长江中下游省区的人口老龄化程度一般较高（图2）。

第三，从老年抚养比来看，多数东部发达省区和少数中西部省区老年抚养比较

① 周尚意，北京师范大学地理与遥感学院教授、城市与区域规划研究所所长。中国地理学会常务理事、副秘书长、人文地理专业委员会副主任；中国国土经济学会理事；中国老年学学会理事；国际地理联合会（IGU）IYGU工作组成员；美国地理学家联合会（AAG）会员；美国国务院学友会（Alumni of States，USA）成员。

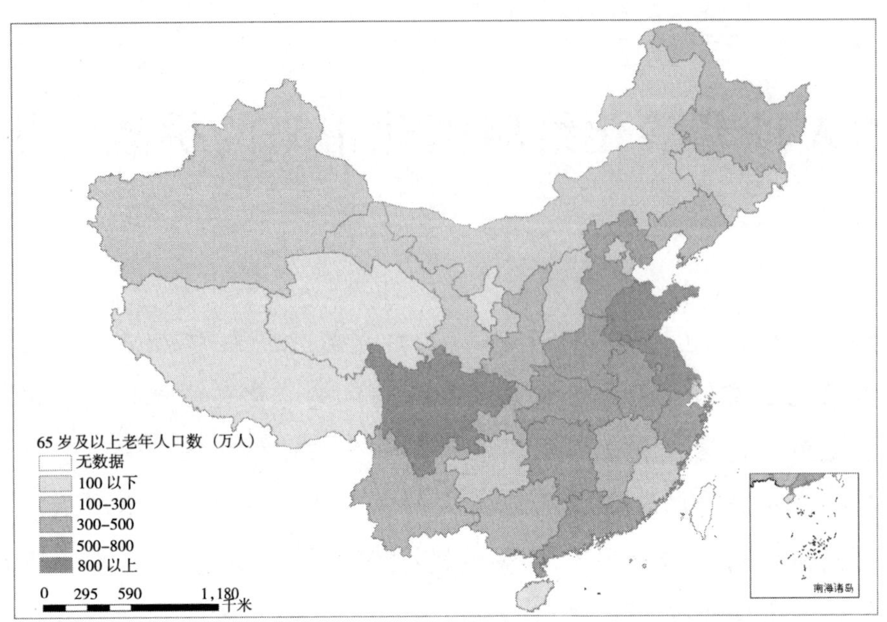

图 1　全国 65 岁及以上老年人口分布（2010 年）

数据来源：中华人民共和国国家统计局．中国统计年鉴 2011 [M]．北京：中国统计出版社，2011.

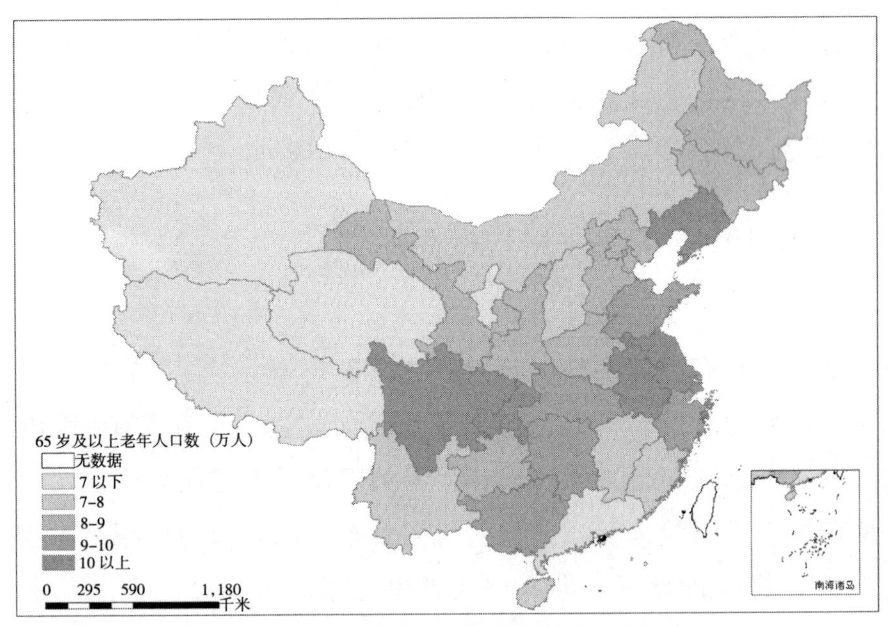

图 2　65 岁及以上老年人口比例的省区差异（2010 年）

数据来源：中华人民共和国国家统计局．中国统计年鉴 2011 [M]．北京：中国统计出版社，2011.

高，西部省区老年抚养比一般较低（图 3）。

我们用 2010 年 65 岁及以上老年人口比例来度量人口老龄化程度，以纵轴表示。用 2000—2010 年老年人口比例的增加值表示人口老龄化发展速度，以横轴表示。以全国平均水平为原点。将两个指标结合起来，把各省区人口老龄化现状分为多快型、多慢型、少慢型、少快型四种类型（图 4）。总体来说，除部分省区外，大多数中西

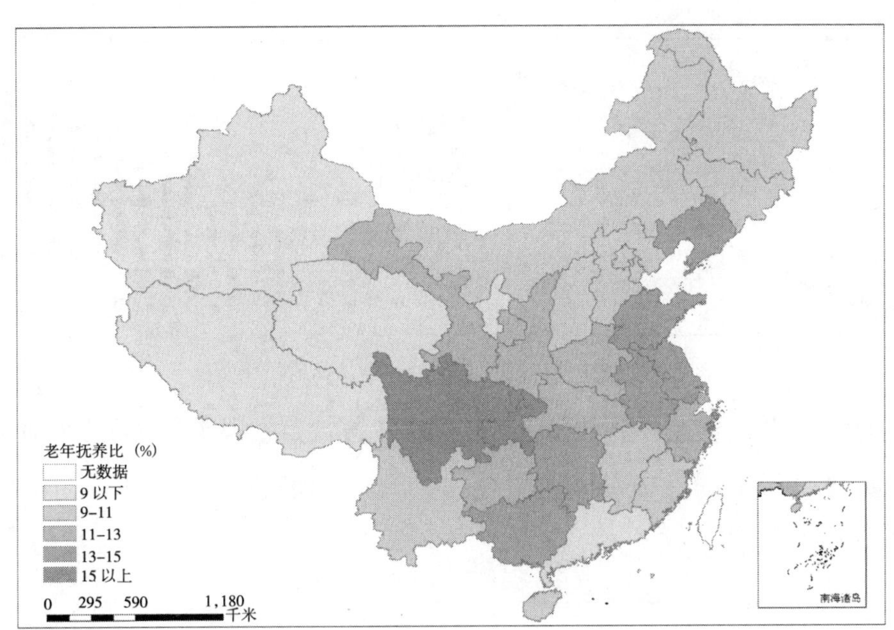

图 3　老年抚养比的省区差异（2010 年）

数据来源：中华人民共和国国家统计局．中国统计年鉴 2011［M］．北京：中国统计出版社，2011.

部省区人口老龄化程度低于全国平均水平，而东部省区人口老龄化程度高于全国平均水平。

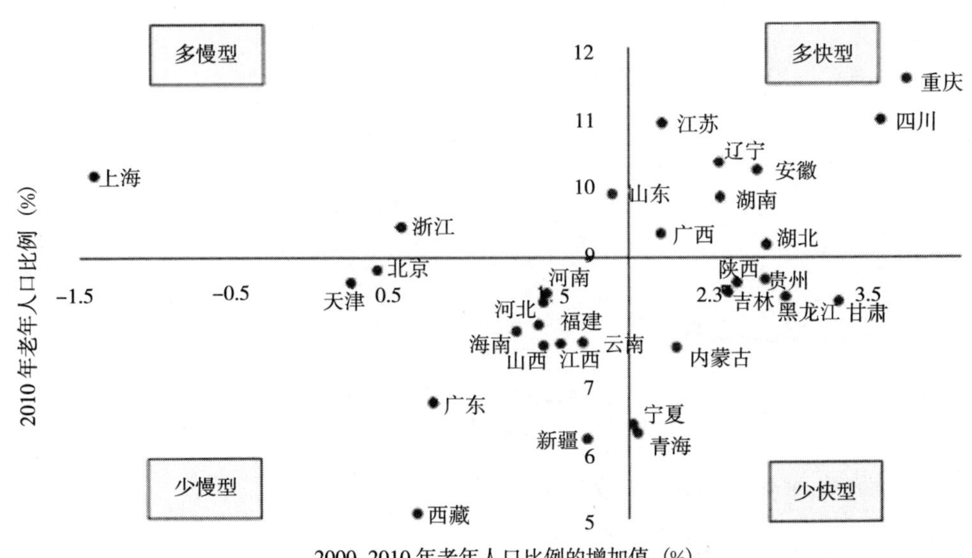

图 4　人口老龄化的四种类型

数据来源：中华人民共和国国家统计局．中国统计年鉴 2011［M］．北京：中国统计出版社，2011.

2. 中国城镇化的地区差异

中国的城镇化同世界上大多数国家一样，虽然经历曲折，但总体趋势基本符合城镇化发展的“S”曲线（图 5）规律（陆大道等，2009）。中国从 1996 年开始进入城镇化发展的快速成长阶段（图 5），城镇化率目前已接近中低收入国家的平均水平。

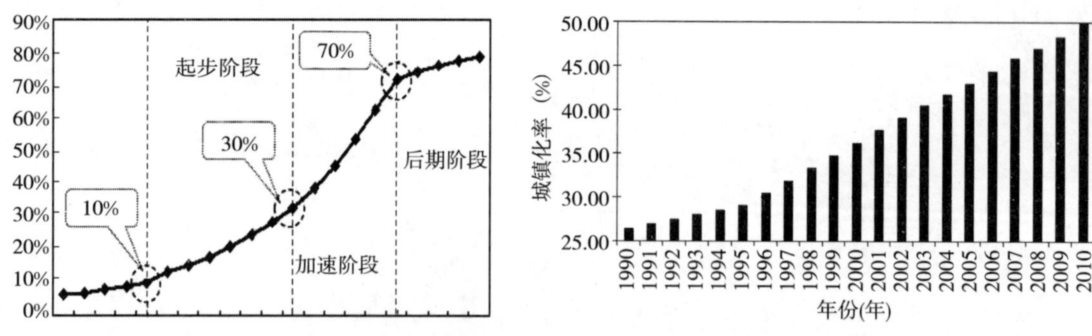

图 5　城镇化发展的三个阶段和中国的城镇化发展

明显的地域不平衡性是中国城镇化进程的显著特点。从东中西三大地带来看，东部城镇化率明显高于中部，中部又明显高于西部，胡焕庸线以东和以西的城镇化率有明显差异（图 6）。

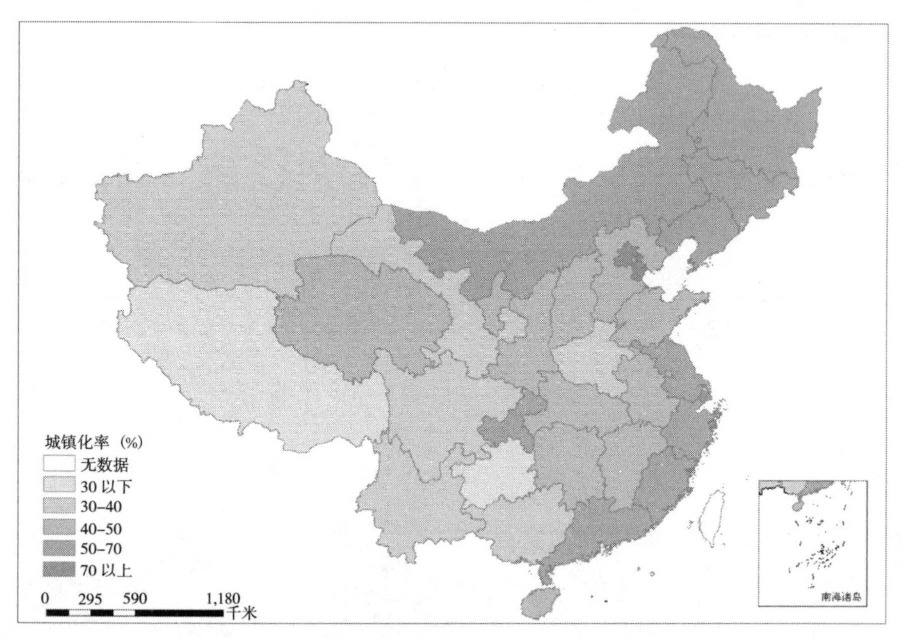

图 6　人口城镇化的省区差异（2010 年）

数据来源：中华人民共和国国家统计局．中国统计年鉴 2011［M］．北京：中国统计出版社，2011.

3. 人口老龄化和城镇化的区域组合类型

对城镇化与人口老龄化的关系进行区域分析，将 65 岁及以上老年人口比例和城镇化率的高低状态，组合出四个关系类型。如图 7 所示，以 2010 年城镇化率为横轴，以 2010 年老年人口比例为纵轴，以全国平均水平为原点，可以把所有省区分在四个象限中，每个象限代表一个关系类型。再结合人口老龄化的发展速度，即 2000—2010 年老年人口比例的增加值（图 4），以人口老龄化发展速度高于或者低于全国平均水平为标准，将四个关系类型一分为二，最终划分为多快高型、多慢高型、多快低型、多慢低型、少快高型、少慢高型、少快低型和少慢低型八种类型。

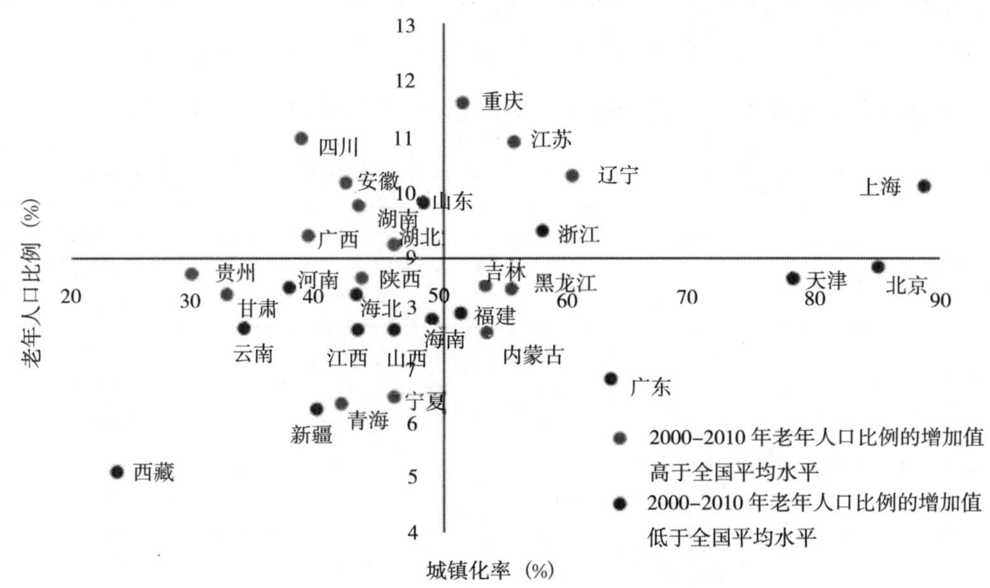

图 7　城镇化和人口老龄化的组合类型图

数据来源：中华人民共和国国家统计局．中国统计年鉴 2011［M］．北京：中国统计出版社，2011.

4．人口老龄化与城镇化互动的特殊性

城镇化和人口老龄化问题在很长一段时间里都是两个单独的研究方向（Andrew et al.，1982）。关于人口老龄化与城镇化交互作用的实证研究并不多，二者交互作用的结果表征主要是宏观经济和社会福利两个方面。

人口老龄化对城镇化的影响途径主要有三个方面：人口老龄化改变劳动供给，从而有可能提高劳动力的成本，城镇化的成本也相应提高；人口老龄化降低国民储蓄水平，而高速增长依赖着高储蓄率（罗斯托的经济增长理论），从而导致城镇化的经济需求降低；人口老龄化降低耐用品的消费需求，增加老年产品和服务的需求，推动城镇化的产业结构发生变化。

城镇化对人口老龄化的影响途径主要有四个方面：城镇的经济效率比农村要高很多，城镇化增强社会养老的经济能力；老年人口在城镇的集中居住将提高养老服务设施的集中度，增加养老设施的集聚效益；城镇化使得农村的人口老龄化严重；城镇化降低人口的生育意愿，降低人口出生率，加重人口老龄化。

在短期内，我们无法改变人口老龄化的趋势，但是我们可以选择城镇化的发展速度。我们的积极做法是，大力发展城镇化，加快经济发展，提高财政收入，以应对老龄社会。

中国人口老龄化与城镇化互动影响的特殊性主要体现在两个方面：

第一，人口老龄化超前于城镇化。

2010 年，中国的城镇化率为 49.95%，和尼日利亚、埃及等国家的城镇化率相当，而同期两国的65岁及以上老年人口比例分别为3%和5%，远远低于中国的人口老龄化水平（表1）。2010年，中国的65岁及以上老年人口比例为8.87%，同韩国、新加坡、阿根廷等国家相近，而城镇化率却远低于这些国家（表1）。

表1　部分国家老年人口比例与人均国内生产总值、城镇化率的关系

国家	65岁及以上比例（%）	人均国内生产总值（美元）	城镇化率（%）	国家	65岁及以上比例（%）	人均国内生产总值（美元）	城镇化率（%）
美国	13	44 070	82	泰国	7	7 440	33
日本	22	32 840	66	菲律宾	4	3 430	65
德国	19	32 680	74	马来西亚	4	12 160	70
英国	16	33 650	90	韩国	10	22 990	81
法国	17	32 240	77	新加坡	9	43 300	100
意大利	20	28 970	68	土耳其	6	8 410	69
加拿大	14	36 280	80	尼日利亚	3	1 410	48
澳大利亚	13	33 940	89	埃及	5	4 940	43
波兰	14	14 250	61	埃塞俄比亚	3	630	17
匈牙利	16	16 970	68	坦桑尼亚	3	980	25
罗马尼亚	15	10 150	54	肯尼亚	2	1 470	22
印度	5	2 460	29	巴西	6	8 700	86
印度尼西亚	6	3 310	52	墨西哥	6	11 990	77
巴基斯坦	4	2 410	36	阿根廷	10	11 670	92
孟加拉国	4	1 230	27	哥伦比亚	5	6 130	74

数据来源：中华人民共和国国家统计局人口和就业统计司．中国人口和就业统计年鉴2009［M］．北京：中国统计出版社，2010.

第二，人口老龄化城乡差异明显。

根据中国人口统计年鉴计算，2005年中国城市和镇65岁及以上老年人口比例为8.49%，农村65岁及以上老年人口比例为9.55%，农村高出城镇1.07%；2009年，中国城市和镇65岁及以上老年人口比例为9.26%，农村65岁及以上老年人口比例为9.80%，农村和城镇的差距为0.54%①。从2009年的数据来看，中国城市和镇65岁及以上老年人口比例和农村老年人口比例二者之比为0.94，比值小于1的省份占到了大多数。这表明，中国老年人口城乡倒置的现象在全国绝大部分地区都存在。

人口老龄化城乡差异明显不仅表现在城市和农村老年人口比例的大小上，还表现在养老设施、医疗保险服务、老年人受教育水平等方面。目前，中国乡镇每千人拥有的医疗、卫生院床位数和卫生人员数仅相当于全国平均水平的1/3。城镇60岁以上老年人受教育年限为5.26年，农村仅为2.3年（邬沧萍等，2004）。

① 中华人民共和国国家统计局人口和就业统计司．中国人口和就业统计年鉴—2010［M］．北京：中国统计出版社，2011.

表 2　2009 年全国各地区城市和镇老年人口比例与农村老年人口比例的比值

省份	比值	省份	比值
全　国	0.94	河　南	0.92
北　京	1.00	湖　北	0.95
天　津	1.93	湖　南	0.84
河　北	1.08	广　东	0.68
山　西	0.92	广　西	0.83
内蒙古	0.98	海　南	0.90
辽　宁	1.23	重　庆	0.80
吉　林	1.28	四　川	0.83
黑龙江	1.46	贵　州	0.99
上　海	0.87	云　南	1.01
江　苏	0.79	西　藏	1.04
浙　江	0.75	陕　西	1.00
安　徽	0.86	甘　肃	1.33
福　建	0.75	青　海	1.35
江　西	0.93	宁　夏	1.32
山　东	0.90	新　疆	1.65

数据来源：中华人民共和国国家统计局人口和就业统计司．中国人口和就业统计年鉴 2010［M］．北京：中国统计出版社，2011.

二、中国人口老龄化与城镇化的相互影响

人口老龄化是人口发展过程的直接作用结果，但其他相关因素会影响到人口发展过程，进而间接地影响人口老龄化进程，城镇化的发展就是其中重要的影响因素之一。人口出生率的下降和人口平均预期寿命的增加是人口老龄化最根本的原因所在，在当代，城镇化对人口老龄化进程的影响正是通过影响人们的生育意愿和平均寿命来实现的。与城镇化相伴的经济的发展和生活水平的提高，改变了人们的生育观念，降低了人们的生育意愿。同时，与城镇化相伴的社会福利的增加和医疗卫生水平的提高，降低了人口死亡率，增加了人口平均预期寿命，两方面的共同作用，使得城镇化在一定程度上加速了人口老龄化进程。此外，城镇化过程中农村劳动力向城市的转移，改变了地区之间、城乡之间的人口年龄结构，或加重或减轻了人口自然变化导致的人口老龄化程度。

1. 城镇化对不同地区人口老龄化进程的影响

与城镇化相伴的经济的发展和生活水平的提高，降低了人们的生育意愿，而在短期内全国的人口年龄结构变化较小，导致全国人口出生率的下降。城镇化率的提高从多个方面影响着人们的生育意愿进而影响人口出生率。一方面，经济的发展提高了养育孩子的经济成本和时间成本，成本收益比下降，使得“理性人”的决策发生改变；

随着物质产品的不断丰富，越来越注重子女的教育质量和自身的精神收益，婚育观念上更倾向于晚婚晚育、少生优育；此外，城镇化的进程带来社会文化的转变，中国女性的社会地位提高，女性解放和女性独立也使得生育意愿降低。同时，随着城镇化进程的深入，生育政策的执行程度更加明显，人口出生率加速下降，一定程度上加速人口老龄化程度。

另一方面，城镇化的发展使社会经济实力不断增强，人民的生活水平不断提高，社会福利不断增加，医学技术和医疗卫生事业得以发展，延长了人口平均预期寿命。人口平均预期寿命的提高与社会经济和城镇化的发展有直接的关系，随着城镇化的发展，财富的积累加快，社会抚养力度、社会养老保障体制等不断完善，使得高龄老年人的死亡率下降，延长人口平均预期寿命。

以上两方面的共同作用，使得城镇化在一定程度上加速了人口老龄化进程。但由于人口迁移的存在，使得这种影响在不同地区存在差异。

受中国经济发展水平的影响，出生率、死亡率等仍表现出显著的东中西部之间的地区差异（表 3）。城镇化的先导就是劳动力的转移，在城镇化速度快的地区，机械增长人口以年轻人为主，人口老龄化速度慢；反之，人口外流地区的人口老龄化速度快。这对中国东中西三个地区的人口老龄化带来不同的影响。

表 3　2009 年东中西部城镇化率与人口出生率

地区	出生率（‰）	死亡率（‰）	城镇化率（%）
东部	10.30	5.80	56.54
中部	11.96	6.59	41.12
西部	12.16	6.51	38.62

数据来源：中华人民共和国国家统计局．中国统计年鉴 2010［M］．北京：中国统计出版社，2010.

我国东部地区的城镇化建设开展得早，经济比较发达，这使得人口死亡率相对较低，人口平均预期寿命较高，人们的生育观念改变，人口政策的执行效果更为明显。这些因素加重了东部地区的人口老龄化进程。2005、2006 以及 2007 年中国东部经济发达地区各省区人口出生率普遍较低；东部地区 60 岁以上老年人口死亡率比西部地区低 5 个千分点（梁雯，2008）。在城镇化和现代化过程中，中国人口迁移流向不平衡性突出，东部地区一直是跨地带迁入的首选之地。特别的是，与常住人口相比，迁移人口一般为年轻型人口。有数据表明（魏星等，2004），2000 年东部地区迁入人口的平均年龄仅为 22.48 岁，中国东部城镇化过程中年轻人的流入，减缓了东部地区的人口老龄化进程。

由于城镇化对经济和社会文化的影响，中部地区人口出生率和死亡率都高于东部地区。这在一定程度上减缓了人口老龄化的进程。然而，中部地区与东部、西部最大的不同在于这里还是劳动力主要输出地区，河南、安徽、湖北都是人口外流大省，净迁出人口较多（表 4），且迁出人口中多数为青壮年。青壮年的迁出本身使得中部地区老年人口比例上升，同时也使得育龄人口减少，迁移的回流人口生育观念发生变化，导致出生率下降，加重人口老龄化压力。

表 4　2000 年东中西部人口迁移矩阵

迁出地	东部（人）	中部（人）	西部（人）
东部		105 470	90 228
中部	1 288 830		124 758
西部	776 030	85 056	

资料来源：魏星，王桂新．中国东、中、西三大地带人口迁移特征分析［J］．市场与人口分析，2004，10（5）：13-22.

目前，我国西部地区的人口出生率相对而言处于一个比较高的水平，这主要与西部地区人口政策的执行力、人们的生育观念和西部地区的民族多元化三种因素有关。未来可以预见的时期内，西部地区的城镇化率有较大的提升空间，这势必带来人们意识观念的转变，提高人口政策执行效率，人口出生率自然下降，人口老龄化进程加速。另一方面，西部的劳动力外流虽然比中部地区要少，但仍然处于较高的水平，在一定程度上加重了人口老龄化程度。

2. 城镇化对城乡人口老龄化进程的影响

虽然城镇地区有较低的人口出生率和死亡率，加速了人口老龄化的发展，但大量青壮年人口向城镇地区的迁移，在一定程度上缓解了人口老龄化压力。中国的城镇化进程使得城市、特别是大中城市成为流动人口主要的流入地。城市接纳农村流动人口，从近期看，既增加了城市劳动力的供给，又减缓了城市人口老龄化速度，还可以减轻城市的社会抚养比；从长远看，可以优化和调整城市的人口年龄结构，改善未来人口发展的条件。2000 年的统计数据表明，无论是男性还是女性流动人口，其劳动年龄人口的比重均高达 85%以上，是典型的劳动力流动型人口。这种巨大的流动人口数量，以其典型的劳动力迁移型的年龄结构，正在改变着城市人口的年龄结构。同时，流动人口还没有完全融入城市生活，其生育率往往会高于城市目的地的永久性移民，提高了城市的人口出生率，延缓了人口老龄化进程（陈颐，2008）。

同农村劳动力的转移对城市人口结构和人口老龄化的影响机制相同，劳动力的城乡转移加重了农村地区老年人口的比例。同时，农村青壮年在迁入城市的过程中，许多人同时携带妻子及子女迁出，扩大了劳动力转移中年轻人及儿童的人口比例，进一步加快了农村人口老龄化速度。此外，我国城乡之间居民理想子女数存在差异是个不争的事实，致使我国农村地区的人口出生率高于城镇。这一城乡差异的最根本原因还是在我国广大农村影响仍为深刻的重男轻女的封建思想。然而，城镇化的发展必将给农村地区带来新的思想方式和生活方式，人口出生率自然下降，加速农村的人口老龄化。

3. 不同阶段不同地区人口老龄化对城镇化的影响

中国人口老龄化对城镇化的影响，表现为城镇化率的老年人瓶颈和城乡一体化进程的受阻。随着人口老龄化程度的加深，经济等原因使得农村老年人口迁居城市的意愿较低，很可能影响到城镇化率的进一步提高。城乡老年人享受的老年社会保障的差异在很长时间内会存在，很可能阻碍城乡一体化进程。人口老龄化对城镇化的这些影响在不同时段、不同地区存在差异。

（1）三个阶段人口老龄化对城镇化的影响

2011—2020 年期间，中国 65 岁及以上老年人口比例将从 8.47％增加到 12.6％，年均增长 0.43 个百分点①。在此期间，人口老龄化一方面使得农村劳动力向城市迁移的成本增加，从农村到城市的彻底转变遭遇难题。由于中国的城镇化率统计口径，2008 年的城镇人口中包含了 2.25 亿的农民工（孙国华，2010）。这部分城镇人口具有较大的流动性和不稳定性。老年人的照料问题成为一个是否继续留在城市的考虑因素，人口老龄化无疑加重了这一障碍，增加了从农村到城市迁移的成本，成为阻碍人口城镇化的因素。另一方面使得城市内部的贫富差距加大。随着社会经济的发展，城市会自动向郊区扩张。年轻人作为活动的主体，由于工作等的原因逐渐脱离中心区域，而老年人行动不便、自身深重的落叶归根的思想而致使老年人迁移意愿比较低，将使得中国城市内部的人口老龄化程度高于外围，造成城市内部的二元化，影响城镇化的发展。

2021—2030 年期间，中国 65 岁及以上老年人口比例将从 12.6％增加到 17.4％，年均增长 0.48 个百分点②。在此期间，人口老龄化一方面使得财政负担加重，影响城镇化建设的资金投入。城镇化的过程并非由农村流向城市这么简单而机械，这一转移过程潜在包含了很多成本。简单地看，该过程的成本构成一般认为有三部分，即生产资料投入、生活资料投入和基础设施投入。而社会养老负担的加重，迫使社会财政向养老医疗卫生等方向注入巨额资金，这给中国城镇化建设的资金投入带来压力，降

① 本数据为课题 1（人口老龄化态势与发展战略研究）提供数据。
② 本数据为课题 1（人口老龄化态势与发展战略研究）提供数据。

低城镇化速度。一方面影响农村生产率，进而抑制城镇化速度。城镇化是由工业发展引力和农业发展推力共同形成的（高强，2005）。农业是一切非农部门得以存在的基础，是城镇化的一个内在条件。随着中国农村年轻劳动力的逐渐转移，农村老年人口比例加大，农业劳动生产率和农业商品率降低，不足以支撑城市的快速发展，影响到城镇化的速度。

2031—2050 年期间，中国 65 岁及以上老年人口比例将从 17.4%增加到 25.6%，年均增长 0.41 个百分点[①]。在此期间，人口老龄化现象使得中国的经济发展速度降低，经济收入增加速度变慢，对制造业和服务业的消费需求增长速度降低，对第二、三产业的带动作用减弱，劳动力从农村到城市转移的拉动力降低，城镇化速度放慢。届时，中国已经是一个典型的人口老龄化大国，老年人口数量和比例都很高，老年人特殊的体质状况对基础设施、医疗卫生、社会文化的发展都带来压力，影响城镇化质量的提高。

表 5　三个阶段人口老龄化对城镇化的主要影响比较

阶段	主要问题
2011—2020 年	增加乡城迁移成本，影响农村劳动的彻底城镇化； 加重城市内部的贫富差距，影响城镇化质量
2021—2030 年	加重财政负担，影响城镇建设资金； 降低农村生产率，减少农村剩余劳动力，影响城镇化速度
2031—2050 年	减少资本积累，限制经济发展，影响城镇化速度和质量

（2）三个地带人口老龄化差异对相应区域城镇化进程的影响

总体而言，人口老龄化给中国的经济发展带来了阻碍，但对中国不同区域的城镇化建设有着不同的影响。

中国东部地区人口自然增长率的降低和中国特殊的人口政策使得东部省区面临越来越严重的人口老龄化威胁。同时，城镇化率已经很高，未来时期内由外来劳动力调和老年化程度的可能性很小。两者共同作用下，东部地区的劳动力优势不再，制造业的优势变弱，城市发展步伐放慢。此外，人口老龄化对城市基础设施建设、医疗卫生保险制度的完善都提出了更高的要求，使得政府财政支出结构发生改变，制约了资本的积累，影响到城镇化进程。

中部地区的城镇化仍然处于工业化推动城镇化的阶段，产业结构调整是中部地区城镇化发展最主要的推动力（张善余，2002）。未来一段时间内，该区域城镇化的主

① 本数据为课题 1（人口老龄化态势与发展战略研究）提供数据。

要推动力还依赖于产业结构的调整、经济与社会基础和资本、人才等经济增长要素的投入（赵新政等，2009）。而目前中部地区的人口老龄化程度总体弱于东部，这就为城镇化建设提供了机遇。但是，这些地区人口基数大，外流人口多，农村劳动力的半城镇化性质显著，如果不能妥善处理城镇化质量与速度的关系，人口老龄化会给中部地区城镇化进程带来速度和质量上的隐患。

中国西部地区虽然老年人口比例不是很大，老年人口增加速度也较为缓慢，但西部地区资源环境较差，经济社会发展水平较低，老年人口增加影响到西部地区农业发展水平，农业生产率降低，第一产业发展速度下降，从第一产业自然演变到第二、三产业的障碍加大，制约了小城镇的发展，降低城镇化率。其次，西部地区国民生产总值较低，随着人口老龄化程度的加重，社会经济对养老服务体系的支撑不足，影响城镇化质量。

4. 未来人口老龄化条件下中国城镇化格局的基本估计

本研究选取城乡人口增长率差法（刘科伟等，2000）和 Logistic 增长模型两种方法，利用各省区 2000 年、2004 年和 2009 年三个代表年的人口城镇化率数据，对中国未来 2020、2030 和 2050 年各省的城镇化水平进行预测。

根据城镇化发展的一般规律，中国人口城镇化在未来一段时间仍将快速发展。根据预测结果，中国城镇化率 2020 年将达到 57%，年均增长 0.99 个百分点；2021—2030 年间，城镇化率将以年均 0.81 个百分点的速度增加，到 2030 年达到 65%；2031—2050 年间，区域发展进入结构性调整和质量提升阶段，城镇化率增速大幅减少，以年均 0.45 个百分点增长，到 2050 年中国城镇化率达到 75%。

未来时期内，由于城镇化发展阶段的差异，各省区城镇化率的增长速度有快有慢，地区之间的城镇化差异还将存在。2020 年，除上海、北京之外，天津和广东的城镇化率也将超过 70%，进入城镇化后期，其中上海、北京、天津的城镇化率都在 80%以上，城镇化率远远高出其他地区；全国所有地区的城镇化率都将超过 30%，进入城镇化快速发展阶段；除上海、北京、天津、广东之外，江苏、浙江、辽宁、黑龙江、内蒙古、福建、海南、山东、吉林的城镇化率都在 60%以上，城镇化率小于 40%的地区只有贵州和西藏两个省区（见图 8）。2030 年，进入城镇化发展后期的地区明显增多，上海、北京、天津、广东、江苏、浙江、宁夏、内蒙古八个地区的城镇化率都将超过 70%；全国绝大多数地区的城镇化率都将在 60%以上；除西部地区的贵州和西藏还处于城镇化快速发展的低级阶段之外，其他所有地区的城镇化率都将超过 50%，城镇化发展水平达到一个新的阶段（见图 9）。到 2050 年，中国大部分地区城镇化率超过 70%，进入城镇化发展的后期，城镇化率步入一个新的阶段；仍然处在城镇化快速发展阶段的地区除发展较慢的贵州和西藏两省的城镇化率较低约为50％左右之外，江西、河南、四川、云南、甘肃、青海、新疆的城镇化率也都将达到60％（见图10）。

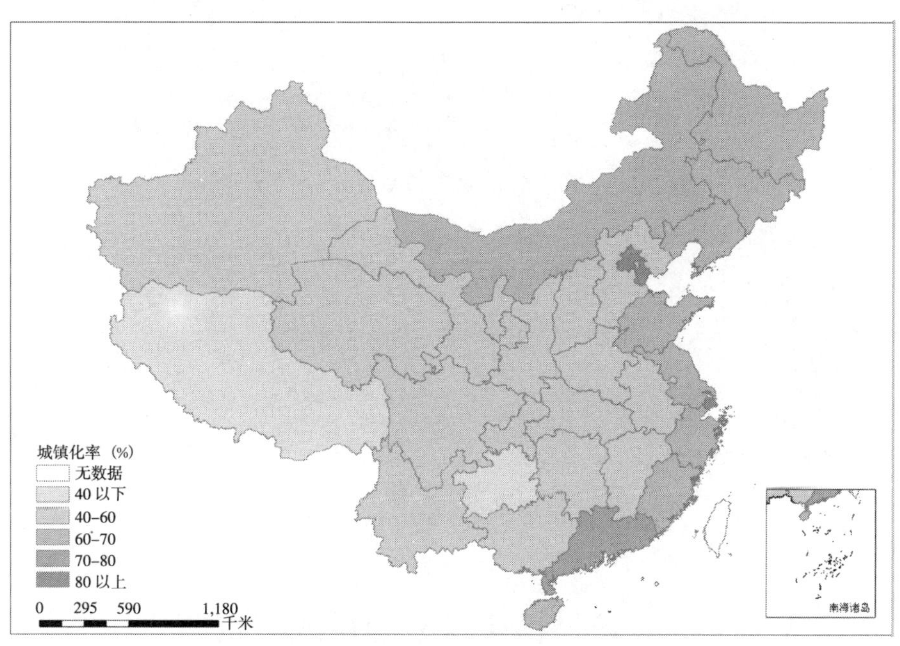

图8　2020年中国各省人口城镇化率预测图

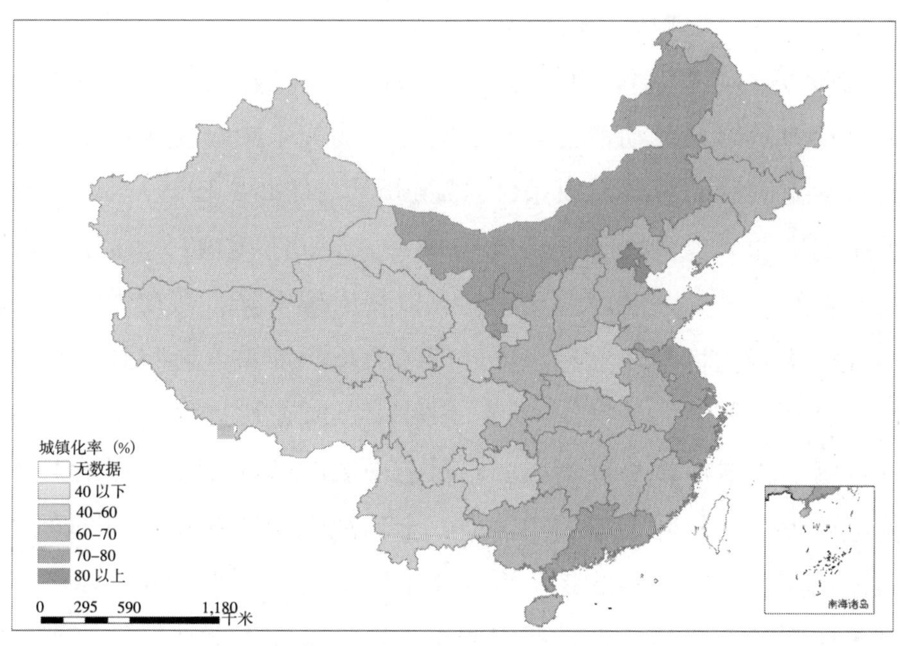

图9　2030年中国各省人口城镇化率预测图

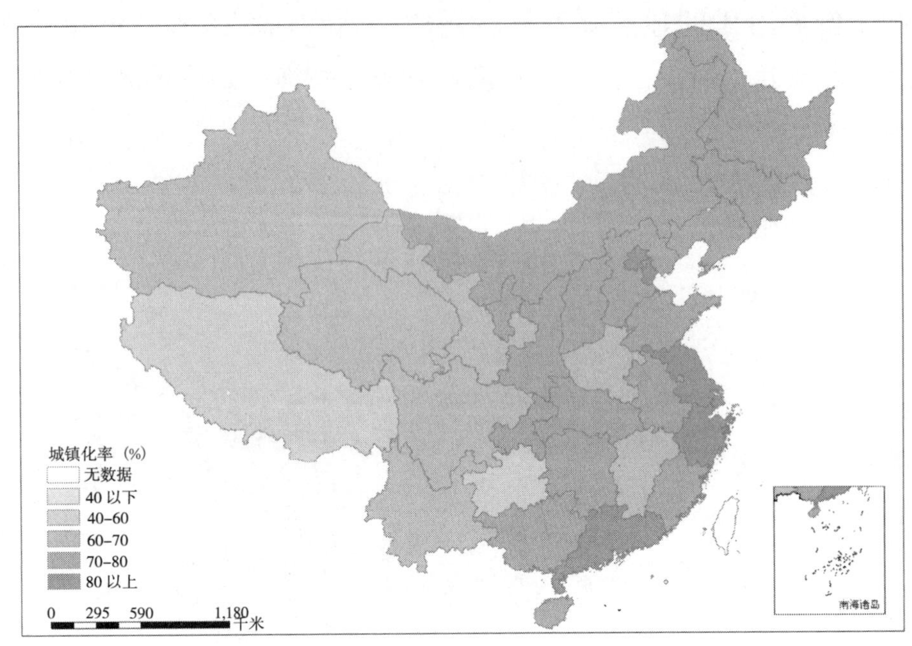

图 10　2050 年中国各省人口城镇化率预测图

三、中国人口老龄化给城镇化带来的挑战与机遇

1. 人口老龄化给中国城镇化带来的挑战

人口老龄化给中国城镇化带来的挑战主要表现在人口老龄化减少劳动力数量供给，提升劳动力成本，影响城市的劳动竞争力。

中国的劳动力数量优势不再明显。一方面，人口老龄化将带来劳动力供给的相对减少，因为劳动力供给与劳动适龄人口之间的比例关系相对比较稳定。另一方面，劳动力负担是劳动力供给的重要约束条件（Lindh T. et al.，1999），人口老龄化带来劳动力养老负担的增加，也会影响到劳动力的释放，间接影响劳动力的数量供给。因此，中国的人口红利结束之后，劳动年龄人口将出现下降，劳动力绝对数量降低；同时，中国的社会抚养比将呈现上升态势，劳动力负担加重，影响到劳动力的释放，劳动力供给数量受到限制。

中国的低劳动力成本优势逐渐减弱。目前中国的劳动力成本逐渐上升，中国密集型产业也将逐步失去在国际市场的竞争力，全球加工制造业将转向东南亚等劳动力价格更为低廉的国家。值得注意的是，近几年中国的工资水平已高于印度和巴基斯坦等国家，分别是印度的 2.7 倍，巴基斯坦的 1.6 倍，低成本优势已经受到一定挑战（杨新华，2008）。

虽然人口老龄化将减少劳动力供给，增加劳动力成本，但如果应对得当，能减轻人口老龄化对城镇化的影响。一方面，中国现在劳动力过剩，人口老龄化的进程恰是一个逐渐消除劳动力过剩的过程，自然也就是加速人均收入水平提高的过程。另一方面，劳动力数量的稀缺必然会促进劳动力质量的提高和经济发展方式的转变，促进资本和技术在经济发展中发挥更大的作用，人口老龄化的进程必然是一个加速用资本技术密集型生产替代劳动密集型生产的过程，也就是加速人均GDP提高的过程，从而也就是更有利于老年社会福利的过程。

2. 人口老龄化给中国城市发展带来的机遇

（1）促进产业升级，增加服务业就业机会，提高城市的产业竞争力

中国庞大的人口基数以及人口老龄化的日益加速提供了一个庞大的老年人需求市场，带动了相关服务业发展，有利于提高城市的产业竞争力。目前，中国的老龄产业尚处于起步阶段，现阶段老龄产业仅涉及养老服务、医疗保健、旅游、教育、房地产等领域，其中只有养老服务领域发展较快，很多方面的老年人需求被市场认定为空白（张彦丽等，2006），这就给服务业发展提供了机遇。

老年人特殊的消费需求有利于产业结构调整和产业升级。老龄社会人们生活方式和消费需求的巨大变化创造了许多新的产品、新的职业和行业，也使得劳动力在产业之间的分布发生了根本性的变化，农业及制造业等物质生产部门中的劳动力绝对地或相对地减少，服务性产业中的劳动力在数量和比重上都迅速上升（张开敏，1990），自然而然地带动了产业升级。此外，市场经济条件下，企业都是按照利润最大化进行决策，人口结构变化会自动使产业发展向劳动力成本低的方向调整。人口老龄化趋势使得社会发展轨迹自动从需要大量劳动力数量来支撑的物质生产部门向从需要劳动力质量来支撑的高新技术部门演化（祁恒珺，2008）。

（2）推动基础设施建设一步到位，提高城市的基础设施竞争力

随着老年人比重的进一步上升，老年人日益成为城市生活中不可忽视且日渐重要的一部分。在以后的城镇化进程和城市建设中，基础设施的建设和完善势必要考虑到老年人生活方式以及自身身体状况的特殊性。这对城市的基础设施建设，如道路的快捷性、公共设施的便捷性、社区的可通达性等都有了更高的要求。这从某种意义上来讲，客观推动了城市的基础设施建设，有利于中国城市竞争力的提高。

中国目前正处在城镇化高速发展时期，城市基础设施建设正在新建之中，而此时的人口老龄化问题已经突显出来，这就使得在城市的基础设施新建过程中不得不考虑老年人的特殊需求，考虑面向老年人口的城市环境建设，使城市基础设施的规划和建设一步到位。这样就节省了以后的改建成本，而在新建的过程中考虑老年人的需求，并不会使新建成本增加很多，增加的新建成本远远小于以后改建的成本，这是面向老

年人的城市基础设施建设中的成本节约。

参考文献

[1] Andrew W. A. 1982. Further Perspectives on Modernization and Aging [J]. Social Science History (3): 347-368.

[2] Lindh T, Malmberg B. 1999. Age structure effects and growth in the OECD, 1950-1990 [J]. Journal of population Economics, 12 (3): 431-449.

[3] 陈颐. 2008. 流动人口实际生育规模与人口控制 [J]. 福州大学学报（哲学社会科学版），2008 (1): 94-98.

[4] 刘科伟，刘玉亭. 2000. 陕西省人口城镇化的发展与预测 [J]. 西北大学学报（自然科学版），2000 (30): 433-437.

[5] 陆大道，樊杰. 2009. 2050 中国的区域发展：中国至 2050 年区域科技发展路线图研究报告 [M]. 北京：科学出版社.

[6] 高强. 2005. 影响城镇化发展的因素探析 [J]. 经济与管理研究 (2): 13-17.

[7] 梁雯. 2008. 中国东、中、西部人口老龄化差异评析 [J]. 商情（教育经济研究），(6): 15-16.

[8] 祁恒珺. 2008. 中国城市人口老龄产业 SWOT 分析 [J]. 发展 (8): 109-110.

[9] 孙国华. 2010. "十二五"时期中国城镇化水平探讨 [J]. 宏观经济管理 (5): 36-37.

[10] 陶立群. 2006. 中国人口老龄化的趋势和特点 [J]. 科学决策 (4): 8-11.

[11] 魏星、王桂新. 2004. 中国东、中、西三大地带人口迁移特征分析 [J]. 市场与人口分析 (10): 13-22.

[12] 邬沧萍，王琳，等. 2004. 中国特色的人口老龄化过程、前景和对策 [J]. 人口研究 (1): 8-18.

[13] 杨新华. 2008. 对中国劳动力比较优势的理性思考 [J]. 北方经济 (1): 22-23.

[14] 张彦丽，王峰. 2006. 老龄产业发展探析 [J]. 特区经济 (10): 355-356.

[15] 张善余. 2002. 中国区域城镇化发展水平的差异分析 [J]. 人口学刊，(5): 37-42.

[16] 赵新政，宁越敏. 2009. 中国区域城镇化动力差异研究——基于灰色关联分析法的分析 [J]. 城市问题 (12).

第二篇 社会学视角下的老龄化问题

国际社会应对人口老龄化的战略与策略

——兼论对中国的启示①

郑秉文②

【摘要】 在人口老龄化大趋势面前，全球范围内出现两组国家，这两组国家的人口发展趋势是不平衡的。此外，人口老龄化将不利于经济增长；国际组织和发达国家应对老龄化采取了不同战略和策略；社会保障制度承受较大的改革压力，进而引发改革浪潮；国际社会应对老龄化对中国的诸多启发。

【关键词】 国际社会　老龄战略　应对人口老龄化策略

关于国际社会应对人口老龄化的战略与策略，本文主要阐述十个小问题，这十个小问题主要涉及老龄化的影响、国际社会外部的应对策略以及国际社会应对老龄化对中国的启示等三部分内容。

一、老龄化对不同国家的影响

老龄化趋势显然不利于经济增长。经济增长取决于劳动、资本和土地三个要素的投入。在资本和土地等其他因素假定不变，且全要素生产率假定保持不变的前提下，一国总产出取决于劳动投入量，如果劳动投入减少，则意味着总产出规模下降。老龄化过程无疑意味着人口老年负担系数不断提高，人口年龄结构发生逆转，劳动投入趋于不断下降，增长普遍受到挑战。但是，劳动年龄人口（15—64岁，下同）的绝对数量的增减，对一国的经济增长产生的影响更为明显；虽然全球劳动年龄人口的绝对数量从2010年的45.2亿增加到2050年的58.7亿人，但具体到不同国家，则明显出现两种不同结果，即劳动年龄人口绝对数量增加的国家与下降的国家。据此，可将全球主要国家和地区分为两组。

---

① 此文是在“积极应对人口老龄化战略研讨会”发言基础上修改和扩充而来的，田青博士后参与了本文的修改完善。

② 郑秉文，中国社会科学院世界社保研究中心主任，中国社会科学院拉丁美洲研究所党委书记、所长，教授，博士生导师，政府特殊津贴享受者，中国人民大学劳动人事学院、北京大学经济学院、武汉大学社会保障研究中心等十多所高校兼职教授。

第一组是劳动年龄人口绝对数量保持增长的国家和地区。比如，印度将从 2010 年的 7.8 亿人增加到 2050 年 11.0 亿人，美国将从 2.1 亿人增加到 2.5 亿人，加拿大将从 0.24 亿人增加到 0.26 亿人，澳大利亚将从 0.14 亿人增加到 0.17 亿人，新西兰将从 287 万人增加到 322 万人，南非将从 0.32 亿人增加到 0.38 亿人，拉美将从 3.9 亿人增加到 4.6 亿人。

第二组是劳动年龄人口绝对数量减少的国家和地区。比如，欧洲将从 2010 年的 5.0 亿人减少到 2050 年的 4.0 亿人，俄罗斯将从 1.01 亿人减少到 0.70 亿人，日本将从 0.82 亿人减少到 0.52 亿人，韩国将从 0.35 亿人下降到 0.24 亿人，新加坡将从 359 万人下降到 294 万人，中国香港特别行政区将从 534 万人下降到 484 万人。由此看来，仅从劳动年龄人口绝对数量变化对经济的影响趋势看，“东亚奇迹”将不复存在的说法将不是危言耸听。

很显然，中国属于第二组国家：劳动年龄人口总量将从 2010 年的 9.7 亿人减少到 2050 年的 8.7 亿人。劳动年龄人口绝对数量减少的拐点将发生在 2015 年，届时将从 9.98 亿人的峰值开始逐年下滑，年均减少 366 万人，由此，我国的产出水平与综合国力将无疑受到严峻挑战。所以，中国在中等收入阶段面临的一个重大挑战是劳动年龄人口的变化以及由此可能出现的增长趋缓的可能性。

二、老龄化对经济增长的影响

不同年龄段劳动力对全要素生产力（TFP）的贡献率存在差异。如图 1 所示，劳动年龄人口对 TFP 的贡献率比较高，而老年人口对 TFP 的贡献率远远低于劳动年龄人口。对前述第一组国家而言，由于劳动力资源仍在增加，产出总规模将仍继续保持增长，但对第二组国家来说，在其他条件不变情况下，劳动年龄人口绝对数量的下降将导致总产出水平的下降。例如，欧盟 25 国 GDP 年均增长率将从 2007—2020 年的 2.4%降至 2030—2050 年的 1.2%。再如，对韩国来讲，2050 年，韩国的 GDP 增长率为 4%，如果没有人口老龄化的影响，GDP 的增长率可达到 5.0%～5.5%，也就是人口老龄化影响一个到一个半百分点。未来如果不提高劳动生产率，韩国的经济将会继续下降，到 2020 年 GDP 增长率会降到 2%以下。那么，要提高劳动生产率，靠劳动、资本、土地等要素投入的增加，会存在边际报酬递减规律。而不存在边际报酬递减规律的要素主要表现为技术创新。

对韩国来讲，老龄化使其储蓄率下降：2000 年，年龄在 60 岁以上的户主的储蓄率是 20.2%，而户主的平均储蓄率是 26.2%，尤其 65 岁以上户主的储蓄率是 15.5%，仅为 50—59 岁户主储蓄率（28.0%）的一半左右。随着人口老龄化程度的

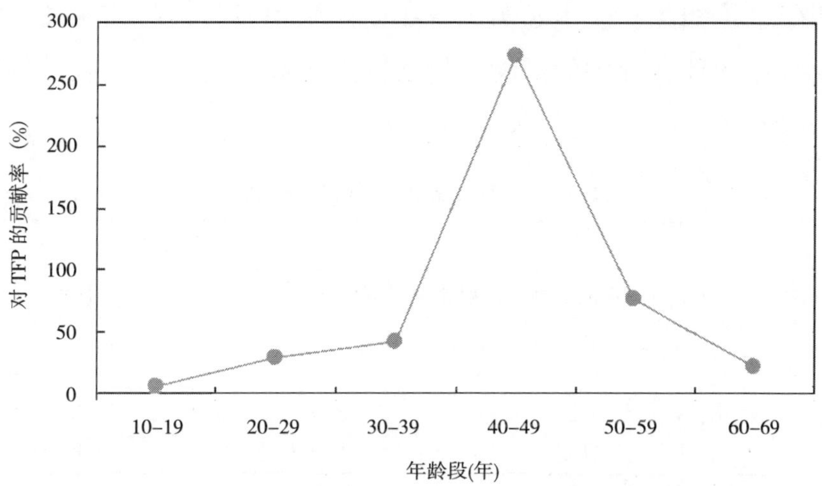

图 1　各年龄段劳动力对全要素生产力（TFP）的贡献率

提高，韩国户主平均储蓄率未来将继续下滑，由 2002 年的 25.3%降至 2020 年的 19.5%，将对韩国的企业投资和经济发展产生不利影响。

三、老龄化对社会政治的影响

如果将社会分为青年、中年、老年三个群体，老龄化会导致老年公民群体不断扩大，老年公民群体的投票权重不断扩大，进而影响全社会的投票政治结构和结果，影响社会改革进程；在民主国家里，公共选择的规则将会影响它的公共产品种类和供给水平的决策，而这些决策会对社会产生巨大影响。

图 2 展示了 1999—2055 年实际投票者中位年龄的变化趋势。以意大利为例，2000 年的中位数的投票年龄是 46 岁，到 2020 年，中位数就会达到 52 岁。如果再往后，到 2050 年，它投票的中位数就是 56 岁。年龄不一样，导致投票的结果偏好将存在差异。

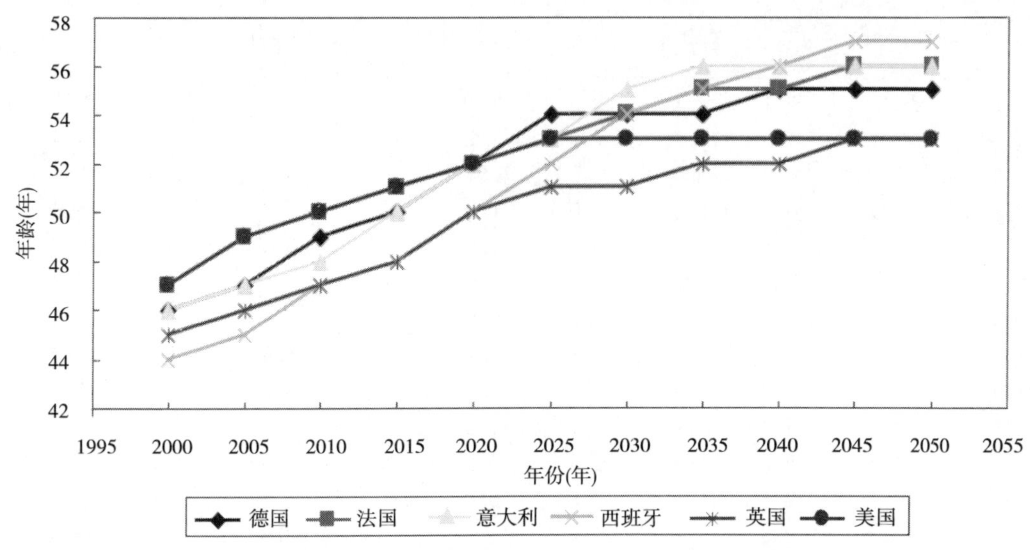

图 2　1999—2005 年实际投票者中位年龄的变化趋势

美国的情况也是如此。表1是美国各年龄段政治参与情况的统计，这里虽然没有分出老龄化对政治和社会分别的影响，但实际上老龄化对社会、政治的影响都是非常大的。

表1　美国各年龄段政治参与情况　%

	2000年		1992年		1980年		1968年	
	投票比例	登记比例	投票比例	登记比例	投票比例	登记比例	投票比例	登记比例
24岁以下	32.3	45.4	42.8	52.5	39.9	49.2	50.4	56.0
25—44岁	49.8	59.6	58.3	64.6	58.7	65.6	66.6	72.4
45—64岁	64.1	71.2	70.0	75.3	69.3	75.8	74.9	81.1
65岁以上	67.6	76.1	70.1	78.0	65.1	74.6	65.8	75.6

四、老龄化对社会保障制度的影响

老龄化对社会保障制度的影响是巨大、直接的，同时，这也是社会各界讨论的一个热点话题。从表2可看出，在2010年和2060年两组数据里，实际列出的项目是养老金、医疗、长期照护、失业与教育以及全部合计。所有这些项目所表达的实际是“老龄化成本”。表中最后的两行数据是欧盟27国和欧元区16国的合计，从中可以看到，在未来50年，平均变化趋势是上调，全部合计上涨5个百分点，粗略计算，大约每10年提高1个百分点。根据欧盟和欧元区过去30年、40年的情况来看，5个项目的变化也是大约每10年提高1个百分点左右。

表2　2010和2060年欧盟成员国“老龄化成本“（占GDP比例）　%

国家	养老金		医疗卫生		长期照护		各企业与教育		全部合计	
	2010年	2060年变化	2010年	2060年变化	2010年	2060年变化	2010年	2060年变化	2010年	2060年变化
波兰	10.8	−2.1	4.1	0.8	0.4	0.7	3.8	−0.6	19.1	−1.1
爱沙尼亚	6.4	−1.6	5.1	1.1	0.1	0.1	3.2	0.3	14.8	−0.1
拉脱维亚	5.1	0.0	3.5	0.5	0.4	0.5	3.3	0.3	12.3	1.3
意大利	14.0	−0.4	5.9	1.0	1.7	1.2	4.3	−0.2	26.0	1.6
丹麦	9.4	−0.2	6.0	0.9	1.8	1.5	8.0	0.1	25.2	2.2
法国	13.5	0.6	8.2	1.1	1.5	0.7	5.8	−0.2	29.0	2.2
瑞典	9.6	−0.2	7.3	0.7	3.5	2.2	6.6	0.0	27.1	2.7
葡萄牙	11.9	1.5	7.3	1.8	0.1	0.1	5.6	−0.4	24.9	2.9
保加利亚	9.1	2.2	4.8	0.6	0.2	0.2	3.0	0.2	17.1	3.2
奥地利	12.7	1.0	6.6	1.4	1.3	1.2	5.2	−0.2	25.7	3.3
匈牙利	11.3	2.6	5.8	1.3	0.3	0.4	4.5	−0.3	21.8	4.0
英国	6.7	2.5	7.6	1.8	0.8	0.5	4.0	0.0	19.2	4.8
德国	10.2	2.5	7.6	1.6	1.0	1.4	4.6	−0.4	23.3	5.4
斯洛伐克	6.6	3.6	5.2	2.1	0.2	0.4	2.9	−0.6	14.9	5.5

续表

国家	养老金		医疗卫生		长期照护		各企业与教育		全部合计	
	2010年	2060年变化	2010年	2060年变化	2010年	2060年变化	2010年	2060年变化	2010年	2060年变化
芬兰	10.7	2.6	5.6	0.8	1.9	2.5	6.4	0.0	24.7	5.9
立陶宛	6.5	4.9	4.6	1.0	0.5	0.6	3.5	−0.4	15.1	6.0
捷克	7.1	4.0	6.4	2.0	0.2	0.4	3.3	0.0	17.0	6.3
比利时	10.3	4.5	7.7	1.1	1.5	1.3	7.3	−0.3	26.8	6.6
西班牙	8.9	6.2	5.6	1.6	0.7	0.7	4.8	−0.2	20.0	8.3
罗马尼亚	8.4	7.4	3.6	1.3	0.0	0.0	2.7	−0.2	14.7	8.5
爱尔兰	5.5	5.9	5.9	1.7	0.9	1.3	5.3	−0.2	17.5	8.7
马尔他	8.3	5.1	4.9	3.1	1.0	1.6	5.0	−0.7	19.2	9.2
荷兰	6.5	4.0	4.9	0.9	3.5	4.6	5.6	−0.2	20.5	9.4
塞浦路斯	6.9	10.8	2.8	0.6	0.0	0.0	5.8	−0.6	15.5	10.7
斯洛文尼亚	10.1	8.5	6.8	1.7	1.2	1.7	5.1	0.7	23.1	12.7
希腊	11.6	12.5	5.1	1.3	1.5	2.1	3.8	0.1	21.9	16.0
卢森堡	8.6	15.3	5.9	1.4	1.4	2.0	4.0	−0.3	19.9	18.2
欧盟27国	10.2	2.3	6.8	1.4	1.3	1.1	4.9	−0.2	23.2	4.6
欧元区16国	11.2	2.7	6.8	1.3	1.4	1.3	5.0	−0.2	24.5	5.1

人口老龄化对韩国社会保障制度的影响，主要表现为对养老金的影响。韩国国民养老基金规模目前是3 500亿美元，若所有参数都不变，2036年将出现赤字，2047年会枯竭，只有在2030年之前将缴费率提高到20%（目前是9%）才能保证目前的养老金制度运行至2070年。据预测，随着人口老龄化程度的提高，韩国国民养老金支出占GDP的比重将从2000年的1.1%升至2080年的16%。

图3是2000年至2035年美国社会保障支出占GDP比例的变化情况。我们可以

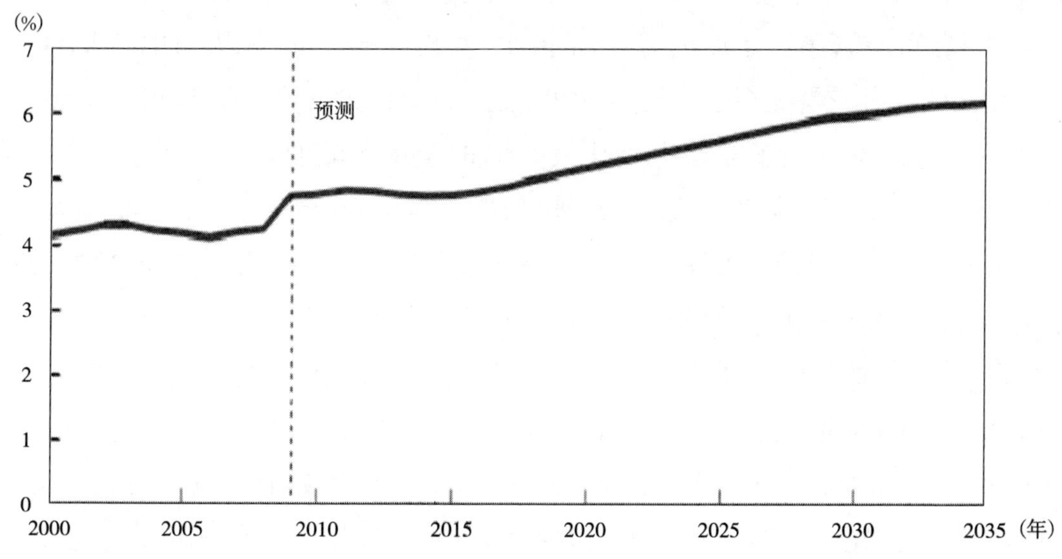

图3　美国社会保障支出占GDP比例的变化

看到，2000年美国社会保障支出占GDP的比重是非常低的，大概4%多一点，到2010年也不足5%，而未来这一比重将要增加到6%左右。可见，人口老龄化对美国社会保障制度的影响也比较大，促进了美国社会保障支出占GDP比重的提高。美国每年都公开发布一个年度报告，从1940年发布第一个年报到现在，长达70多年的时间里，每年的年报都给出两个时点的预测，一个是当期收不抵支的时点，一个是余额枯竭的时点，预测计算周期长达75年，其影响是巨大的。由于美国的人口政策调整比较及时，移民起到很大作用，所以，上述两个时点预测的那两个现象在美国从未发生过。

五、欧洲应对老龄化的策略

欧洲应对老龄化的策略可以分为5个阶段：第一阶段是1982年到1990年，欧共体议会针对老龄化问题通过了一系列决议；第二阶段是1990年到1992年，明确欧盟在解决老龄化问题上的作用；第三阶段是1993年到2000年，欧盟更加重视老龄化问题并逐渐形成欧盟的老龄化政策——1993年是欧盟确定的欧洲“老人年”，全称是“欧洲老年人与代际和谐年”，主题是代际和谐；第四阶段是2000年到2010年，这10年实施了“里斯本战略”；第五阶段是2011年到2020年，这10年规划实施的是“欧洲2020”战略。这两个十年发展规划对老龄化的应对作一个宏观的战略部署。

概括来讲，欧盟所提出的解决老龄问题的根本战略方针是促进“积极老龄化”(Active Aging)，主要内容是通过各种方式为老年人参与社会创造条件，鼓励老年人更好地适应老龄社会的发展变化，抓住机遇，提高生活质量。“积极老龄化”有四个目标：第一是鼓励50岁以上的人继续工作，以弥补老龄化造成的劳动力短缺，保持欧洲的经济持续增长；第二是促进就业，消除失业，提高50—64岁人口的就业率，旨在提高总体就业率；第三是提高公共财政的可支撑力；第四是为老年人提供经济保障。

下面两个情况也反映了欧盟老龄化战略促进老年人就业的主要思想。2000年到2010年提出的“里斯本战略”，设定了到2010年实现55至64岁年龄段劳动者就业率达到50%的目标。但是，在这个十年规划结项的时候正值金融危机最惨烈的时候，实际就业率只有46%。再一个情况，欧盟的社会保护委员会（Social Protection Committee）在2009年的社会保护和社会包容联合报告中着力于关注解决老年工人劳动力市场参与障碍的问题，提出了“工作更多、更持久”的口号。

为应对人口老龄化，欧洲实施的政策概括起来还包括两个要点，一是鼓励生育；二是鼓励移民。首先，提出了欧洲人口复兴的口号，提出“为欧洲的人口复兴（demographic renewal）创造条件”的口号，千方百计鼓励生育。由图4可见，欧洲用于家庭津贴的公共支出占GDP的比例要高于其他国家和地区，OECD国家这一比例的平均值为2.3%，而日本等其他国家和地区的数值要低于2%。这反映出欧洲国家对生育的支持和鼓励。

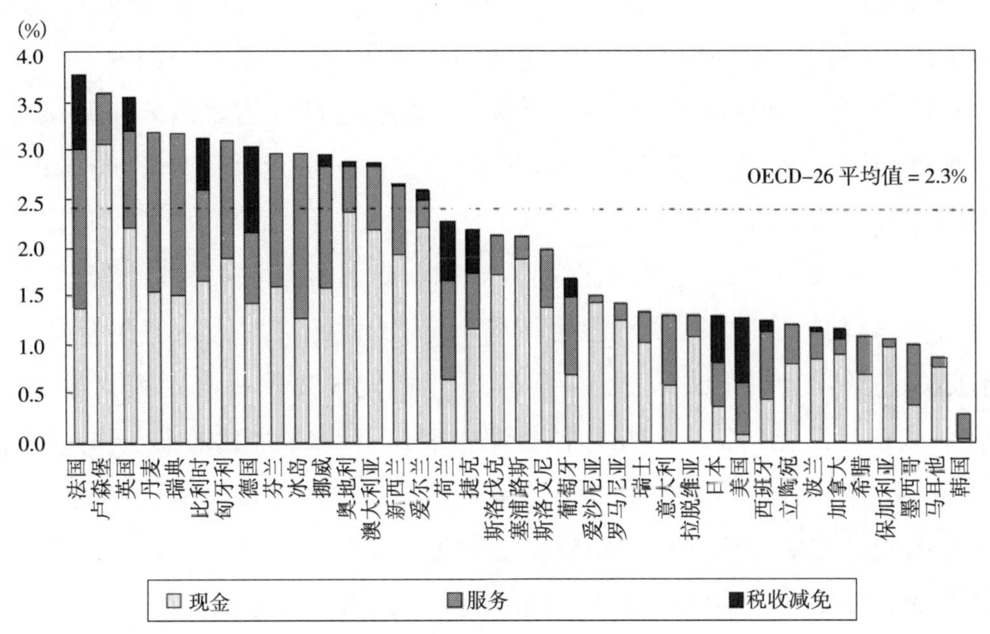

图4　2005年欧洲及其他地区国家用于家庭津贴的公共支出占GDP的比例

其次，据欧盟2008年的预测（见图5），到2015年，由于每年的死亡人数超过出生人数，因而欧洲的人口自然增长将成为负数，这意味着积极的净移民将成为推动人口增长的唯一因素。但到2035年，净流入移民也将不足以弥补人口自然增长率的下降，此后总人口将开始下降。欧洲预计为了弥补劳动年龄人口的减少，至少需要大约5 600万移民进入欧盟成员国就业。

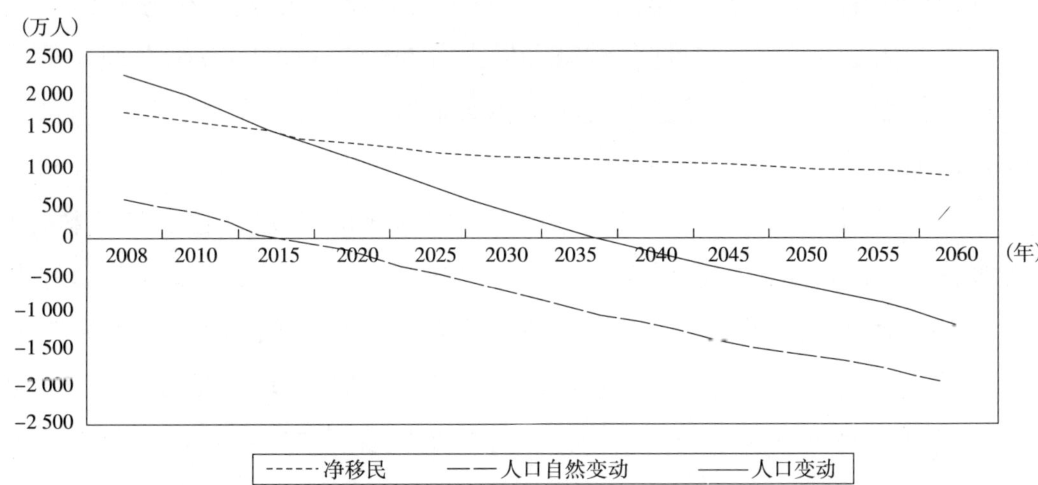

图5　欧盟27国总体人口变动的趋势：自然变动和净移民

六、日本应对老龄化的战略

1970 年日本进入老龄化社会，其 GDP 年均增长率由 20 世纪 60 年代的 10.0%，降至 70 年代的 4.4%，80 年代的 4.3%，到 90 年代仅为 1.3%，下降的速度很快。日本应对老龄化的国家战略是非常引人注意的，对我国也具有启发意义。

1986 年，日本内阁颁布了《长寿社会对策大纲》，这成为之后老年政策出台的主要依据。1995 年，日本建立老龄社会政策委员会，这是老龄工作的最高领导机构，直接由内阁领导。在立法方面，日本经历了从单项立法到综合立法的渐进之路，其中单项立法包括《国民年金法》《老人福利法》和《老人保健法》等；综合立法主要是指 1995 年的《高龄社会对策法》，它是日本制定 21 世纪应对人口老龄化战略的主要依据。根据《高龄社会对策法》，日本于 1995 年拟定《高龄社会对策大纲》，并作为 21 世纪应对人口老龄化的综合战略。该战略主要从五个方面对未来工作进行了规划：第一，老年人工作和收入，主要是鼓励老年人继续工作和发展养老金制度；第二，老年人健康与福利，主要是建立长期照料保险制度；第三，老年人学习和社会参与，努力实现“积极老龄化“；第四，老年生活环境，从住房和保护老年人入手，构建老年宜居的生活环境；第五，加强与老年问题相关的研究。在《大纲》的指导下，日本内阁每年颁布《老龄化社会年度报告》，旨在对老龄工作进行年度总结，其主要内容包括以下几个方面：第一，老龄化工作和收入体系框架初步形成；第二，老年健康和福利的综合体系逐步推进；第三，积极促进老年人的学习和社会参与；第四，努力为老年人创造安全的居住和出行环境；第五，多方面促进老年相关研究。

日本应对老龄化战略的具体做法主要包括三点。第一，为老年人提供就业和工作机会，一方面鼓励老年人一直工作到 65 岁，同时在服务老年人工作方面提供配套措施；另一方面，向老年人提供多样化的就业和工作机会。第二，鼓励在职人员在职业生涯中展示工作能力。第三，促进国民年金体系的持续运行，支持老年人通过自我努力实现收入保障。

2000 年，日本建立长期照料保险制度，该制度强调三个目标：老年照料社会化；提高长期照料服务的质量和提供效率；将老年照料和住院、医疗保险等分离开来。在实施长期照料保险制度的前 5 年，有资格享受保险服务的人口由 2000 年的 218 万人上升至 2005 年的 400 万人，实际享受保险服务的人口则从 149 万人升至 300 万人，增加了 1 倍多。在制度收支方面，2000 年长期照料保险支出为 3.6 万亿日元，到 2005 年，这一支出增加至 6.9 万亿日元，5 年之间上升了 92%，成为日本政府沉重的经济负担。

七、韩国应对老龄化的战略

由图 6 可见，韩国的老龄化形势非常严峻。同时，它对老年立法和机构也非常重视，这一点值得我国借鉴和学习。韩国的老年立法早于日本，于 1981 年颁布了《老年福利法》，1988 年颁布了《国民养老金法》，2005 年 5 月，老龄和未来社会总统委员会制定了《低出生率和老年社会基本法》，该法成为 21 世纪韩国应对人口老龄化的根本大法。1997 年，韩国将卫生和福利部建立的“老年人工作银行”改名为“老年就业中心”。2006 年，建立最高机构——老龄社会和人口政策总统委员会，成员包括 10 位部长和 13 位相关领域的专家和研究人员，委员会的主要任务是预测韩国人口老龄化的未来并出台中长期的应对战略。委员会关注的领域主要包括：第一，提高总和生育率，为家庭提供儿童照料支持，使人口结构保持在相对平衡的状态；第二，提高妇女和老年人的经济活动参与率；第三，发展福利制度并提高福利支出的效率，调整经济和工业结构来适应人口结构变动，最终提高国民的生活质量。

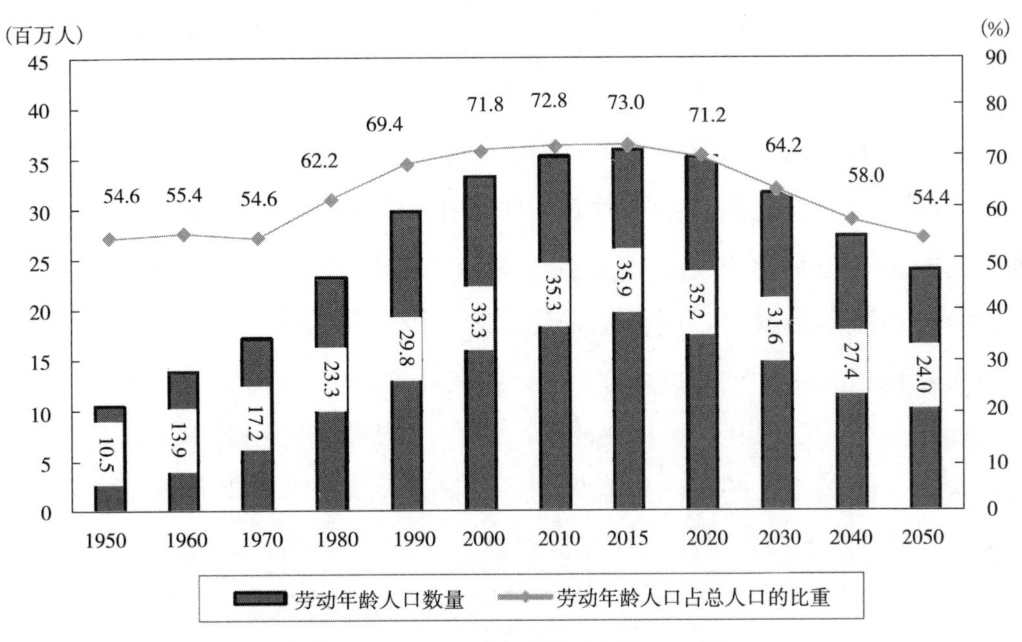

图 6　1950—2050 年韩国劳动年龄人口变化

八、美国应对老龄化的战略

图 7 描述了 1900 年至 2050 年美国老年人口发展趋势，它显示，美国老年人基本呈现上升的趋势。美国在很多领域是一个无为而治和自由放任的国家，比如教育，没有像中国这样的庞大的类似“863”计划的全国范围的动员体系。但在应对老龄化方面，美国却有着严密的国家战略。

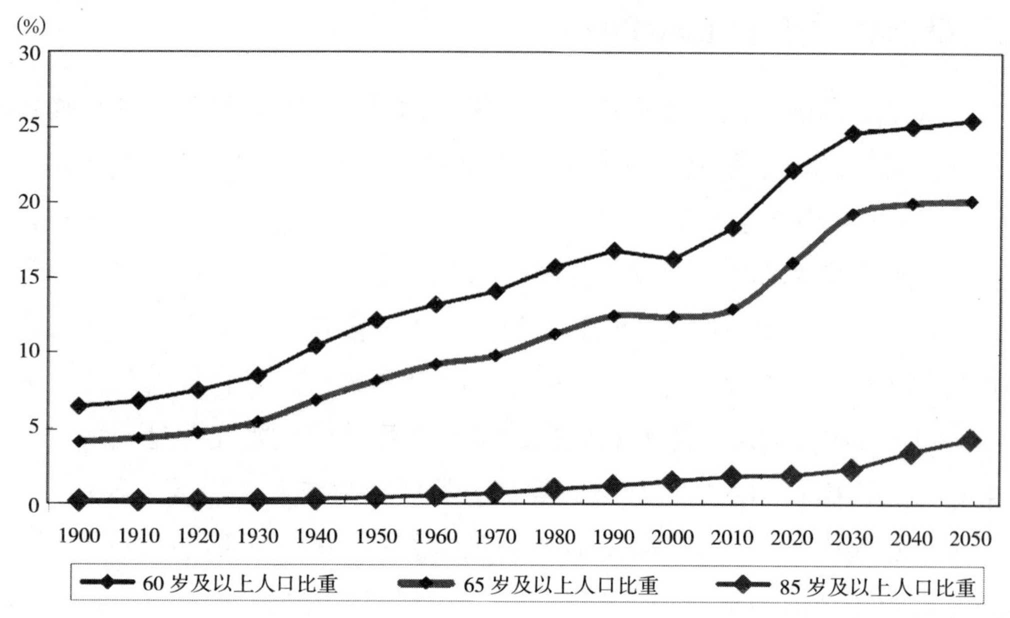

图 7 1900—2050 年美国老年人口发展趋势

美国应对人口老龄化的第一个特点是立法先行。早在 1965 年，针对不断突出的老年问题，美国国会就制订了一部专门性法律——《美国老年人法》（The Older Americans Act），对老龄工作的宗旨、机构设置、机构职能、社区计划、为老服务、经费使用、研究发展、培训计划等方面均作了比较详细的规定。这标志着老年工作从此被纳入到国家的法制建设之中，并且也为成立全国性老龄行政机构提供了法律依据。随着经济和社会的发展，国会此后又对《美国老年人法》进行了十数次修订，使其内容不断完善和全面。到目前为止，《美国老年人法》已涵盖了与老年人相关的各项事务。1990 年，《反老年人就业歧视法》出台，明确规定用人单位不能在员工福利上歧视老年人，使老年人的合法权益得到了保障。后来，《反老年人就业歧视法》又得到了修正，禁止强制 70 岁以下的雇员退休。2010 年，奥巴马总统核准了《老年人公平法案》（The Elder Justice Act）作为美国新健康照料制度安排的一部分，这一举措使成人保护服务（Adult Protective Services，APS）首次获得 4 亿美元的专项资金（Dedicated Funding），同时还需获得 1 亿美元的国家示范赠款（State Demonstration Grants）以探索改进“成人保护服务”（APS）效果的方法。美国“白宫老龄会议”由美国总统办公室组织，每 10 年举行一次，旨在通过为总统和国会提供老龄化方面的政策建议。1967 年通过了《就业年龄歧视法案》，随后对其进行反复修改，最终废除了对参与市场的劳动力的年龄限制，使一大批 60 岁左右的老年劳动力留在劳动力市场上成为可能。1983 年立法将领取全额退休金的年龄由 65 岁延长到 67 岁，同时将 62 岁以前退休的养老金由以前全额退休金的 80%降至 70%，而提高了 65 岁至 69 岁延迟退休的月退休金水平。2000 年立法取消了对 65 岁至 69 岁老年人的收入调查制度。1990 年的《残疾人法案》规定禁止雇主在招聘、解雇和职位提升等方面歧视残疾人，并要求雇主为残疾人提供合理的工作环境，这一法案的实施改变了雇主的雇佣意识，为许多患有轻度残疾的老年人提供了就业保护。以上所有的这些立法对我国具有非常大的借鉴意义。

美国约有 2/3 的 50—64 岁的人口活跃在劳动力市场上，但在 65—74 岁的人口中，参与劳动的只占同年龄段人口的 1/5。

美国应对人口老龄化战略的第二个特点是鼓励移民，这项举措跟欧洲相同，甚至比欧洲国家还要明显。美国的移民政策得到了全世界的支持。从图 8 可看到，移民政策支持了美国人口的长期可持续发展，达到了人口复兴的目的，支持了方方面面各个领域的可持续发展，是美国这么多年得以持续成长的重要因素之一。美国的人口增长跟美国经济实力的增长和美国的全球争霸是同向的，而不是反向的，其中移民政策起到了重要作用。

21 世纪初的 10 年里，美国新增劳动力中的一半都是移民，他们作为外籍劳工为美国应对人口结构老龄化趋势做了贡献。进入 21 世纪，美国加大了对就业移民的引入。据统计，2000—2005 年间，美国共接受 600 万人移民。

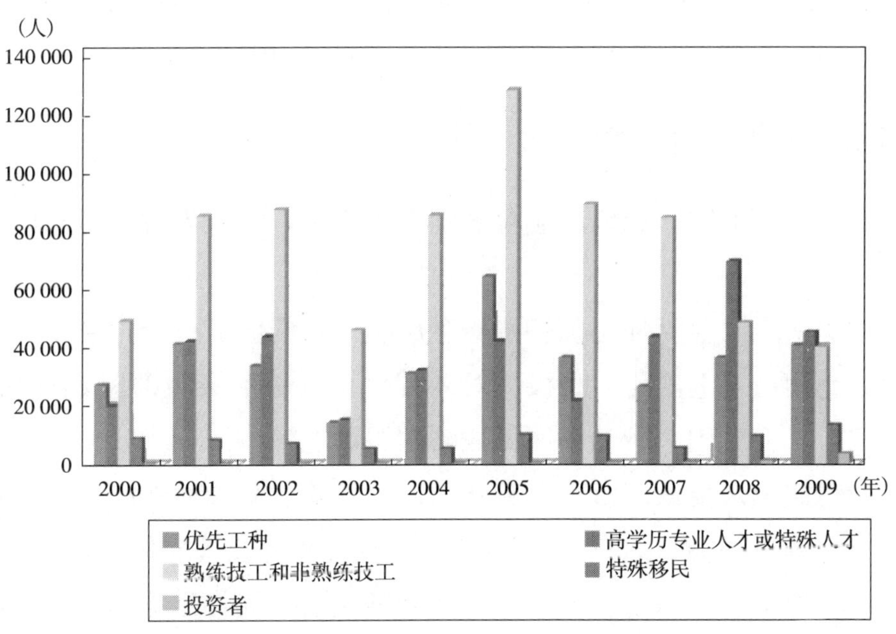

图 8　美国就业移民的种类

九、加拿大应对老龄化的战略

加拿大应对人口老龄化的战略主要包括以下内容：1980年，联邦政府成立了全国老年咨询委员会（The National Advisory Council on Aging）；1998年，联邦政府建立了老年人政策和纲要数据库；2005年，联邦政府又在人力资源和技能发展部设立了一个老年人秘书处（Seniors Secretariat）；2006年11月，加拿大参议院成立了老龄化特别委员会（Special Senate Committee on Ageing），主要负责审查与老年人有关的公共项目和服务。老龄化特别委员会分别于2007年2月、2008年3月和2009年4月发布了首期报告《拥抱老龄化》、中期报告《老年人口问题及出路》和终期报告《加拿大人口老龄化：抓住机遇》；2007年3月，成立全国老龄化理事会。

加拿大应对人口老龄化实施的主要政策包括：第一，减免老年人的所得税。例如，2009年发布的《加拿大经济行动纲领》规定，在降低全体国民的收入所得税率的基础上为中低收入的老年人提供了进一步的优惠税率。第二，完善公共养老金制度。公共养老金是加拿大退休收入体系的重要组成部分，由“老年保障计划”（OAS）和“保证收入补贴”（GIS，与“加拿大养老金计划”即CPP相关联）构成。老年保障计划（OAS）为获得居民资格的所有加拿大老年人提供最低收入保障，待遇包括“老年保障计划”（OAS）的基本国民年金、低收入年金领取者的“保证收入补贴”（GIS）、给低收入的60—64岁的鳏寡或“保证收入补贴”（GIS）享受者的配偶或伙伴提供津贴。第三，改革加拿大养老金计划（CPP）。

十、国际社会应对老龄化对中国的启示

在学习和借鉴其他国家和地区应对老龄化战略中，我认为对中国的启示包括以下几点：

第一，在提法上，要更加明确一些概念层次。我们应从三个角度出发，包括提前应对老龄化，全面应对老龄化，积极应对老龄化。每一个层次都应具有独特的含义，将其分解出来，上升到国家行动和国家战略的层面上来。

第二，在思想上，要高度重视老龄化的广泛影响。我国对老龄化问题重视程度还很不够，与上海的世博会、北京的奥运会、广州的大运会等文体活动相比，其投入、预算、宣传、社会动员等，都相差很大。而老龄化的挑战将是深远的、深刻的、严峻的，更需要我们在思想上去重视。就是说，对老龄化来讲，我们的“理论自觉”是远远不够的，主要还处于“理论自发”阶段，于是，就不可能有“理论自信”，其中，社会的共识、企业的配合、人们的理解、生活的回应等等，远远没有到位，我们需要

采取国家行动，需要顶层设计。

第三，在机构上，要加大组织力度。比如，要实现“三个固定”，提高老龄委员会的规格，扩大规模，赋予其更多职能。在全国，要实现老龄委员会固定预算，固定编制，固定职数。

第四，在宣传上，要加大投入力度。对老龄化挑战的宣传要高度重视，要持续宣传，要深入人心，要有固定预算，像奥运会、世博会那样宏大和深远，达成社会共识。

第五，在教育上，要进入教科书之中。老龄化既是人类社会的一个大趋势，也是人类社会的一场革命，它对人类社会的方方面面的影响是深刻的，潜移默化的，对这个社会现象和人口现象的认识要进入国民教育系列之中，要像计划生育那样给予重视和普及。

第六，在养老保障制度上，要重提多支柱。目前，在养老保障制度上，第一支柱十分发达，第二和第三支柱严重滞后，“多层次”的制度结构远未建立起来，在顶层设计缺位的情况下，我们要重提多支柱、重视多支柱、发展多支柱，在制度层面上应加强多缴多得的激励机制，促进多支柱的建立与发展（第二和第三支柱）。

第七，在老龄产业上，要建立一个混合型的产业结构（国家与市场）。比如，在养老机构、养老金融、养老产业、养老产品等“养老”的方方面面，在确保国家提供一定的基本产业之外，要鼓励私人资本的进入，国家制定一定的税收优惠政策，努力建立起一个国家、市场、社会、企业、慈善等全方位介入的混合提供型的结构。

第八，在具体步骤上，要有时间表和路线图。很多制度改革和政策出台，都应有一个长期的政策安排和制度安排，比如，养老保障的不同制度配合上、不同制度的各个参数设计上、人口结构的发展趋势与养老保障的成本测算上、五年规划与十年规划的发展目标上，等等，都需要一些长期的、战略性的、前瞻性的安排。

未来主要人口风险是过低生育率导致过度老龄化[①]

郭志刚[②]

【摘要】 中国人口进入低生育率时期已经20年了，但是多年来人口研究对这一重大转变认识不足。全国第六次人口普查数据证实，以往严重高估生育水平和出生人数，低估人口老龄化，人口规划一再大幅落空。人口模拟预测结果表明，中国人口在本世纪的主要矛盾已经从人口增长问题转向人口年龄结构问题，人口老龄化来势凶猛，未来主要人口风险是过低生育率导致过度的人口老龄化。

【关键词】 低生育率　人口风险　老龄化

一、重新认识人口老龄化态势的重要性和紧迫性

1990年以来，我国人口发展进入低生育率时期，总和生育率多年来远低于更替水平，人口快速增长得到根本性的遏制，人口内在自然增长率已转变为负增长。人口惯性还会使总人口继续增长十几年，但这种惯性人口增长无论在幅度上还是在增长率上都很有限。尽管未来很长时期中人口总量仍是社会经济发展的重要制约因素，但人口与发展问题面临更为错综复杂的局面，就是多年来过低的生育率造成少子化和老龄化不断加剧，人口结构问题日益突出。在此关键时刻，应对人口老龄化的战略决策面临着历史性的选择。

应对人口老龄化战略决策迫切需要解决两个方面的问题。第一，需要正确认识当前的人口形势，特别是需要澄清多年来在低生育率方面的迷茫。近20年来，几乎所有的全国人口调查均反映出总和生育率处于极低水平（1.3～1.5之间），却总是被先入为主地归因为严重出生漏报所致，再将其调整到主观上可以接受的水平（1.8左右），然而所依赖的间接估计却大多存在着数据和方法方面的缺陷。因此，人口研究

---

① 本文为全国老龄工作委员会办公室《国家应对人口老龄化战略研究》的委托立项课题“人口老龄化态势与发展战略研究”（项目编号：01）的研究成果之一。

② 郭志刚，北京大学社会学系教授、博士生导师。

长期陷入一个循环的统计怪圈，即实际调查反复揭示出极低生育率，而又一再被否定和大幅度调整提高，导致对人口形势的认识严重脱离了实际。第二，针对人口现实和未来前景制定正确的对策，特别是未来 20 至 30 年中应当选择的生育率水平，而这个决策又必须建立在对当前人口状况的切实把握和更为长远的前瞻性研究之上。但是，以往的人口战略研究囿于惯性思维，基于那个严重脱离实际的 1.8 生育率判断，提出未来最好将 1.8 的生育率再稳定 20 至 30 年（国家人口发展战略研究课题组，2007：20、36）。事实上，当前中国面临的主要人口风险已经不再是迅猛的人口增长，而是生育率过低以及由此导致的严重少子化和过度老龄化。因此，重新认识人口形势已经到了极为紧迫的关键时刻，如果还不能实事求是地纠正以往的错误认识，就会进一步贻误战机，因过低生育率而导致未来过度的人口老龄化，危及人口长期均衡发展。

二、六普结果表明以往人口认识存在偏差

六普人口年龄结构提供了以往人口发展过程的信息，所以按六普年龄结构的模拟分析可以大致重现以往 20 年的人口进程，为重新认识人口形势提供信息。本研究所做的模拟及在此基础上的预测均完成于六普全面数据公布之前，所用的六普人口结构采用国务院普查办专门提供的人口分性别 5 岁年龄组数据，再用技术方法将其细分为 1 岁年龄组（有关模拟和预测技术细节参见本课题研究报告第二章）。这些按六普人口结构模拟的结果表明，以往对人口的认识和判断存在偏差。

图 1 提供了不同来源总和生育率的比较，可以看到按六普结果模拟的总和生育率十几年都处于 1.5 以下的低水平，不少年份甚至连 1.4 都不到。总之，六普结果确认了以往全国性调查所揭示的极低生育率，也证实了 2006 年全国人口和计划生育调查的生育率骤然回升其实是因其调查的偏差所致。实际上，六普公布的全面数据揭示出，全国总和生育率只有 1.18，刷新了生育率最低记录。尽管这个统计数字可能存在一定失真，但它又一次对当前生育率过低现状亮出了红灯，警示这种情况不能再继续下去了。新的统计表明，所谓的生育率大幅度反弹并不存在，反而是人口的少子化和老龄化发展程度远远超出了以往的统计和预测，出乎意料地先期而至了。

图 1 还提供了国家人口发展战略研究对 20 世纪 90 年代总和生育率的中方案估计，它在前半段与政府主管部门的口径几乎相同，在后半段则略低于一些，对 2000 年的估计为 1.68。而该研究同时特别推荐的高方案估计则为 1.77，其实与 1.8 的官方权威口径差不多。因此，国家人口发展战略研究所依据的这套生育率估计也已经被“六普”模拟结果所否定。

“六普”数据还表明，以往生育率判断的偏差还导致了以往人口预测和规划在总

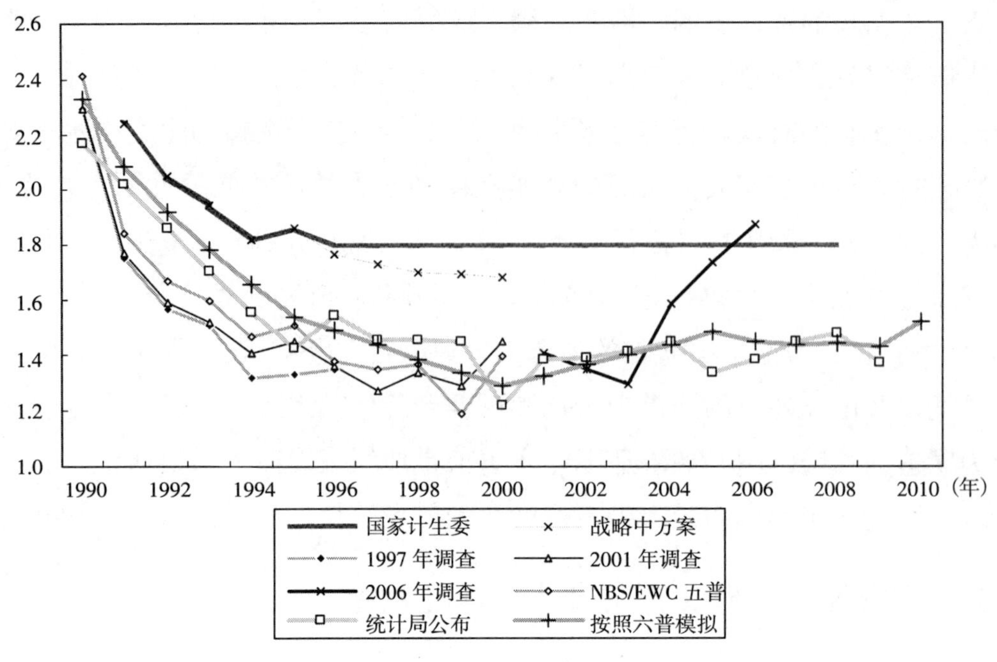

图 1 1990—2010 年总和生育率统计的比较

资料来源及说明：

①国家计生委．国家人口计生委发展规则与信息司，中国人口与发展研究中心人口和计划生育常用数据手册（2008）[M]．北京：中国人口出版社，2009.

②人口战略中方案：国家人口发展战略研究课题组．国家人口发展战略研究报告．北京：中国人口出版社，2007.

③1997 年调查：郭志刚（2000）根据 1997 年全国人口与生殖健康调查数据计算

④2001 年调查：丁峻峰（2003）根据 2001 年全国人口与生殖健康调查数据计算

⑤2006 年调查：张维庆．2006 年全国人口和计划生育调查数据集 [M]．北京：中国人口出版社，2008.

⑥NBS/EWC 五普：中国国家统计局/美国东西方中心（2007）根据 2000 年全国人口普查估计

⑦统计局公布：《中国人口（和就业）年鉴》(1990—2010)，一般年份为人口变动抽样调查结果，若干年份为全国人口普查或 1%人口调查的结果

⑧按照六普模拟：本课题在四普数据基础上按照六普人口结构为标准所做的模拟结果

人口增长以及人口年龄结构方面的估计同样出现了偏差。

政府主管部门五年人口规划结果和人口实际结果的对比已经表明，此种偏差的存在。“十五”人口规划时预测就采用了 1.8 的总和生育率口径，而且人口基数还在 2000 年人口普查的 12.65 亿总人口之上又加上约1 700万人的调整量，反映出并不相信五普结果，因此对 20 世纪 90 年代出生人数另做了调整扩大。“十五”规划预测的 2005 年底总人口为 13.31 亿人，然而 2005 年全国 1%人口调查的总人口结果却只有 13.08 亿人，实际总人口比预测规划数少了2 300万人，已经足以表明该预测的人口基数调整与生育率参数假定均严重脱离实际。

“十一五”人口规划的预测基数直接采用了 2005 年全国 1%人口抽样调查的人口数，但对生育率的设定依然照旧，预测 2010 年总人口为 13.60 亿人。然而，六普公布的总人口数为 13.40 亿人，结果这一规划又偏高了2 000万人。“十一五”人口规划预计平均每年人口递增1 000万人，而人口实际平均每年仅递增 600 万人而已，又一

次反映出以往高估的生育率严重误导了人口预测。

高估生育率的偏向极为普遍地存在于以往绝大多数人口研究当中，误导了对人口发展前景的认识，误导了五年人口规划和决策，也误导了更长期的国家人口发展战略的制定。只要将以往历年统计公报发布的人口统计和绝大多数人口预测结果与六普模拟结果一做对比，便可以看到以往人口统计和预测都普遍高估了出生人数、低估了人口老龄化。

图 2 显示出，与六普结果相比，1994—2005 年的统计公报的人口出生数都明显偏高，尤其是 1996—1999 年最为严重，偏高均为 400 万人左右，偏差率在 24%～30%之间。从六普人口年龄结构可以推算出，自 1997 年以后，年出生数已经降到1 600万人以下，其中好几年还不到1 500万人，甚至有的年份只有1 400万人左右。将国家人口发展战略研究对 20 世纪 90 年代的出生估计与之对比，便反映出以往人口研究严重高估出生数的通病。从图 2 中的相应曲线可以看到，实际上人口发展战略研究的这套估计大致以统计公报为基准，前半段略高，后半段略低，主要问题是严重偏高，决定了以此为基础的人口预测尚未真正开始便已注定严重有偏了。

这种问题在以前的研究中普遍存在，极少例外，因为以往盛传出生漏报率高达30%，然而如此之高的漏报率不过是以讹传讹，从未在全国层面得到过确凿的证实，但占居了舆论主流。正因为如此，当六普公布的少儿人口比例极低，只有 16.6%，远远低于以往预测结果，表明少子化程度十分严重时，便使很多人感到十分吃惊。其实，冰冻三尺非一日之寒，图 2 表明这种过程早在发展，也早有迹象，只是人们一味拒绝相信而已，并且还基于一些不实的间接估计构建出一幅与事实大相径庭的人口图景。

图 2 还提供了以往曾遭严重质疑的“五普”低龄人口数的比较。尽管五普少儿人数确实存在漏报，却不像以前所认为的那样，是年龄越小漏报越严重，比如 1995—2000 年出生的各年龄组人数即使不做死亡因素的还原调整，便已经相对更接近六普结果。这种情况表明，以往人口统计迷茫的根本原因既不是数据质量问题，也不是技术方法问题，而是思想认识出了问题，宁愿相信主观经验判断，也不相信实际调查结果，在进行统计调整时宁高勿低，缺乏科学根据和充分论证，造成了严重的过度调整，而这种脱离实际的过度调整结果又进而误导了对人口形势的判断和应对决策的制定。

多年来高估生育率和出生人数自然导致严重低估了人口老龄化。图 3 提供了六普数据所反映的以往 65 岁及以上老年人口比例的发展进程，反映出人口老龄化在前 20

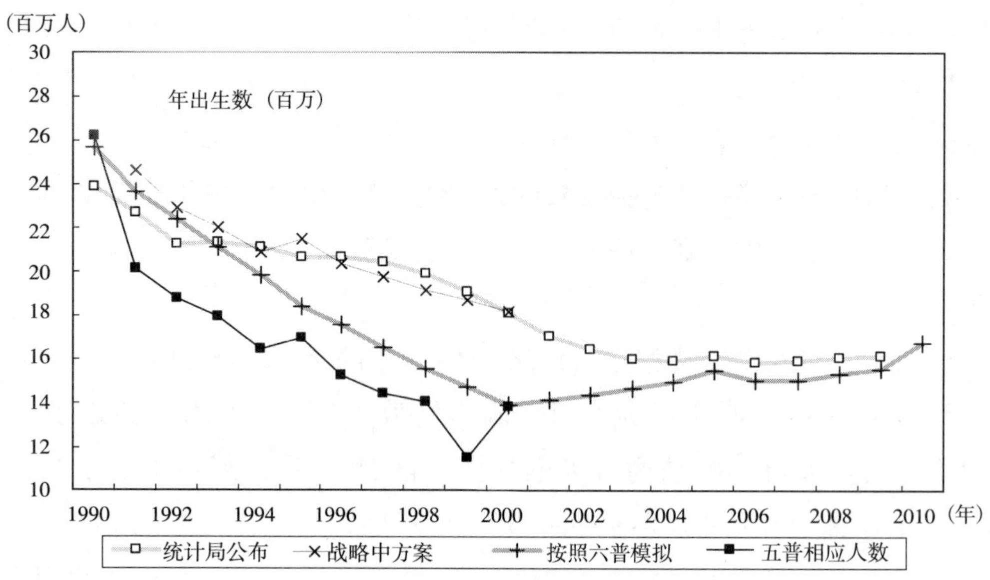

图 2 1990—2010 年出生数统计的比较

资料来源及说明:

①统计局公布:为历年《国民统计和社会发展统计公报》的出生人数

②战略中方案:国家人口发展战略研究课题组．国家人口发展战略研究报告［M］．北京:中国人口出版社,2007.

③按照六普模拟:本课题根据六普人口结构模拟的 1990—2010 年出生人数

④五普相应人数:国务院人口普查办公室,国家统计局人口和社会科技统计局．中国 2000 年人口普查资料［M］．中国统计出版社,2002.

年中大致呈均匀发展。与“六普”模拟结果相比,以往历年统计公报的水平①在两端年份比较接近,但中间多年的水平都明显偏低。实际上,统计公报的老年人口比例近年呈加速提高并不能理解为人口年龄结构特点使然,因为六普模拟结果中已经包含了这种影响,而且还包含了平均预期寿命提高的影响,在各年份之间更具有内在一致性。所以,统计公报结果在近年加速提高可能反映了统计部门认识到以往统计存在偏差,并在有意识地加以调整。

作为“十五”人口规划基础,2001 年国家人口计生委所做的老年比例预测结果②一开始便低估了老年人口比例水平,因为预测采用 1.8 的总和生育率假设,所以后来偏低程度越来越大。虽然国家人口发展战略研究的预测做得最晚,然而其老年人口比例的估计偏差却比以前预测更大,则是因为这个预测还对基期 2000 年的少儿人口数量做了过分调整。总之,这两个预测的老年人口比例仅仅在几年之后便已经比实际情况偏低了约 1 个百分点,那么这种偏向对未来人口老龄化的低估将更为严重。比较分析表明,以往过分的统计调整用主观猜测但实际并不存在的“出生人口”在统计上

① 国民经济和社会发展统计公报从 1995 年起提供 65 岁及以上的老年人口比例,从 2006 年起同时提供 60 岁及以上的老年人口比例。

② “十一五”人口规划文本中没涉及人口老龄化方面,也没有找到相应人口预测数据。

“缓解”了人口老龄化，严重低估了人口老龄化态势的真实情况。

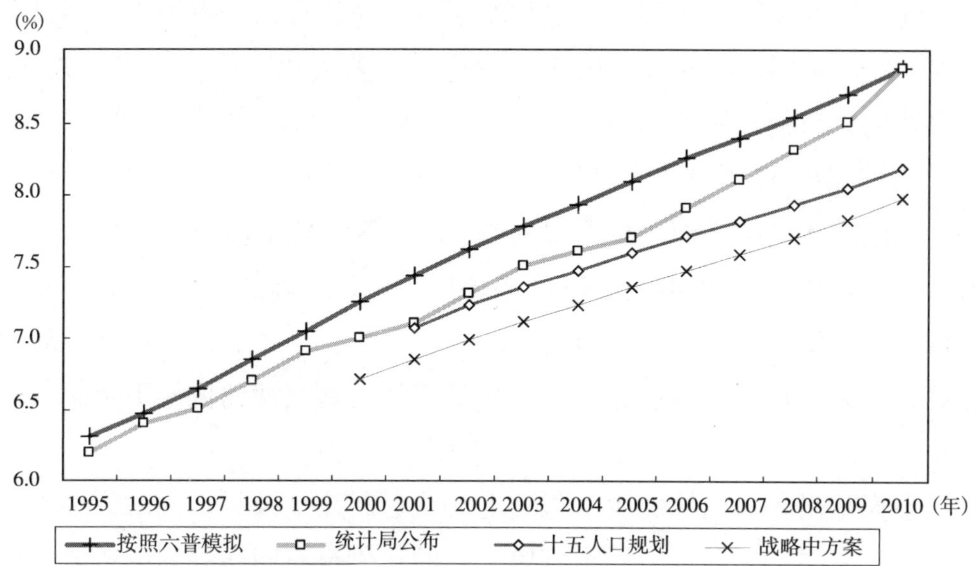

图 3　1990—2010 年 65 岁及以上老年人口比例统计的比较

资料来源：

①按六普模拟：本课题根据六普人口结构模拟的 1990—2010 年出生人数

②统计局公布：为历年《国民统计和社会发展统计公报》的出生人数

③“十五”人口规划：国家计生委．人口与计划生育常用数据手册（2002）[Z]．内部资料．

④战略中方案：国家人口发展战略研究课题组．国家人口发展战略研究报告［M］．北京：中国人口出版社，2007.

总之，“六普”结果表明，以往高估出生漏报和生育水平的严重偏向已经严重误导了人口发展战略的制定，贻误了生育政策的及时调整。我们必须重新认识人口形势与发展前景，从这种屡错屡犯的统计怪圈里解放出来。必须认识到，与生育率过高一样，生育率过低同样也会对未来中国人口发展构成巨大风险。在延续多年的生育率低迷的今天，整个社会都必须清醒地认识到，过低生育率和过度的人口老龄化已经成为未来人口发展的主要风险。

三、应对人口老龄化亟待提高过低生育率

根据本研究多方案预测的模拟比较与分析，尽管人口预期寿命、人口城镇化水平、出生性别比等因素都会影响未来人口老龄化进程，但是它们的影响远不如过低生育率所产生的影响。在总结了以往对人口形势把握上的偏差之后，我们必须重新审视那种将 1.8 的低生育率再维持 20～30 年的人口发展战略建议，便很容易看出其问题所在。第一，人口统计学可以证明，长期保持 1.8 的总和生育率最终形成的稳定人口缩减速度很快，每 117 年将会减少一半（郭志刚，2010）。第二，将这种过低的生育率再维持 20～30 年，达到了一代人的生育间隔，足以对人口进程产生重大影响。第三，六普揭示出近 20 年的实际生育率保持在 1.5 以下，表面看只比 1.8 只低了 0.3

而已，而其对应的稳定人口减半时间则需要 54 年。显然，上述战略建议完全未考虑过如此之低的实际生育率。第四，上述战略建议的关注点仍是控制人口增长和总人口峰值，并未注意到实际中正在加剧的人口少子化和老龄化。第五，出于关注点不同，做出上述建议的人口前景视野局限在 2050 年之前。然而，中国人口结构的基本特征是 1950—1990 年期间经历过三大出生高峰，年均出生规模在2 000多万人以上。他们之中年长者刚刚跨入老龄，而主要部分将在 2050 年以前陆续进入老龄。这种情况决定了中国人口老龄化的重度期是在 2050 年以后。所以，即使是未来 20～30 年的人口决策也必须着眼于整个 21 世纪的人口前景才行。鉴于以上原因，人口老龄化态势研究乃至应对人口老龄化战略的制定都必须在富于长远前瞻性的框架下重新加以认真研究制定。

六普结果揭示出人口结构的少子化和老龄化远超以往预料，同时许多人口调查还反映出群众生育意愿越来越低，甚至不愿生育的比例也有明显提高的迹象。然而我们先暂且假定生育率“能够”如愿得到有效提升，在六普人口数据基础上进行人口模拟预测，比较不同生育率方案的人口后果。

本研究设置了三种生育率水平的标准方案，均假设从 2012 年起将当前的过低生育率在几年内提高到一个新水平，然后长期维持下去。高中低三种方案分别将总和生育率提高到 1.94、1.84、1.74。通过这三种方案的比较来观察不同生育率水平的长期人口影响。与一般预测用中方案代表最可能结果不同，本研究的三个标准方案都并不涉及是否可能的问题，而中方案只是更接近以往权威生育率口径，另外两个方案则是为了比较不同生育率会有多大影响。为了更有针对性，本研究还设置了一些其他的比较方案。它们先延续当前 1.5 左右的低生育水平不变，然后在 2028 年起将生育率逐步提升到 1.94 或 1.84，并从此维持下去。这种方案反映的是当上述较晚提高生育率的战略建议与极低生育率的实际情况相结合时的人口结果。

图 4 提供的总人口规模预测结果表明，高方案的人口峰值在 2030 年达到 14.88 亿人，而且在这一规模上维持的时间较长，但是仍不避免地转向人口缩减，本世纪末总人口为 12.76 亿人。中方案的人口峰值为 2029 年 14.63 亿人，之后较快转为人口缩减，本世纪末总人口为 11.31 亿人。低方案的人口峰值为 2027 年的 14.42 亿人，之后转为人口迅速缩减，本世纪末总人口不足 10 亿人。这些方案的生育率虽然都已经得到提高，但结果表明，只要生育率低于更替水平（2.1），中国人口总量在本世纪中期以前转为缩减已成定局。不同生育率选择对人口峰值年份和数量有一定影响，但最大的影响是未来的人口缩减速度和本世纪末的总人口数，其实它们反映了刻意追求人口缩减和尽量避免这种情况的差别。

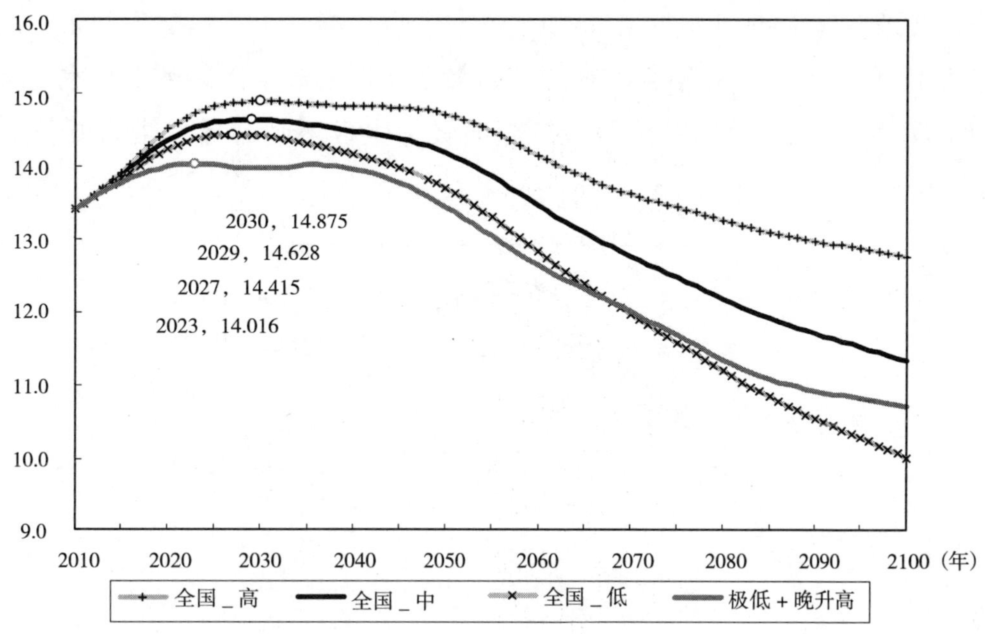

图 4　2010—2100 年总人口规模的多方案比较

另一曲线代表 2028 年后将生育率提高到 1.94 的方案，其总人口指标看起来似乎还不错，由于极低生育率延续的时间更长，使人口峰值得以显著压低，实现人口零增长也更早。而后期的总人口规模则介于中方案和低方案之间，至于人口递减速度则处于高方案和中方案之间。可能正是因为类似的人口总量图景导致了维持较低生育率更长时间的政策建议，但是这种方案在其总人口规模上的表面收益背后却是其他方面要付出的巨大代价。

图 5 是不同方案的 60 岁及以上老年人口比例的结果，反映出未来人口老龄化的大趋势不可逆转。当前中国只是刚跨入老龄社会的门槛，而人口老龄化最严重的情况将发生在 2050 年以后，并且其实不能用“高峰期”这个概念来描述人口老龄化，因为高中低方案的水平在到达高点后基本延续下去，至多有一些波动，不会再有趋势性下降。如上所述，当前的人口年龄结构决定了未来 40 年面临急剧的人口老龄化进程，这是中国人口发展新时期的主要特征，也是未来人口决策需要应对的重中之重。忽视了这一点，就会犯历史性的错误。

图 5 还同时表明，生育率越低则老龄化程度越高，这表明生育政策调整不调整、调整到什么程度，老年人口比例结果是大不相同的。必须特别指出，尽管高、低方案之间生育率相差并不大，但老龄化幅度并非像以前有人说的那样只相差 2 个百分点。高方案的生育率尚远低于更替水平（约 0.2），而低方案也已经显著高于实际生育率（大于 0.25），但高低两方案的老年人口比例最大值（分别为 33.5%和 36.4%）已经

相差了 3 个百分点。实际上，当前总和生育率上每提高 0.1 的幅度将使未来的峰值老年人口比例降低约 1.5 个百分点。所以，如果立即将生育率提高到更替水平可以使老年人口比例降为 30％；而如果长期维持当前极低生育率则会导致未来峰值老年人口比例接近 40％。

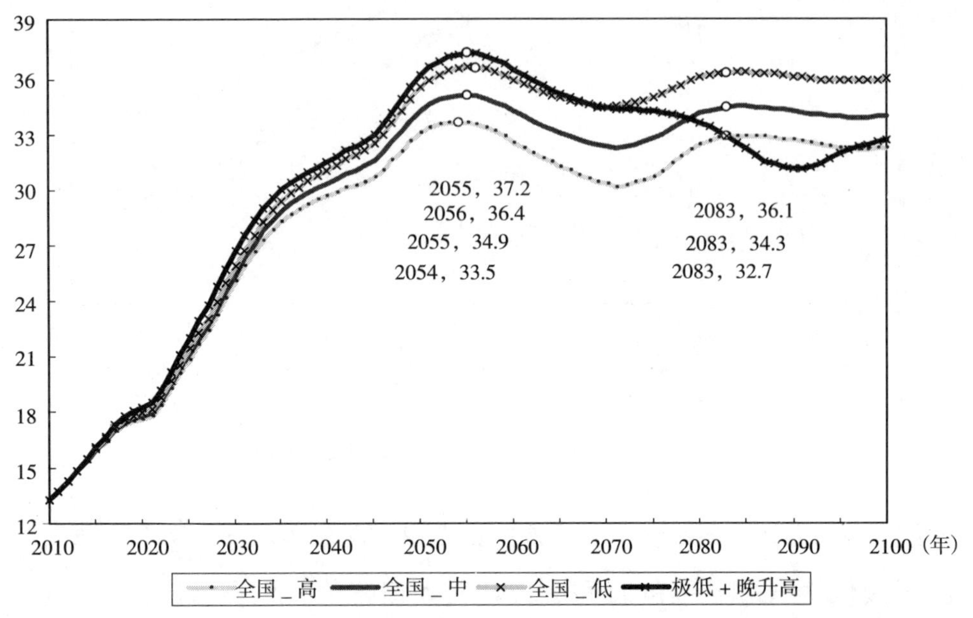

图 5　2010—2100 年 60 岁及以上老年人口比例的多方案比较

图 5 中提供了另一种先维持当前的极低生育率到 2028 年的方案结果，尽管后来将生育率提高到 1.94，但是其老龄化程度反而最高，可见当前生育率过低的问题亟待解决，应当尽早地提升生育率。这一方案在本世纪后半期呈现出与其他方案不同的明显下降趋势，虽然引人注目，但并不代表这个方案真有什么缓解人口老龄化的神力，不过是由于生育率提升得较晚导致世纪中期老龄化程度特别高，所以才显出了后来老龄化程度的相对下降。根据稳定人口原理，这个晚升高方案在远期未来的老龄化水平将与高方案的水平完全相同，因此这一方案只有缩减总人口规模的收益，而在缓解老龄化方面并无什么可取之处。

图 6 中的社会总抚养比指标（即每 100 名劳动年龄人口所需抚养的老年和少儿人口数）进一步展示了这一方面的情况。较晚提升生育率方案在 2035 年以前因少儿人口较少而取得了最低的总抚养比，然而后来却在老龄化更为严重的时期，一方面劳动年龄人口递补亏欠问题加剧，另一方面又要增加出生，这种两面夹击导致其总抚养比显著高于尽早提高生育率的结果。以往的人口研究和宣传总是以人口负担“两头沉”问题为理由拒绝调整生育政策和适度提高生育率，但是没能认识到到尽早增加的出生人口正是未来缓解严重老龄化的生力军。要是等人口达到零增长再考虑这些调整，所

增加出生只有再等15年后才能逐步形成劳动力，不但不能缓解届时老龄化的燃眉之急，反而火上浇油，增大社会负担。因此，推迟提高生育率实际上是在贻误时机，造成人口结构更加畸形，使老龄化重度期遭遇远水解不了近渴的局面。图6反映出，该方案的总抚养比在整个2035—2077年期间过高，因此这种推迟提高生育率的战略建议是绝不可取。

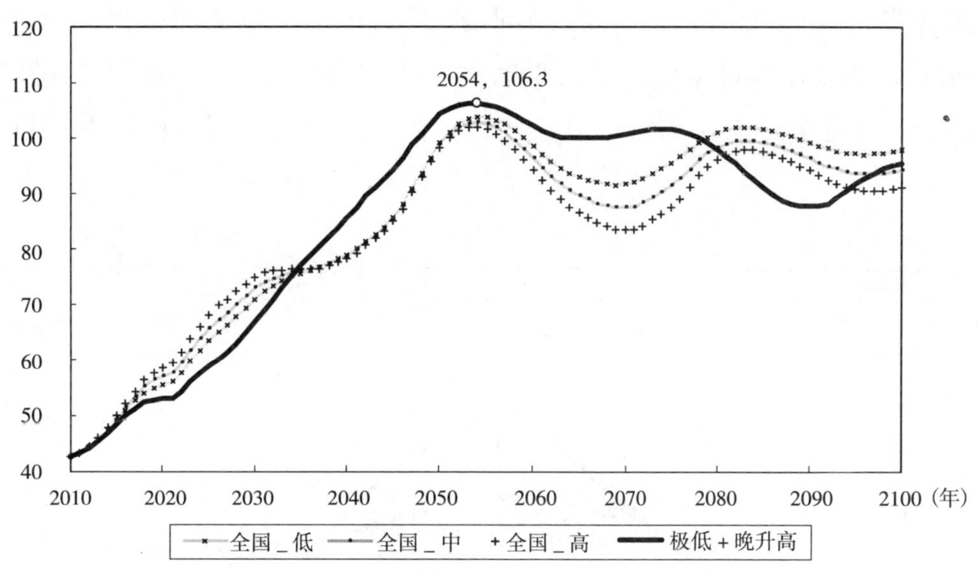

图6　2010—2100年人口总抚养比的多方案比较

尽早提高生育率的方案不仅避免未来社会经济运行所需劳动力不致过度缩减，而且还保证了未来人口再生产中育龄妇女数量不致过度缩减。尽早提高生育率实际上是在多年延续极低生育率情况下不同程度地挖掘了当前育龄妇女的生育潜力，或多或少地缓解人口结构的少子化和老龄化趋势。但是推迟方案则视这种缓解是对未来人口发展不利的"出生反弹"而刻意加以回避，因此不惜一再贻误调整生育率。但是真到了它认为可以调整的最佳时期时，劳动年龄人口和育龄妇女数量则已经相对薄弱并每况愈下了，这种局面之下还得背负少儿人口增量。这便是着力追求人口数量缩减目标的巨大代价。

总之，人口负担"两头沉"的问题其实是急刹车式的计划生育和极严的生育政策导致的人口转变中固有的问题，是不可回避的。如果在中国人口进入低生育率阶段已经20年的今天还要以此为理由迟迟不做出相应调整，将造成人口控制过度，并导致计划生育悖离其初衷。以上的人口预测分析表明，推迟将生育率提高到更替水平并不能真的避免"两头沉"人口负担问题，只不过是将此问题推到了未来，使我国人口老龄化在最严重的阶段雪上加霜，换取的只是较少的峰值人口规模的收益。从本世纪全局视角来看，这种对策建议既不利于解决人口老龄化，也不利于宏观人口转向长期均衡发展。

以往为了大力控制人口增长，我国实行了很严的生育政策，使大量育龄夫妇只有一个孩子。面对低生育率和出生人口锐减，尽早提高生育率不仅有助缓解人口少子化和老龄化，也有利于微观家庭结构和代际人口比例均衡。图 7 比较了未来各年 60 岁及以上老年妇女中只生过一个孩子的比例。高中低标准方案结果表明，尽早提高生育率可以显著降低这一比例。然而要是较晚提高生育率，即使能够提高到 1.84 甚至 1.94 的水平，本世纪中叶老龄化重度期时这一比例仍将处于 40%以上的高位。因此，在新形势下尽早提高生育率还可以减少和避免微观家庭的无谓牺牲，不仅利国而且利民。

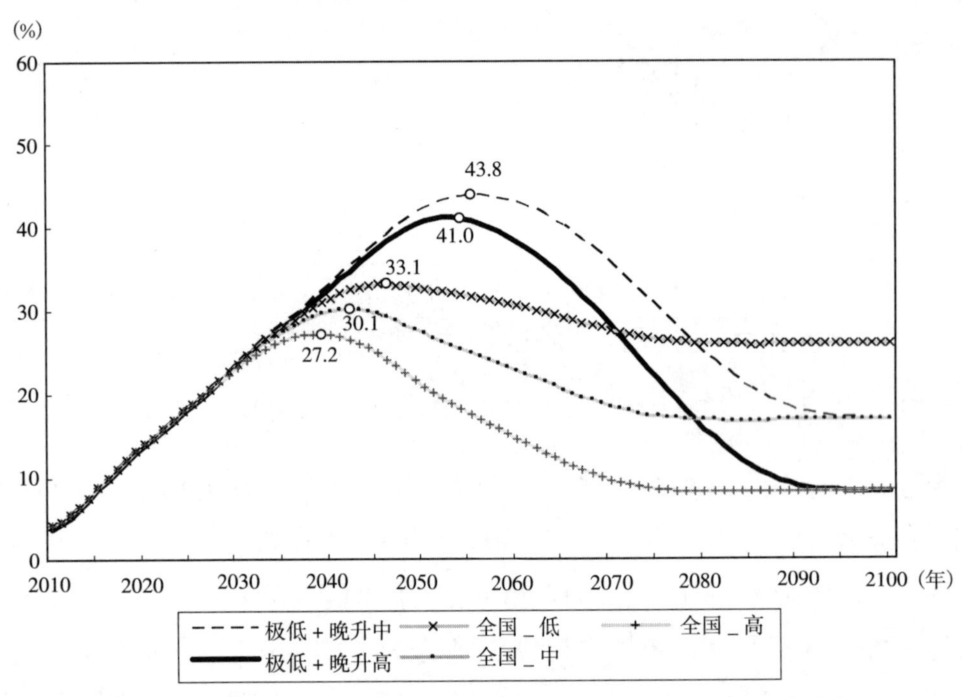

图 7 2010—2100 年各年份老年女性（60+）中只生过 1 孩的比例

此外，在我国人口老龄化发展态势中，城乡倒挂问题一直存在。由于农村青壮年大量进入城镇，一方面缓解了城镇的老龄化，另一方面却加剧了农村的老龄化。早在 1990 年人口普查时农村老年人口比例已经高于城镇相应水平，2010 年全国人口普查则表明这种城乡倒挂状况进一步加剧①。图 8 提供了分城乡的高中低方案预测的 60 岁及以上老年人口比例。结果表明，未来中国人口老龄化仍将长期保持这种城乡倒挂，而且在本世纪前半叶的老龄化进程中这种局面还会进一步加剧。本世纪中期及以后，随着人口城镇化程度越来越高导致其速度变缓，加上城乡生育水平逐渐趋同，城乡老龄

① 六普公布的城镇和农村的 60 岁及以上老年人口比例分别为 11.7%和 15.0%。

化倒挂情况才会渐渐趋于缓解。因此，要减轻城乡老龄化倒挂程度，既需要城镇化和户籍政策等规划、管理与服务方面的综合改革，也涉及到应对过低生育率的问题。

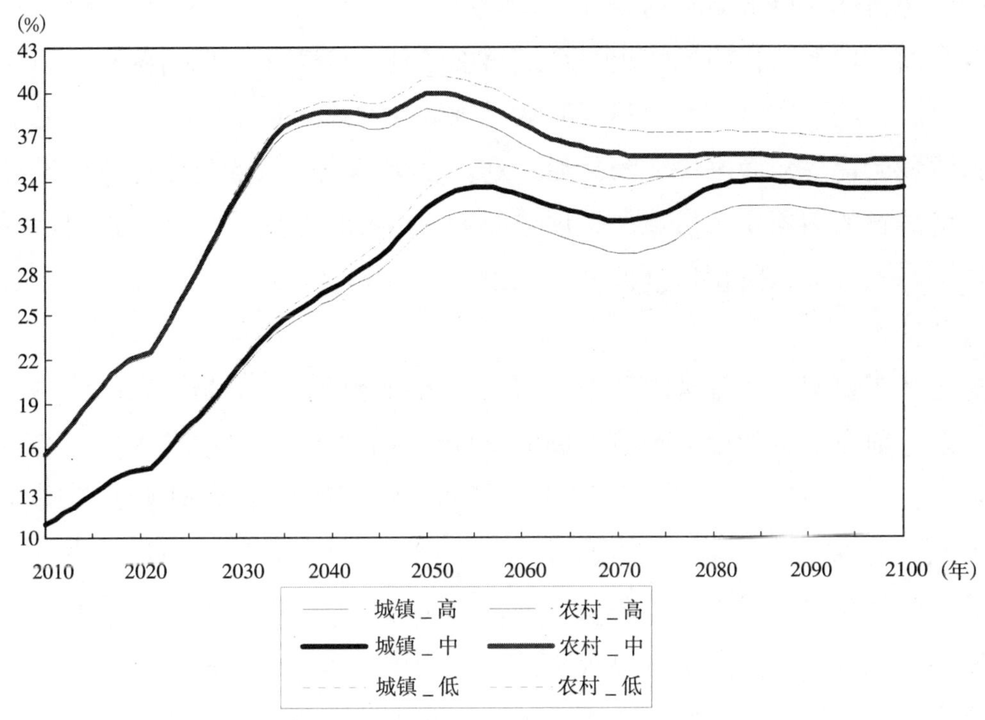

图 8　2010—2100 年城乡老年人口比例（60＋）

再次重申，以上人口预测基于“一旦需要，生育率便能有效提高”的假设前提。实际上，现有很多研究已经揭示出，群众的理想子女数已经远低于更替水平，相当比例符合生育二孩条件的夫妇却自愿放弃二孩生育，甚至根本不想要孩子的比例也在提升。提升低生育率很可能又是一个出乎人们意料的棘手难题。因此，以上预测的这一假设前提很可能已经脱离当前实际，更不要说极低生育率再维持更长时间后会是什么状况。

四、当前的人口决策决定如何应对老龄化

以往人口研究存在严重偏差，产生了方向性的误导，不仅没能及时揭示今后人口发展中的主要矛盾与任务，并及时制定决策正确地加以应对和解决这些矛盾，而且有意无意地拖延这种状况，导致矛盾继续加深。

本研究的人口预测表明，尽早将过低生育率向更替水平提升是从人口角度应对人口老龄化的关键。它的本质并不在于试图延长人口红利，而是相当于洪水到来之前的疏通河道、加固堤坝的补救和预防措施。在人口发展的不同阶段，面对不同的人口问题，目标、任务和政策自然会有所不同。以往计划生育采取了矫枉过正的策略，因此

当前在生育率已经过低、人口发展接近零增长、人口老龄化前景严峻的形势下，应当适时调整人口战略及其相应政策，避免从控制增长出发的矫枉要求产生过度人口老龄化的后果，努力使人口转向均衡发展。

要对中国人口老龄化前景作出一个完整的描述，应该至少包括两句话：人口老龄化的总趋势已经不可逆转；然而尽早有效地提高生育率可以缓解未来人口老龄化的程度。片面地强调前一句而不提或淡化后一句，就会造成人口老龄化已完全不可缓解或已经不值得缓解的印象，自然会严重误导政府决策和社会舆论。并且这里所说的缓解程度都是指我国人口老龄化重度期（30%以上）时的程度差异，因而每一个百分点的缓解都意义重大。

当前尤其需要解决的是观念和态度问题，人口老龄化本身是人口结构的变化，它将引发一系列前所未有的社会经济发展的全局性问题。当然，应对人口老龄化战略的研究应当从方方面面展开，但是我们既不能回避计划生育的确加速了中国人口老龄化，更不能回避现行生育政策对当前过低的生育率的重要作用，而过低生育率则是本研究所说的过度老龄化的根源。避免过度老龄化既是必要的，也是可能的，实现的途径就是尽早将过低生育率向更替水平提升。中国老百姓常常说“小不补，大吃苦”，其中所蕴含的深刻道理也同样适用于认识和应对中国人口老龄化的问题。

本文根据六普数据的人口预测模拟揭示出，只要未来的生育率不超过更替水平，那么我国总人口规模未来将处于下降趋势，21 世纪内总人口将减少几亿人。未来人口老龄化来势凶猛，老年人口比例和社会总抚养比将达到人类史无前例的程度。因此，中国人口发展在整个 21 世纪中的主要矛盾已经由总人口规模问题转向人口年龄结构问题。当前中国只是刚刚跨入老龄社会，人们已经开始对老龄化问题有所感受，未来人们将会更加深切地感受到这个重大转变。我们必须充分认识这一重大变化和由此决定的人口主要矛盾的变化，适时调整人口工作的目标和任务。如果继续忽略人口老龄化是未来的主要人口风险，采取无所作为的态度，甚至采取相反对策去加剧这个人口矛盾，必将铸成历史性的错误。

参考文献

[1] 丁峻峰．2003，浅析中国 1991～2000 年生育模式变化对生育水平的影响［J］．人口研究（2）．

[2] 国家人口和计划生育委员会．全国“十一五”人口和计划生育事业发展规划［EB/OL］中国人口网（http：//www.chinapop.gov.cn/ghjh/sygh/200807/P020080703591531518824.doc _ Toc153078790）［2006-12-28］．

[3] 国家人口和计划生育委员会．全国“十五”人口和计划生育事业发展规划［EB/OL］．中国人口网（http：//www.chinapop.gov.cn/ghjh/sygh/200807/P020080703591531518824.doc _ Toc153078790）［2006-12-

28］.

［4］国家人口计生委计划财务司，中国人口与发展研究中心．人口和计划生育常用数据手册（2002）［Z］．内部资料．

［5］国家人口计生委发展规划与信息司，中国人口与发展研究中心，人口和计划生育常用数据手册（2008）［M］．中国人口出版社，2009.

［6］国家人口发展战略研究课题组，国家人口发展战略研究报告［M］．北京：中国人口出版社，2007.

［7］国家人口发展战略研究课题组，国家人口发展战略研究总报告［M］．北京：中国人口出版社，2007.

［8］国务院人口普查办公室，国家统计局人口和社会科技统计司．中国2000年人口普查资料［M］．北京：中国统计出版社，2002.

［9］国务院第六次全国人口普查办公室，国家统计局人口和就业统计司．2010年第六次全国人口普查主要数据［M］．北京：中国统计出版社，2011.

［10］国务院人口普查办公室，国家统计局人口和就业统计司．中国2010年人口普查资料［M］．北京：中国统计出版社，2012.

［11］国家统计局人口（和就业）统计司．中国人口（和就业）统计年鉴［M］．北京：中国统计出版社，1990—2012.

［12］郭志刚．从近年来的时期生育行为看终身生育水平［J］．《人口研究》，2000（1）.

［13］郭志刚．近年生育率显著“回升”的由来——对2006年全国人口和计划生育调查的评价研究《中国人口科学》，2009（2）.

［14］郭志刚．中国的低生育率与被忽略的人口风险［J］．国际经济评论，2010（6）.

［15］张维庆．2006年全国人口和计划生育调查数据集［M］．北京：中国人口出版社，2008.

［16］中国国家统计局，美国东西方中心．中国各省生育率估计：1975～2000［M］．北京：中国统计出版社，2007.

关于上海市人口老龄化新特点的思考

桂世勋[1]

【摘要】 早在1979年末，上海市户籍人口就开始进入老年型人口，比全国进入老年型人口早20年。在20世纪头20年的不同时期上海市人口老龄化会呈现以下新特点，对于从本地区实际出发研究积极应对人口老龄化战略至关重要。首先，在2000—2010年间上海市出现了户籍人口加速老龄化与常住人口阶段性年轻化并存的态势。其次，在2010—2020年间上海市又面临户籍人口老龄化高速发展与户籍老年人口阶段性低龄化并存的态势。由于受抗日战争的影响，上海市在2017年后80岁及以上户籍高龄老年人口数甚至会出现阶段性的负增长。

【关键词】 人口老龄化　户籍总人数　积极老龄化

早在1979年末，上海市65岁及以上户籍人口就占总人口的7.2%，开始进入老年型人口；比中国进入老年型人口约早20年。我认为在21世纪头20年的不同时期上海市人口老龄化会呈现若干新特点，它对于上海市从本地区实际出发研究积极应对人口老龄化战略至关重要，对我国其他地区研究积极应对人口老龄化战略也有一定启示。

一、在2000—2010年间上海市出现了户籍人口加速老龄化与常住人口具有部分年轻化特征并存的态势

在2000—2010年间，上海市60岁及以上户籍老年人口系数从2000年末的18.3%迅速上升到2010年末的23.4%（2011年末为24.5%），10年间上升5.1个百分点，10年增幅为27.9%；其中2005年末为19.6%，比2000年末上升1.3个百分点，5年增幅为7.1%；2010年末比2005年末上升3.8个百分点，5年增幅为19.4%。同期上海市15—59岁户籍劳动年龄人口抚养60岁及以上户籍老年人口的老年抚养比从2000年末的26.1%迅速上升到2010年末的34.4%（2011年为36.6%），

---

① 桂世勋，华东师范大学人口研究所、中国现代城市研究中心终身教授，国家二级教授。

10 年间上升 8.3 个百分点，10 年增幅为 31.8%。

然而据上海市统计局对“五普”和“六普”数据的计算，上海市 60 岁及以上常住老年人口系数虽然从 2000 年的 15.0%上升到 2010 年的 15.1%，10 年间上升 0.1 个百分点，10 年增幅 0.7%；上海市常住人口的年龄中位数虽然从 2000 年的 37.64 岁增加到 2010 年的 37.83 岁，10 年间增加 0.19 岁，10 年增幅 0.5%；但上述两项指标值的增幅都非常小，特别是上海市 65 岁及以上常住老年人口系数却从 2000 年的 11.46%下降到 2010 年的 10.12%（比 2010 年重庆市 65 岁及以上常住老年人口系数 11.56%要低），10 年间降低 1.34 个百分点，10 年降幅为 11.7%；上海市 15—59 岁常住劳动年龄人口抚养 60 岁及以上常住老年人口的老年抚养系数却从 2000 年的 20.6%下降到 2010 年的 19.8%，10 年间降低 0.8 个百分点，10 年降幅为 3.9%。它表明在 2000—2010 年间上海市常住人口的年龄结构具有部分年轻化的特征。

上述新特点形成的主要原因，是由于在 2000—2010 年的 10 年间上海市户籍总人口数增长较慢，从 2000 年末的1 321.63万人增加到 2010 年末的1 412.32万人，10 间增长 6.9%，而常住总人口数却增长很快，从 2000 年的1 673.77万人增加到 2010 年的2 301.91万人，10 间增长 37.5%。特别是 2000—2010 年间上海市 15—59 岁户籍劳动年龄人口数出现了负增长，而 15—59 岁常住劳动年龄人口数却迅速增长。我在 2002 年主持的 2002—2050 年上海市户籍人口变动趋势生育中方案与净迁入不断增加的中方案预测发现，上海市 15—59 岁户籍劳动年龄人口数有可能从 2005 年开始出现负增长。后来统计数据表明，上海市 15—59 岁户籍劳动年龄人口数在 2006 年后开始出现小幅波浪式负增长，除 2008 年末比 2007 年末回升 0.03%外，其余各年均呈负增长，2010 年末为 962.27 万人（2011 年为 950.16 万人），比 2006 年末的 980.85 万人减少 18.58 万人；相反上海市 15—59 岁常住劳动年龄人口数却从 2000 年的1 193.92万人迅速增加到 2010 年的1 756.67万人，10 年间增长 47.1%。特别是 2010 年上海市 20—34 岁外来常住人口数达到 422.03 万人，占全市该年龄段常住人口数的 57.7%，竟超过了 2010 年 20—34 岁户籍常住年龄人口数。

认识上述特点，有利于我们充分肯定外来常住人口特别是外来常住劳动年龄人口对大幅度推迟未来上海市“人口红利期”机会视窗关闭时间的重大贡献，紧紧抓住“常住人口红利期”的机遇。“人口红利”是指由于人口再生产类型从“高出生、低死亡、高自然增长”向“低出生、低死亡、低自然增长”转变的一定时期中所出现的少年儿童人口数明显减少、老年人口数并不很多、劳动年龄人口数相对或绝对较多，从而使人口总抚养比较低，使经济发展有可能取得比人口总抚养比较高时期更多的收益。然而人口红利只是提供了在人口年龄结构上有利于经济发展的机遇，要将其真正转化为促进经济发展的现实，主要取决于两个因素：一是增加就业岗位，让众多劳动年龄人口成为创造物质财富和精神财富的现实生产力；二是加大教育、健康等人力资本的投入，提高按劳动年龄人口平均计算的人均经济效益和社会效益。我认为在一个人口开放型地区，人口总抚养比的高低，不仅取决于人口自然变动的状况，还取决于人口机械变动的状况。现在一些发达国家为了应对由于本国人口老龄化过于严重引起的人口总抚养比过高的情况，加大了技术移民或劳务输入的力度，实际上就是为了相对甚至绝对地降低本国的人口总抚养比。在我国现有的户籍制度下，如果一个地区的户籍劳动年龄人口大量流出，就会使该地区的常住人口总抚养比高于户籍人口总抚养比，反之一个地区的外来劳动年龄人口大量流入，则会使该地区的常住人口总抚养比低于户籍人口总抚养比。现阶段我国东部沿海地区特别是东部沿海大城市，正是由于中、西部地区大量劳动年龄人口的流入，形成了常住人口总抚养比明显低于户籍人口总抚养比的态势，使现阶段我国中、西部地区本来从人口再生产类型转变中有可能取得更多“人口红利”的机遇让渡给东部地区，使东部地区在同一时期内有可能取得比原来更多的人口红利，以及延长未来有可能取得“人口红利”的时间。

从上海市的情况来看，不仅2010年15—59岁常住劳动年龄人口抚养0—14岁常住少年儿童人口与60岁及以上常住老年人口的总抚养比（31.1%），较2010年末15—59岁户籍劳动年龄人口抚养0—14岁户籍少年儿童人口与60岁及以上户籍老年人口的总抚养比（46.7%）要低得多，而且未来常住人口有可能获得“人口红利”的时间也比户籍人口长得多。如果以国际上许多学者提出的15—64岁劳动年龄人口抚养0—14岁少年儿童人口与65岁及以上老年人口的总抚养比低于50%为“人口红利期”的机会视窗开启的临界值考察，在未来上海市的户籍迁入政策没有很大松动的情况下，上海市“户籍人口红利期”的机会视窗将在2020年左右关闭，但上海市“常住人口红利期”的机会视窗则由于外来常住劳动年龄人口的迅速增加，有可能推迟到2030年甚至更后才关闭。因此，建议上海市政府及有关部门应进一步营造良好人才发展环境，实施重点人才开发工程，吸引更多高素质外来人才来沪工作；进一步重视对包括农民工在内的外来流动从业人员的职业培训，提高农民工新生代接受义务教育的质量，切实贯彻落实最近国务院办公厅有关“进城务工人员及其他非本地户籍就业人员随迁子女接受义务教育后在当地参加中考和高考”的要求，充分调动未来外来常住从业人员在上海市经济和社会发展中的积极性，把“常住人口红利期”的机遇转化为更好地促进经济发展的现实。

认识上海市人口老龄化的上述特点，也有利于我们更自觉地将上海市的外来从业人员从过去参加“综合保险”调整为参加城镇职工基本养老保险，相对甚至绝对减缓未来上海市城镇职工基本养老保险基金缴费与支付的严重赤字。2010年度上海市本级财政对社会保险基金补助为107.8亿元。我认为上述补助如此之多的一个重要原因，就是上海市从2002年9月起对外来从业人员实施综合保险，用人单位按其使用外来从业人员的总人数乘以上年度全市职工月平均工资的60%为缴费基数，每月为其使用的外来从业人员按缴费基数的12.5%缴纳综合保险费（其中用于缴纳"老年补贴"保险费的占缴费基数的5%），并委托商业人寿保险公司运作和支付。

我于2004年发表的《我国城镇外来从业人员养老保险模式研究》中，曾在肯定上海市所作的积极探索的同时，也明确指出："上海模式的缺陷主要在于它不能将城镇企业为外来从业人员缴纳的有关养老保险费作为缓解未来中国城镇基本养老保险基金赤字的一个重要来源。"再加上上海市还规定外来从业人员个人不缴纳综合保险费，因此，该模式"也不是未来我国所有城镇尤其是特大城市可以普遍推广的最佳模式"。2011年7月1日起，上海市已根据《社会保险法》的规定将城镇户籍的外来从业人员调整为与上海户籍企业职工一样参加上海市的城镇职工基本养老保险；非城镇户籍的外来从业人员则对其个人缴费基数从2011年度为上年度全市职工月平均工资的40%，通过5年过渡到2015年度与上海市户籍企业职工一样按规定缴费和计发。这不仅维护了外来从业人员的合法权益，而且有利于上海市相对甚至絕对减轻未来相当长时期内城镇基本养老保险基金的赤字。事实表明，2011年度上海市本级财政对社会保险基金补助为100.2亿元，比2011年减少7.6亿元。

二、在2010—2020年间上海市面临户籍人口老龄化高速发展与户籍老年人口阶段性低龄化并存的态势

据我主持的上述方案预测结果，全市60岁及以上户籍老年人口数在2010—2020年间将呈现历史上空前绝后的高速增长，从2010年末的331.02万人迅速增加到2020年末的500万人左右，10年增加约170万人，10年增长约51.0%；并且不会像全国那样在2022年起出现长达14年的本世纪第二个更大的60岁及以上老年人口数的高峰期；其中上海市60—69岁户籍低龄老年人口数将从2010年末的166.69万人更迅速增加到2020年末的280万人左右，10年间增加约113万人，10年增长约70.0%。如果未来上海市户籍迁入政策没有很大松动的话，全市60岁及以上户籍老年人口系数将从2010年末的23.4%迅速上升到2020年末的33%左右，10年间上升约9.6个百分点，10年增幅约41%。

然而据我主持的上述方案预测，上海市80岁及以上户籍高龄老年人口数在

2010—2020 年却相对缓慢发展，有可能从 2010 年末的 59.83 万人波浪式地增加到 2020 年末的约 69 万人；特别是在 2016 年后有可能出现阶段性的负增长，全市 80 岁及以上户籍高龄老年人口数从 2016 年末的 70.62 万人逐渐减少到 2020 年末的 68.96 万人，然后缓慢增加到 2024 年末的 71.67 万人，开始超过 2016 年末的人数。与此相应，上海市 80 岁及以上户籍高龄老年人口数占 60 岁及以上户籍老年人口数的比例将有可能从 2010 年末的 18.1％下降到 2015 年末 17.3％，2020 年末的 14.0％，2025 年末的 13.6％，然后再回升到 2030 年末的 17.9％。据最近上海市老龄科研中心和上海社科院人口与发展研究所的预测，上海市 80 岁及以上户籍高龄老年人口数占 60 岁及以上户籍老年人口数的比例，在 2010 年为 17.5％，2015 年为 16.1％，2020 年为 12.8％，2025 年为 12.5％，到 2030 年才回升到 17.5％，与 2010 年的比例持平，这再次印证了我当时作出的在 2010—2020 年间上海市将出现户籍老年人口低龄化的判断。

上述新特点形成的主要原因，是由于上海市在 1962 年后因城市计划生育先于全国农村实施，1966 年后大批城市知识青年上山下乡插队落户又推迟了年轻人的实际婚育年龄，从而使上海市户籍人口在 1950—1980 年间只出现 50 年代一次出生高峰期，户籍人口出生率从 1963 年的 30.3‰迅速下降到 1965 年的 17.0‰、1970 年的 13.9‰、1975 年的 9.4‰，户籍人口出生数也从 1963 年的 32.30 万人迅速减少到 1965 年的 18.57 万人、1970 年的 15.10 万人、1975 年的 10.14 万人；而全国在 1962—1975 年间每年出生人口数均超过2 000万人，其中有 10 年每年出生人口数竟超过2 500万人。据我主持的国家社会科学基金重点项目“21 世纪中国人口发展趋势及其对策”中假设的生育修正中方案和人口平均预期寿命低方案预测，在我国人口平均预期寿命不断提高的同时，由于受上述出生人口高峰期的惯性作用影响，全国 60 岁及以上老年人口数将从 2020 年末的 2.48 亿人高速增加到 2030 年末的 3.61 亿人，10 年间增加 1.14 亿人，10 年增长 46.0％。至于上海市在该时期高龄老年人口数之所以会出现负增长，主要与 80 年前的 1937 年 11 月 12 日淞沪会战后上海沦陷，1942 年日本侵略军又“接收租界”，上海市民在日本侵略军占领下一直生活到 1945 年密切相关。

认识上述特点，有利于我们高度重视 2010—2020 年间上海市将出现历史上空前绝后的户籍低龄老年人口数的高速增长期，研究如何更好地倡导和贯彻“积极老龄化”的理念，引导尽可能多的低龄老人以各种方式自愿量力地参与社会。“积极老龄化”是在 2002 年联合国第二届世界老龄大会上被国际社会接受作为应对人口老龄化战略的新理念。在 2001 年，世界卫生组织曾组织撰写印刷了《健康与老龄化》，准备提供该大会讨论用。但经过由世界卫生组织卫生发展中心召开来自21个国家的29名代表参加的专家小组会议讨论修订，并于2002年4月经瓦伦西亚国际老年学论坛讨论后，改成《积极老龄化政策框架》的书面建议。世界卫生组织在上述书面建议中指出："积极老龄化是人到老年时，为了提高生活质量，使健康、参与和保障的机会尽可能发挥最大效益的过程"。它是"一个比健康老龄化内涵更为广泛"的理念。并认为"如果政府、国际组织和民间社团制定'积极老龄化'的政策和计划，促进老年人的健康、参与和保障，国家就能够应对老龄化的挑战。现在是制定计划和采取行动的时候了"。2002年，第二届世界老龄大会接受了世界卫生组织的建议，把"积极老龄化"这个词及其含义正式写入了2002年4月12日通过的《联合国第二届世界老龄大会政治宣言》，指出"对老年人的认可和对他们充分参与的促进，是积极老龄化的主要内容。"

我把"积极老龄化"解释为是指在人口老龄化的过程中，积极促进老年人口中身心健康、参与社会、获得保障的比例逐渐增大和水平不断提高，从而更有利于经济发展和社会进步，不断提高老年人的生活质量，建立不分年龄人人共享的和谐社会。在"积极老龄化"所包含的健康、参与和保障三个要素中，虽然健康是参与的体质基础，保障是参与的物质基础，但参与是核心，它有利于促进健康和减缓保障支出不断增加的压力，使广大老年人从单纯被抚养的社会群体转变为能以各种方式继续为社会作贡献的积极因素。在世界卫生组织的上述书面建议中，还特别强调"健康只有通过多方面的参与，才能增进和保持""老年人健康和继续工作，有助于缓解养老金、收入保障计划以及医疗和社会照料支出不断增加的压力"。

按照世界卫生组织的上述书面建议和《联合国第二届世界老龄大会政治宣言》，"参与"不仅包括老年人从事有收入的工作，而且也包括老年人参加志愿服务和参与社会的文化、教育、体育、政治活动，以及承担"家庭管理和照料儿童"的工作。如果上海市能在2010—2020年间大批60—69岁户籍低龄老年人口迅速增加时，引导他们自愿量力地以各种形式参与社会，那么不仅能使他们继续为社会作贡献，进一步体现人生的价值，提高他们的生活质量，而且有利于减缓老年人自理能力和认知功能的衰退，减轻未来老年人的医疗费用和照料费用等开支，相对减缓国家、社会和家庭在老年医疗和长期照护方面的压力。

认识上述特点，也有利于上海市在未来十年内比2005—2010年间适当减少每年养老机构的新增床位数，加大提高养老机构服务质量和社会效益的力度。2006年，上海市民政局提出到2010年全市要形成"9073"（即90%的老人为家庭养老，7%的老人在社区接受养老服务，3%的老人享受机构养老服务）的养老服务格局目标，使全市 60 岁及以上老年人口中 3%入住养老机构接受服务；并在 2005—2010 年间通过市政府每年为市民办“实事项目”的形式，要求全市每年新增养老机构床位 1 万张。经过几年努力，上海市民政部门主管的养老机构床位数从 2005 年末的 4.95 万张迅速增加到 2010 年末的 9.78 万张，养老机构床位数相当于同年末全市 60 岁及以上户籍老年人口数的比例也从 2005 年末的 1.9%迅速上升到 2010 年末的 3.0%。

那么在 2010—2020 年间上海市养老机构床位数发展的目标应如何确定呢？早在 2008 年北京市就提出到 2020 年末养老服务格局目标为“9064”，4%的 60 岁及以上老年人在机构养老。我在 2008 年就建议上海市不应盲目与北京市攀比，上海市 2020 年养老机构床位数的发展目标最多相当于当时 60 岁及以上户籍老年人口数的 3.5%。其主要理由是在 2010—2020 年间上海市 60 岁及以上户籍老年人口数高速增长过程中将出现户籍老年人口的低龄化；而低龄老年人口生活不能自理的比例又比高龄老年人口生活不能自理的比例要低得多。我当时根据上海市老龄科学研究中心开展并由我主持的 2003 年上海市老年人口状况与意愿跟踪调查中有关老年人自评基本生活自理能力的资料，计算在被调查的 60—64 岁户籍老年人口中，生活部分能自理的占 0.3%，不能自理的占 0.5%，两者合计为 0.8%；而在 80 岁及以上户籍高龄老年人口中生活部分能自理的占 15.6%，不能自理的占 8.9%，两者合计为 24.5%。最近我根据对上海市“六普”10%的“老年人口健康状况”资料计算，2010 年上海市 60—64 岁常住老年人口中生活不能自理的仅占 0.65%，而在 80 岁及以上常住高龄老年人口中生活不能自理的占 13.11%（见表 1）。因此，2010—2020 年间上海市由于户籍老年人口的低龄化，将使全市 60 岁及以上户籍老年人口中生活不能自理人数的增长速度比 60 岁及以上户籍老年人口数的增长速度要慢得多。这表明在该时期上海市户籍老年人口入住养老机构需求的增长速度将有可能相对减缓。此外，那时上海市除市、区级社会福利院和地处市中心区的养老机构入住率较高外，养老机构在总体上入住率还不高。后来在《上海统计年鉴（2010）》中公布，2009 年末全市 589 个“收养性老年福利机构”的在院人数仅占床位数的 61.4%。因此，上海市也需要在 2011 年后适当减慢养老机构床位数的增加速度，进一步提高养老机构的硬件和软件水平，建设更符合上海市老年人养老服务需求的养老机构。我的上述建议受到上海市民政局领导的重视，在《上海市民政事业发展“十二五”规划》中要求到 2015 年末仍按“9073”的养老服务格局目标实施，在“十二五”期间每年新增养老机构床位数由 2005—2010 年期间的 1 万张减少到 5 千张；同时把民政部门的力量更多地放在关心和支持居家养老的老年人身上，努力开创关爱“90”（即 90%）老年人口的新局面。

表 1　2010 年上海市常住老年人口分年龄组的生活不能自理比例　%

年龄组	合计	60—64	65—69	70—74	75—79
生活不能自理比例	3.71	0.65	1.19	2.32	4.49
年龄组	80—84	85—89	90—94	95—99	100+
生活不能自理比例	9.06	15.59	27.17	39.67	43.24

资料来源：根据上海市第六次全国人口普查领导小组办公室、上海市统计局编《上海市第六次人口普查数据手册》有关数据计算而来

三、在 2010—2020 年间上海市面临大批户籍独生子女父母进入老年与他们还处于低龄老年阶段并存的态势

上海市自 1979 年以来实行普遍提倡一对夫妻只生育一个孩子的政策，大批独生子女父母将在“十二五”时期逐渐进入 60 岁。鉴于 1990 年上海市第四次人口普查资料提供了分 1 岁一组的只有 1 个活产子女的常住育龄妇女人数占同龄妇女人数比重的数据（见表 2），如果假设当时 35 岁的妇女仍只有 1 个活产子女的为独生子女的母亲、独生子女母亲的年龄别死亡率与非独生子女母亲的年龄别死亡率差异不大，那么预计上海市从 2015 年开始每年进入 60 岁的女性老年人口中，只有 1 个子女的将超过 80%；如果假设独生子女父亲的年龄别死亡率与非独生子女父亲的年龄别死亡率也差异不大，那么按 1982 年“三普”时男女平均初婚年龄差约为 2 岁推断，上海市从 2013 年开始每年进入 60 岁的男性老年人口中，只有 1 个子女的也将超过 80% 。

表 2　1990 年上海市常住人口中只有 1 个活产子女的妇女数占同龄妇女数的比例

年龄		占同龄妇女数的比重（%）	占同龄有活产妇女数的比重（%）	年龄		占同龄妇女数的比重（%）	占同龄有活产妇女数的比重（%）
1990 年	2015 年			1990 年	2015 年		
29	54	83.2	96.5	33	58	87.2	92.9
30	55	86.6	95.8	34	59	86.2	91.1
31	56	87.6	95.4	35	60	83.2	87.4
32	57	88.1	94.5	36	61	78.5	82.1

资料来源：根据上海市人口普查办公室编《上海市第四次人口普查资料汇编》有关数据计算而来

认识上述特点，有利于上海市尽早开展实施“关爱独生子女父母养老工程”，引导他们由“担忧年老后缺人照护的压力”变为“年轻时更重视自身保健的动力”，更加重视自身的终身保健，为 2030 年后上海市大批独生子女父母逐渐进入 80 岁时降低高龄期的患病率、失能率、失智率做好准备，体现党和国家对广大独生子女父母负责

到底的全程关爱。在20个世纪80年代，培养孩子的成本比现在低得多，老年保障制度的覆盖面比现在窄得多，养老保险的水平比现在低得多，老年人的照护基本上靠配偶和子女承担，大多数年轻夫妻的生育观念还处于最好生育两个孩子的情况下，广大育龄夫妇响应《中共中央关于控制我国人口增长问题致全体共产党员、共青团员的公开信》号召，为了控制我国人口过快增长做出了牺牲，只生育一个孩子。从家庭生命历程来看，当时独生子女父母最大的牺牲表现在进入老年特别是高龄阶段，身体逐渐衰老，自理能力下降，多种疾病缠身，配偶不幸去世，却得不到多子女多孙辈的经济赡养、生活照护和精神慰藉，有的子女甚至严重伤残或死亡，给独生子女父母带来了终身遗憾和心灵阴影。

从2011年我与上海市闸北区人口计生委合作进行的该区1000名50—64岁独生子女父母调查中发现，他们担心今后的主要养老问题如下：总体上最担心将来遇到的困难，按多项选择的比例由高到低的前三位问题为自己的健康状况（89.8%）、收入和财产状况（37.0%）、子女对自己的赡养和照料（18.3%）；在经济上最担心将来的困难，按多项选择的比例由高到低的前三位问题为支付患大病医疗费用（87.8%）、支付入住养老院费用（46.1%）、支付请保姆或居家养老服务费用（28.0%）；对未来独生子女承担养老责任最担心的问题，按多项选择的比例由高到低的前三位问题为患重病时子女抢救和陪夜有很大困难（66.0%）、经济困难时子女无能力帮助（42.6%）、日常生活严重不能自理时子女难以很好照料自己（38.0%）。

因此，建议上海市政府及有关部门在“十二五”时期独生子女父母开始大批进入老年时尽快实施“关爱独生子女父母养老工程”。除了把进一步提高独生子女赡养老年父母的光荣感和责任感，把大力弘扬中华民族的“孝”文化传统，每两年评选和表彰一次“独生子女孝亲敬老楷模”和开展对幼儿园、中小学独生子女“尊老、敬老、孝顺父母”的教育，组织他们参与高龄独居老人结对关爱实践活动作为实施“关爱独生子女父母养老工程”的重要内容外，应进一步教育和引导独生子女父母清醒认识到在自己今后由于只生一个孩子，亲属照护资源比现在80岁及以上高龄老年人的“多子多福”明显弱化，更应重视自身的终身保健，将“担忧年老后缺人照护的压力”变为“年轻时更重视自身保健的动力”。同时还要把这种被关爱对象的年龄“前移”，高度是重视和加强现在处于中青年期的独生子女父母疾病预防，让他们了解并采取有效措施减少未来老年常见病和多发病的发生，降低未来进入老年后分性别年龄组的患病率、失能率和失智率，取得既有利于提高自己老年期的生活质量和生命质量，又有利于相对甚至绝对减轻配偶、独生子女和社会照护压力的双重效应。

认识上述特点，也有利于上海市从人口长期均衡发展和增强未来家庭养老功能出发，积极引导符合法律法规可以生育两个孩子的已婚夫妻最好生育两个孩子，尽可能提高未来家庭代际结构中“四二二”的比例。在“十二五”时期上海市大批第一代独生子女父母将逐渐进入60岁，在2035年左右他们将逐渐进入80岁。如果从2011年起在现行生育政策许可的范围内，让较多已婚夫妻能生育两个孩子，那么当2035年后大批独生子女父母逐渐进入高龄、最需要长期照护时，他们中更多人会有两个20多岁的孙辈，可以协助父母亲照顾基本生活自理有困难的祖辈。当然，引导符合法律法规可以生育两个孩子的已婚夫妻最好生育两个孩子，还有利于他们子女的身心健康成长，减轻由于只生一个孩子万一严重伤残和死亡给家庭带来的巨大压力。我认为上海市有关部门在“十二五”时期不能满足于在办公室等候审批符合法律法规可生育两个孩子的夫妻递交再生育一个孩子的申请书，而应通过广泛深入宣传，积极引导符合法律法规可以生育两个孩子的育龄夫妻最好能生育两个孩子，进一步提高全市户籍人口中计划内的“四二二”家庭比例。

参考文献

[1] 上海市民政局，上海市老龄工作委员会办公室，上海市统计局．上海市老年人口和老龄事业数据手册[Z]．2011.3；2012.3.

[2] 上海市统计局．上海常住人口性别年龄结构变化特征分析［EB/OL］．［2011-12-14］．上海统计网站：http：//www.stata-sh.gov.cn/.

[3] 上海市民政局．上海市老龄工作委员会办公室．上海市统计局．上海市老年人口和老龄事业数据手册（2010）[Z]．2011.3.

[4] 胡焕庸．中国人口（上海分册）[M]．北京：中国财政经济出版社，1987.

[5] 联合国第二届世界老龄大会政治宣言．积极老龄化——政策框架．[M]//熊必俊．人口老龄化与可持续发展．北京：中国大百科全书出版社，2002.

人口老龄化过程中家庭变迁的挑战

原　新[①]

【摘要】人口是经济社会发展的基础性因素。在我国，人口老龄化是贯穿整个21世纪不可逆转的人口常态。家庭是社会的细胞，家庭发展是社会发展的基础。在人口老龄化过程中，家庭正在发生着巨变，突出表现为家庭简单化，问题复杂化。人口老龄化背景下家庭变迁的主要挑战：(1) 作为传统养老方式载体的家庭的发展基础正在削弱，家庭发展的支持能力、社会交往能力、应对风险能力和文化根基在家庭变迁中趋弱。(2) 家庭养老人力资源趋紧，庞大规模的老年人口完全依靠社会供养不现实，依靠家庭供养又缺少支撑力量，成为决策的两难选择。(3) 提升家庭发展能力的家庭政策亟待加强，包括政府以家庭为对象，旨在增强家庭发展能力、强化家庭功能和提升家庭福利的一系列制度安排，特别是应对人口老龄化的家庭政策。

【关键词】家庭养老　家庭支持政策

回顾自20世纪中叶以来的人口变化历程，并展望21世纪末以前中国人口大势，前后150年人口发展趋势，使我们看到我国人口发展正处在承上启下的关键时期。承上：历经人口快速膨胀到人口规模得到控制，用三四十年时间取得了有效落实计划生育基本国策、完成了人口增长的现代化转变、助推改革开放经济社会发展的伟大奇迹和生产和生活方式的根本性改变等方面的巨大成功。启下：是指按照人口自身发展的规律性，当人口的增长速度实现稳定下降，人口步入低生育率水平阶段后，必然引发人口结构、素质、分布与流动迁移等要素一系列的改变，由此开启人口现象纷繁呈现的按钮，我国将在人口规模依然庞大的基础上，迎来人口数量、素质、结构、分布和流动迁移等问题全面爆发的时期，人口发展呈现前所未有的复杂局面，其中，人口老龄化是最典型的人口结构性变化。

人口是影响经济社会发展的关键因素，势必影响到改革开放和社会主义现代化建设的成功，影响到每一个家庭和个人，关系到中华民族发展的未来。人口老龄化是贯

① 原新，南开大学老龄发展战略研究中心主任，南开大学人口与发展和研究所教授、博士生导师。

穿21世纪整个人类社会不可逆转的一个常态现象，是人口发展的大方向和基本趋势。发达国家和发展中国家存在的只是程度上的差异，没有性质的不同，对大多数国家都是一个重大的挑战。我国的特殊性在于人口老龄化来势更加凶猛。

一、承上：人口增量和增速得到有效控制

回顾半个多世纪我国人口发展的历史，历经人口增长爆发期和人口增长控制期两个阶段。是人口增长的快速爆发与膨胀的国情，引发了控制生育政策的出台。经过30多年实施以“控制人口数量，提高人口素质”为战略目标的计划生育基本国策，在改革开放的宏观背景下，人口数量控制获得巨大成功、生育水平降至更替水平以下且继续稳定降低、人口素质稳步提高、人口城镇化水平持续提高、城乡就业规模不断扩大、民生建设取得新进展。人口发展收获了三大标志性成果。

1. 完成了人口转变

人口转变理论是西方学者根据西方发达国家人口发展阶段的实证研究所总结出的关于人口发展阶段规律性的理论解释，揭示了人口再生产类型如何从高出生率、高死亡率和低自然增长率的原始高位均衡模型过渡到低出生率、低死亡率和低自然增长率的现代低位均衡模型的转变规律。

考察新中国成立60年多来的人口发展历程，我国经历了1971年以前人口自发增长和1971年以后严格控制人口增长的计划生育两大阶段。出生率和死亡率虽然具有波动性，比如“三年困难”时期的异常变化，但是，人口变动的基本特征与人口转变理论很是契合。首先，死亡率超前于出生率率先下降并持续稳定在低水平。1949年我国人口死亡率高达20‰，到20世纪50年代末就降至10‰，在经历了“三年困难”时期的反复以后，又继续下降，20世纪70年代中期降至6‰～7‰的低水平并且一直持续至今。人口出生率在20世纪70年代中期以前一直维持30‰以上的高水平（“三年困难”时期除外），由于死亡率超前于出生率快速下降，人口自然增长率高达20‰以上，引爆了“婴儿潮”，20世纪60年代到70年代总人口出现了每5年净增加1亿人的情形。其次，由于计划生育政策迅速奏效，20世纪70年代中期之后出生率开始迅速下降，特别是经历了20世纪80年代到90年代中期的惯性反弹以来，出生率进入了稳定持续的下降通道，1990年跌破20‰，1999年跌至15‰以下，2002年以来一直小幅徘徊在12‰上下。与死亡率抵消，人口自然增长率1990年降至15‰以下，1998年落到10‰以下，近年来一直稳定在4‰～5‰。最终，实现了人口再生产类型从“高出生、低死亡、高增长”向“低出生、低死亡、低增长”的历史性转变，跨入了现代人口再生产阶段，完成了人口转变（图1）。

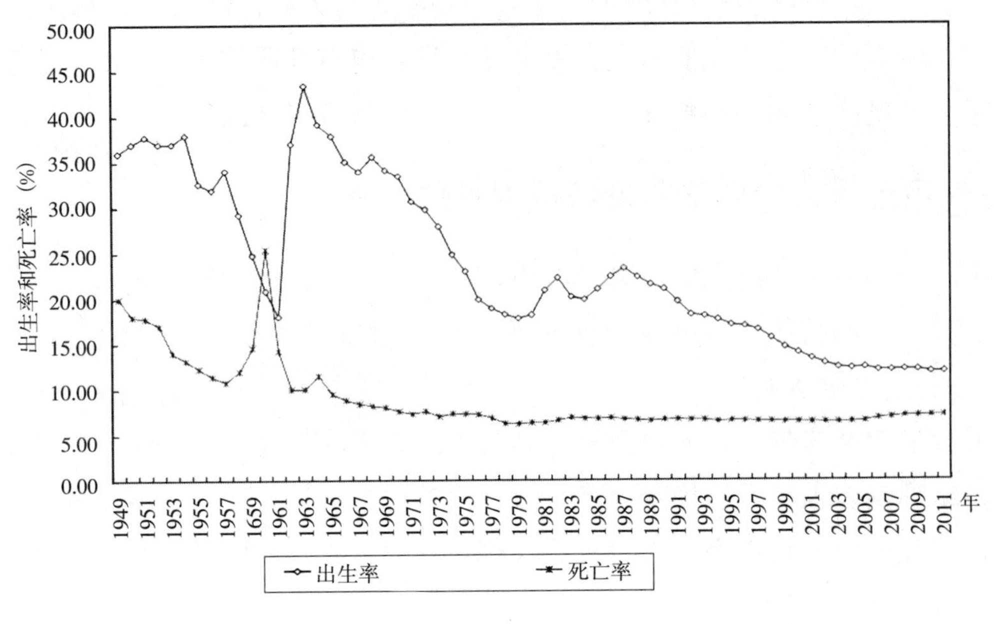

图1　中国人口转变（1949—2001年）

2. 实现了稳定的低生育率水平

20世纪50年代和60年代，我国的总和生育率水平一直高居6以上（“三年困难”时期除外）。1971年在全国开始全面推行计划生育时，总和生育率为5.8。以总和生育率达到并低于更替水平2.1为低生育率水平标准，我国人口在1990年代初期就已经步入了低生育水平时代，从那时起，生育率水平一直在更替水平之下缓慢下滑，至今已经持续保持了约20年（图2）。虽然同一时点不同数据来源（如人口普查、1%人口抽样调查、年度人口变动抽样调查、人口计生统计、大型研究调查等）的总和生育率不尽相同，学术界也对我国生育率水平争论不休，但是，争执的焦点是我国生育率水平到底有多低，而对于生育率水平低于更替水平的判断确是完全一致的。根据2010年“六普”公布的0—14岁少年儿童人口规模数据，采用模型生命表推算，2000年以来我国的总和生育率波动在1.4～1.5之间。我国已经持续了近20年的低生育率水平是一个不争的事实。

3. 计划生育基本国策“控制人口数量”的目标基本达到

计划生育基本国策在1982年被写入中共“十二大”报告，“控制人口数量，提高人口素质”是计划生育基本国策的核心思想。提高人口素质是人类永恒的命题，永无止境，但是控制人口数量是有终点的。根据我国人口发展的实际轨迹分析，人口快速增长势头已经得到有效控制，控制人口数量的战略目标基本实现。第一，从增量和增速分析，年出生人口数量和年净增人口规模正在减少，已经降到较低水平。“十一五”期间，年均出生人口规模约为1 604万人，扣除死亡人口，年均净增人口为669万人，

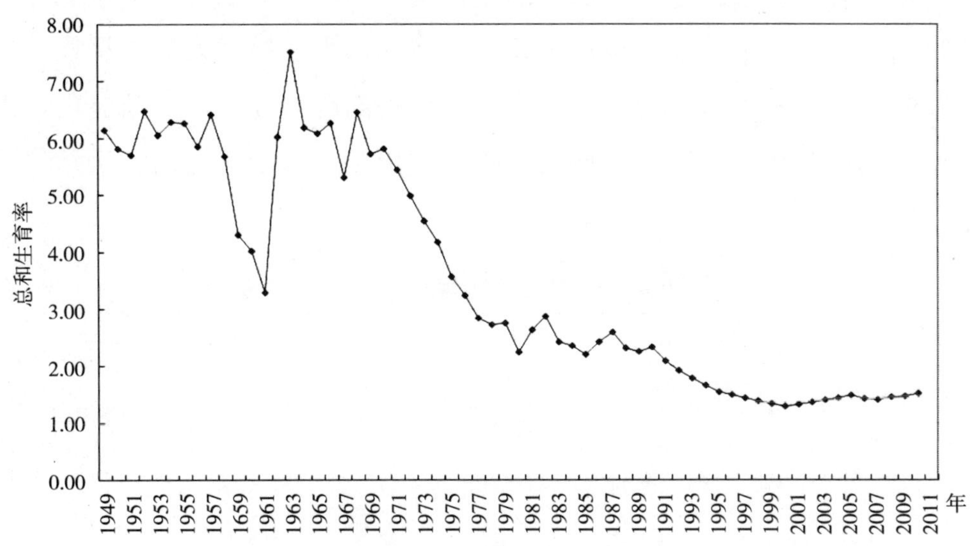

图 2 中国人口总和生育率的变化（1949—2010 年）

与 1990 年代年均出生和净增加人口规模比较，年出生人口数量减少 1/3，年净增人口规模缩减 1/2，人口的增量和增速得到有效控制。第二，从人口总量增长看，1949 年我国总人口为 5.42 亿人，2010 年增至 13.40 亿人，人口规模扩大了 1.5 倍，但是每增加 1 亿人口的时间正在延长，2004 年中国人口达到 13 亿人，预计 2017 年突破 14 亿人，净增加 1 亿人口需要 13 年时间。与 1964—1974 年平均每 5 年增加 1 亿人口和 1974—1995 年平均每 7 年增加 1 亿人口相比，显然，在人口基数不断扩大的基础之上，每增加 1 亿人口花费的时间在不断延长，人口快速增长势头被有效遏制。目前，我国人口正在以年增量递减的方式继续增加，预计 2030 年前达到峰值，之后，总人口规模开始缩减。

上述人口增长速度和人口数量的变化同样也带来了人口结构性变化（表 1）。一是少年儿童人口数量和比重的双降，0—14 岁少年儿童人口规模最大时出现在 1980 年代早期，达到 3.39 亿人，现在减少到 2.22 亿人；与半个世纪以前比较，我国总人口规模扩大了 1 倍，少年儿童人口数量一增一减，从年均增长 2.46％到年均减少 2.64％，人口数量又回到初始规模，但是占总人口的比重却从 40％降至 16.6％，说明我国的确有效控制了人口快速增长势头。二是劳动年龄人口持续扩大，从 3.34 亿增加到 9.40 亿人，扩大了 1.8 倍，劳动力资源供给达到峰值，劳动年龄人口占总人口比重达到 70％以上。三是老年人口数量从 0.45 亿人增加到 1.78 亿人，扩大 3 倍，而且年均增长速度越来越快，是总人口中增长最快的部分。尽管如此，目前的人口老龄化水平还不算太高。

综上判断，我国目前仍处在人口年龄结构负担最小、劳动力供给最充分的人口结构的最佳时期。居安思危，如果说过去几十年我国致力于控制人口数量取得了巨大成功，那么按照人口自身发展的规律，人口年龄结构问题已经开始日渐显现，人口数量变化与人口结构演变相互交织，展现出一幅人类历史上从未有过的人口景象，为中国经济社会发展带来广泛而深刻的影响。

表1　历次人口普查各年龄组人口及其年均增长率

年份	人口数（万人）				年均增长率（%）			
	总人口	0—14 岁	15—59 岁	60 岁＋	总人口	0—14 岁	15—59 岁	60 岁＋
1953	59 435	21 563	33 379	4 493				
1964	69 458	28 262	36 347	4 848	1.42	2.46	0.77	0.69
1982	100 818	33 865	59 261	7 692	2.07	1.00	2.72	2.56
1990	113 368	31 392	72 238	9 738	1.47	−0.95	2.48	2.95
2000	126 583	28 975	84 557	13 051	1.10	−0.80	1.57	2.93
2010	133 972	22 246	93 962	17764	0.57	−2.64	1.05	3.08

资料来源：历次全国人口普查资料

二、启下：快速人口老龄化被启动

人口老龄化是人口年龄结构变化的结果之一，是人口转变过程中必然的人口后果。我国的特殊性在于老年人口规模空前，进展速度奇快。

1. 人口老龄化的趋势不可逆转

过去半个世纪，老年人口数量不断增加，但是，老龄化程度进展缓慢。2010 年“六普”资料显示，我国的老年人口（60 岁及以上）总量增至 1.78 亿人，是半个世纪以前老年人口数量的 3 倍，但是，人口老龄化水平仅从 7.6%升至 13.3%；未来半个世纪，老年人口数量和人口老龄化水平同步快速推进，预计到 2050 年，老年人口总量将达到 4.4 亿，比现在再增加 1.5 倍，而人口老龄化快速进展，达到 33.9%。[①]

在老年人口规模上，我国是目前唯一老年人口过亿的国家。我国老年人口将在目前 1.78 亿的基础上持续快速扩大，2014 年超过 2 亿人，2025 年达到 3 亿人，2034 年超越 4 亿人，约 10 年增加 1 亿人老年人口，2050 年达到 4.4 亿人，比届时发达国家老年人口总和多约5 000万人，比印度老年人口多 1 亿左右，比美国总人口多约

① Population Division of the Department of Economic and Social Affairs of the United Nations Secretariat, World Population Prospects: The 2010 Revision。除特殊注明外，本文的人口预测数据均来源于这个资料的中方案人口预测结果。

5000万人。老年人口数量的增长速度在各年龄段人口增长速度中是最快的，因为我们必须承受20世纪50年代、1962—1974年和1980—1994三次生育高峰出生队列步入老龄的惯性冲击，这是无法改变的现实。我国世界第一老年人口大国的位置将一直保持到21世纪80年代。

在人口老龄化进程上，我国在1999年进入老龄社会的同时，也启动了人口老龄化加速发展的步伐，人口老龄化水平从1999年10%将增长到2020年16.7%，之后，进入人口老龄化的高速发展阶段；人口老龄化水平将在2030年增至23.4%，2045—2050年间达到30%以上，进入重度老龄化的平台期。换言之，1999年老年人口占总人口1/10，目前约1/8，2020年为1/6，2025年为1/5，2030年为1/4，2050年达到1/3。人口老龄化水平从10%提高到30%，我国仅用47年时间，而英国、法国和美国等西方工业化国家要用100年左右，甚至更长的时间，这个速度是除日本外人口大国发展史上前所未有的。人口结构的这种变化要求我们必须在经济和社会发展方面进行广泛深入的调整。

2. 人口老龄化现象前所未有

人口老龄化进程不是孤立的老年人口增加的过程，而是伴随着少年儿童人口占总人口比例的减少而实现的。1953年，我国老年人口为0.45亿人，只是0—14岁少年儿童人口的1/5；目前，老年人口数量增加到为1.78亿人，相当于少年儿童人口的4/5；2023年，老年人口数量和少年儿童人口数量基本相等，均为2.6亿人左右；21世纪中叶，老年人口规模达到4.4亿人，将超过少年儿童人口数量1倍以上。

在一个世纪的时间里，总人口中的老少人口关系发生了彻底的逆转，传统上拥有大家庭和大量剩余劳动力的年轻型人口类型将彻底消失。而这种巨大变动恰恰发生在我国社会由传统模式向现代模式的重大转型过程中，发生在我国经济社会融入全球市场和全球文化的过程中，传统经济、社会结构、价值观念、文化习俗都将伴随人口结构转变遭受剧烈冲击。

3. 人口老龄化影响着每一个人生活

我国人口老龄化激增和老年人口规模的迅速扩大是在少年儿童人口数量和劳动年龄人口数量不断减少的背景下实现的，人口老龄化不是单纯影响老年人，而是影响全体公民，包括每一个男人、妇女、儿童、青年和老人的普遍现象。总人口中老年人口数量相对于劳动年龄人口数量的减少而稳步增多，直接影响世代间和世代内的代际关系和代际稳定。第一，人口总体上变得越来越老，人口年龄中位数从半个世纪以前的20岁上下增加到现在约36岁，21世纪中叶将达到45岁以上，即总人口从半数以上不足20岁增加到半数以上超过45岁，直接影响人口的活力。第二，劳动力资源规模出现拐点，现在是劳动年龄人口规模最大的时期，为 9.4 亿人，之后，将由快速增加转变为缓慢减少，但是，2025 年以前依然在 9 亿人以上，直到 2045 年还有 8 亿人以上，世纪中期减至 7.6 亿人，比现在缩减 1/5。劳动年龄人口数量减少和老年人口数量激增的强烈反差，导致潜在扶助比（potential support ratio，即每个 60 岁及以上老人平均有多少个 15—59 岁劳动年龄人口扶助）正在并且持续下跌。在 1950—2010 年间，潜在扶助比由 7.4 减少到 5.6，预计 2050 年进一步降至 1.7。第三，伴随劳动力数量减少，劳动力资源在不断老化。劳动年龄人口中的 15—39 岁年轻劳动年龄人口比重日益减少，40—59 岁年大龄劳动年龄人口比重不断增加，二者的比例关系目前为 59∶41，2025 年变为 54∶46，2050 年进一步转变 53∶47。

4. 人口老龄化改变了经济社会发展基础

人口快速老龄化，劳动力资源规模、劳动力资源结构和人口潜在扶助比的变化，直接决定了在我国将长期面临劳动就业压力的同时，社会养老福利体系，特别是社会保障体制、养老保险计划等改革与完善任重道远。更深层次的问题是，人口年龄结构如此巨变将直接改变经济社会发展的人口基础，事关经济社会健康稳定可持续发展。

我国改革开放至今的人口基础是“人口红利”期，改革开放的经济社会发展奇迹充分利用了人口年龄结构变化提供的有利时期（图 3）。改革开放初期的总人口 9.6 亿，0—14 岁人口、15—59 岁人口和 60 岁及以上老年人口的比例关系大致为 38∶55∶7；2010 年总人口增至 13.4 亿人，三者的比例关系变为 16.6∶70.1∶13.3，在这个过程中，少年儿童人口数量减少四成，比重下降一半以上，劳动年龄人口规模扩大九成，比重增加 15 个百分点，老年人口数量增加 1.6 倍，人口老龄化程度增加了约 1 倍，但依然处在起步阶段。未来 40 年是继续坚持改革开放和社会主义现代化建

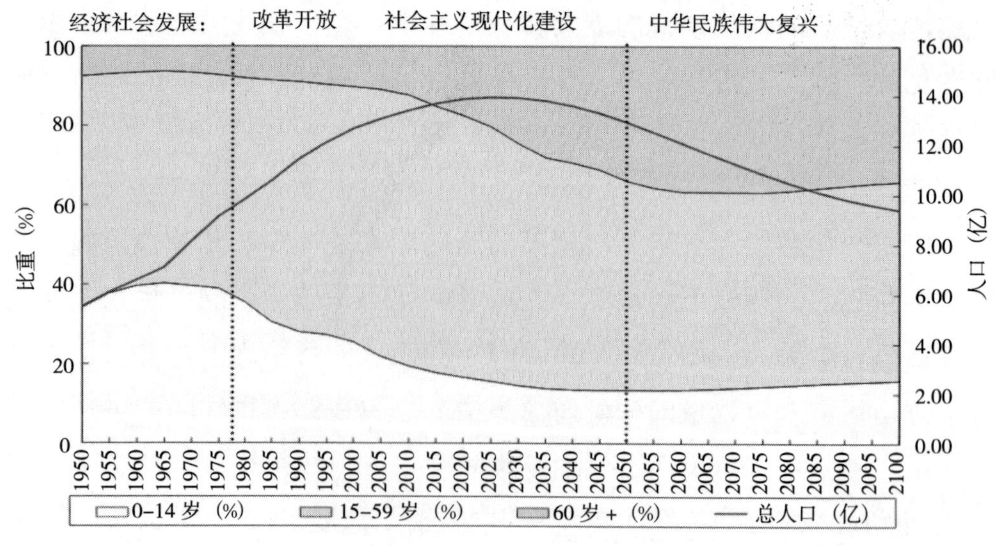

图 3 中国人口年龄结构变化与经济社会发展阶段

设的关键时期，人口年龄结构中的少年儿童人口比重继续缓慢下降到14%，人口老龄化水平将增长到34%，劳动年龄人口比例从70%以上降到52%，在本世纪中叶三个年龄段人口比例关系为14∶52∶34，这样一个比例关系在当今世界老龄化程度最高的发达国家也未曾出现过，而这些国家的经济已经长时期陷入缓慢增长或停滞增长的泥潭。本世纪下半叶将在实现社会主义现代化基础上进而实现中华民族的伟大复兴，届时我们面临的人口背景基本保持在：1/6是少年儿童人口，3/6是劳动年龄人口，2/6是老龄人口。面对这样一个人口结构情势，要想继续保持经济社会持续健康稳定的发展，严峻考验着我们政府的治理智慧，也考验着我们全体国民的奋斗精神，对中华民族的每一个家庭和每一个人都是严峻的挑战这关乎中华民族长远发展的未来。

三、人口老龄化背景下的家庭变迁

在人口老龄化的宏观背景之下，微观层面的家庭具有典型的少子化特征，这是因为生育率快速下降主导了我国的人口老龄化进程。第一，从20世纪70年代初期开始在全国推行计划生育政策，从平均每个妇女生育约6个孩子，到90年代初期降到只生2个孩子，然后一直保持在2个孩子以下，我国只用了短短20年时间跨入了低生育水平行列，只是发达国家完成相同过程花费时间的1/3左右。目前的总和生育率水平众说纷纭，“六普”资料为1.18，明显偏低，学者普遍认为在1.5左右，官方推测在1.65上下。但不管如何，这都是一个非常低的生育率水平，家庭平均生育孩子的数量越来越少是不争的事实。第二，在快速老龄化过程中，我国的平均预期寿命虽然增至73.5岁，但是普遍低于发达国家4～8岁，因此寿命延长推进人口老龄化的力度显然不如发达国家显著。以少子化为主因的人口老龄化所带来的家庭巨变可以概括为“家庭简单化，问题复杂化”。

1. 家庭规模小型化

1982年第三次人口普查，我国家庭户平均人口规模为4.41人；2010年第六次人口普查，家庭户平均人口规模仅为3.10个人。按照未来人口变动趋势，21世纪中叶的家庭户平均人口规模将只有2.5人左右，平均每个家庭的人口数越来越少。

2. 家庭结构简约化

根据“六普”资料分析，首先，从家庭人口人口老龄化分布看（表2），两人户和三人户合计占家庭总数一半以上，为51.23%；若把一人户再加进去，一到三人户占家庭总数65.76%；若再包含四人户，一到四人户占家庭总数83.32%，成为我国家庭人口规模的主流。其次，从家庭代际关系看，一代户占家庭总数占34.18%，二代户占47.83%，两者合计占82.01%，核心家庭是主体。三代户只占了17.30%，四代及以上户仅为0.68%，三世同堂、四世同堂越来越成为人们的奢望。

表2　2010年中国家庭户人口数分布构成

家庭户规模	比重（%）	累计（%）
一人户	14.53	14.53
二人户	24.37	38.90
三人户	26.86	65.76
四人户	17.56	83.32
五人户	10.03	93.35
六人户	4.20	97.55
七人户	1.43	98.98
八人户	0.56	99.54
九人户	0.23	99.77
十人户＋	0.23	100.00

资料来源：2010年全国第六次人口普查资料

3. 家庭成员流动化

世界经济全球化，我国流动人口全国化。1982年全国约有1 100万人流动人口，2011年达到2.30亿人。1/6的中国人口在流动，必然产生留守家庭、流动家庭和异地家庭，相应的，留守老人、流动老人和异地老人，留守儿童、流动儿童和异地儿童也就应运而生。所以，家庭成员关系疏远化成为必然结果，家庭成员之间的交往交流越来越简单、越来越少量、越来越间接，传统的家庭模式、家庭关系、家庭文化、家庭生活方式都在发生重大变化。

4. 家庭类型多样化

随着社会变迁，孤儿监护人家庭、老年人家庭、残疾人家庭、留守人口家庭、流动人口家庭、受灾家庭、特困家庭、独生子女伤残家庭等特殊家庭类型不断涌现；同时，独身家庭、丁克家庭、同性家庭、再婚家庭、实体家庭等新型家庭也逐渐常态化，将带来一系列的新问题和新挑战。例如，空巢老人家庭、独居老人家庭大幅度增加，城市空巢老人家庭已超过50%，农村也达到40%，直接挑战老有所养。

综上，多元化的家庭模式正在替代以大家庭、核心家庭为基本主导的标准化的家庭模式，促使家庭问题复杂化，与家庭相关的社会问题显著增多，诸如，赡养压力不堪重负，赡养老人的传统伦理面临挑战；农村老人贫困问题、空巢老人情感问题、失能老人照料问题加重；年轻一代追求个人价值和个人享受的价值观念，孩子越来越多地被看作是负担，不愿生育或晚生；离婚和同居增多导致家庭稳定性下降；留守儿童和独生子女教育问题凸显；传统大家庭中亲戚间的密切交往和相互帮助传统日渐衰退，等等。传统的家庭结构和家庭稳定性正在发生深刻的改变，这使得家庭承担传统责任的能力受到不同程度的挑战。

四、人口老龄化背景下家庭变迁的挑战

事实上，无论在宏观层面，还是家庭层面，当今的人口老龄化虽然给社会经济带来一定的压力，客观上，这个压力到目前还不是那么显著。伴随人口的代际转换，当计划生育少生一代（即今天的中青年）步入老龄阶段，我国人口老龄化才会引来真正的严峻挑战，即在人口严重老龄化背景下如何保持经济社会发展的活力和继续增加国力，解决和缓解家庭层面养老人力资源匮乏以及巨大老年人口规模的持续压力，挑战极为严峻。

1. 作为传统养老方式载体的家庭，其发展基础正在削弱，家庭发展的支持能力、社会交往能力、应对风险能力和传统文化根基在家庭变迁中趋弱

在各类社会组织中，家庭对社会生活变化的反映是最直接、最敏感、最迅速的。改革开放以来，中国社会从计划经济到市场经济的巨大转型中，市场经济快速发展推动前述家庭规模、家庭结构、家庭功能、家庭关系，甚至家庭的价值观随之发生巨变，直接影响到家庭的发展和家庭抵御风险的能力。在一定程度上，改革开放以来城乡经济体制改革以及政府职能的转变，是一个国家责任逐步退出的过程，也是一个家庭责任替代国家责任来担负社会保障和社会福利责任的过程。农村的家庭联产承包责任制的实行和城市国企改制，使得集体化和单位制先后解体，家庭成为独自面对各种社会风险的基本单位。与之不相适应的恰恰是家庭的脆弱性在不断强化。社会服务在今天日益商品化和市场化，一个家庭，如果遇到失业、下岗、年老、疾病、上学，还有其他天灾人祸等风险，就可能陷入极端困境。社会变迁和家庭变迁中，由于社会公共政策和制度安排方面存在的迟到或者缺位，使得家庭结构变化所导致的社会问题变得更为复杂。

2. 家庭养老人力资源趋紧，庞大规模的老年人口完全依靠社会供养不现实，依靠家庭供养又缺少支撑力量，造成决策的两难境地，也是家庭的两难境地

在应对人口老龄化的社会公共政策体系方面，发达国家有很好的经验和教训可供我们借鉴。但是，我国人口老龄化的问题又极具特殊性。一是庞大规模的老年人口前所未有。本世纪中叶，我国人口老龄化最终4.4亿的老年人口规模和33.9%的人口老龄化水平前所未有。世界上所有的国家，无论发达国家亦或发展中国家，没有一个经历过如此庞大的老年人口规模和如此高度的老龄化水平，国际实践经验对我国而言是空白，一切都是新问题，我们只有走自己的路。但是，可以肯定的是，完全依靠政府或完全依靠家庭都是不可能的。二是从经济角度来看的“未富先老”，我国的经济

实力尚未积累深厚而“老”已至。2011年，我国已经是世界第二大经济体，但是GDP总量只相当于全球的1/10，而人口总量却相当于全球的1/5，人均GDP排名世界第89位，仍属于中等收入水平国家的行列，我国应对老龄社会的经济能力还比较低。三是社会领域的“未备先老”，一方面，我国人口老龄化是超前于经济社会发展出现的，养老、医疗、长期照料等一系列问题是在城乡社会经济二元结构的背景下同步爆发的，解决起来不仅没有足够的时间，而且这些问题相互交错、相互影响，在整体上对经济社会发展造成的压力有一个放大效应。另一方面，改革开放以来，我国在经济、政治、社会等各个领域都发生了巨大而深刻的变化。以市场经济为目标模式的经济体制改革促进了经济的迅速增长，但是，社会发展制度建设的滞后和社会公共政策的不足，与经济改革的成功和经济高速增长形成鲜明的对照，在社会发展方面，特别是事关民生的收入分配、教育、医疗、住房、社会保障等方面的制度改革步履蹒跚，养老、医疗等社会保障制度尚不健全，农村的老年社会保障制度发展更是严重滞后，特别是为老社会服务制度尚在起步阶段。面对急速的人口老龄化，无论是养老、医疗，还是长期照料服务和公共资源分配等社会管理和社会政策体系，还处在“未备先老”状态，如果解决不好，将会危及经济发展、社会进步和政治稳定。

3. 提升家庭发展能力的家庭政策亟待加强，包括政府以家庭为对象，旨在增强家庭发展能力、强化家庭功能和提升家庭福利的一系列制度安排，特别是应对人口老龄化的家庭政策

我国目前的家庭政策，缺乏普遍的专门以家庭为基本单位政策体系，政策制定和政策内容碎片化明显，可行性和操作性强的政策匮乏，与家庭福利相关的政策基本以补充型和救助式居多，总体上缺少对社会利益再分配的家庭政策，特别是应对人口老龄化的家庭政策基本缺位。

总而言之，人口老龄化是相对生育减少而形成的人口结构性特征，而老年人口规模庞大且迅速增长则是人口快速增长的直接结果。快速人口老龄化并且堆积数量庞大的老年人口规模，形成为复杂的人口现象，使国家的社会构成以及社会经济发展要素发生深远改变。以少子化、人口老龄化为基本形态特征的社会发展，使得家庭越来越难以独自承担社会转型带来的沉重压力和负担，使每一位社会成员、每一个家庭都将承受前所未有的压力。家庭小型化使得家庭承受能力变得脆弱，以家庭为基本养老单位变得更缺少人力资源与经济资源的支撑。人口老龄化社会的养老问题较以往任何时候都更为严峻，在社会和家庭变迁中，定位家庭政策正在变得越来越具有战略性意义。因此，在“十二五”加强社会建设和完善社会公共政策体系的指导下，秉承“以人为本”的基本理念，在改善民生的宗旨下以家庭发展能力提升为导向构建家庭政

策，在社会公共政策体系构建中，充分考虑家庭的整体利益以及家庭成员之间的利益关联，兼顾公平与效率，彰显政府是促进家庭发展能力建设和家庭福利水平提高的主导力量，并努力扩大公共资源养老作为辅助渠道，支持和鼓励社会、市场、家庭和个人积极供给家庭服务和产品。社会公共政策体系是依据公共资源的积累厚度与社会需求而构建的，快速人口老龄化急剧加大养老对公共资源的需求，令公共资源的分配趋紧，压力趋向家庭。而构建家庭政策，提升家庭发展能力的实质，则是社会收入分配与再分配的合理化。

中国老龄社会发展战略研究

杨燕绥[①] 胡乃军[②]

【摘要】统计学根据劳动年龄人口对老龄人口的比例反映老龄人口的赡养负担，这里可能掩盖一些社会问题，如忽略在校生、低收入、失业和提前退休等人群，甚至误以为供养人很充足，滥用劳动人口红利优势，贻误制定应对人口老龄化战略的时机。本文对劳动力群体进行扣除，进而计算老龄人口的“有效赡养比”。只有使用有效赡养比的理念才能真正把老龄化的进程与国家经济社会发展有效构建在一起，进一步认识到老龄化社会对国家的影响，进而可以综合、全面地制定应对老龄化的就业、社会保障、税收、退休等相关政策，形成应对老龄化社会的综合治理方案。

【关键词】人口老龄化　有效赡养比　边界老年赡养比　老龄人口红利

一、中国社会老龄化时间表及其国际比较

国际社会以老年赡养比界定社会老龄化的进程。（1）进入老龄化阶段：65 岁以上人口占总人口比例达到 7%时社会进入了老龄化阶段。（2）深度老龄化阶段：占 14%时社会进入深度老龄化阶段，此时简单老龄人口赡养比约为 1∶5。（3）超级老龄化阶段：一旦 65 岁以上老龄人口占总人口比例为 20%以后，社会即进入超老龄化阶段，人口老龄化的社会经济问题日益突出。

世界主要国家人口老龄化的进程如下（见表 1）。英、法、德几乎同时进入深度老龄化阶段（1970 年前后），此期间在欧洲各国均暴露出社会福利负担问题，引起福利制度改革的一次浪潮。加、美、澳、日几乎同时进入深度老龄化社会（1990 年前后）。1991 年澳大利亚推出超级年金计划，力争在 2020 年之前让 70%退休老人储蓄足够的养老金。2000 年日本推出了个人养老储蓄计划。西方国家先后调整了养老金制度结构，强化了国民养老金和个人账户养老金的结构功能。

① 杨燕绥，清华大学公共管理学院教授，博士生导师，比利时根特大学法学院获得博士学位。就业与社会保障研究中心主任、清华—布鲁金斯公共政策研究中心非常驻研究员、中国社会保险标准委员会委员。

② 胡乃军，清华大学公共管理学院博士后。

表 1　世界主要国家人口老龄化的进度表①

	美国	英国	德国	法国	澳大利亚	加拿大	日本	瑞典	新西兰
进入老龄化（7%）	1950	1950	1950	1950	1950	1950	1970	1950	1950
发展所需时间	65	25	25	40	65	60	25	25	65
深度老龄化（14%）	2015	1975	1975	1990	2015	2010	1995	1975	2015
老龄人口赡养比 1∶5＊	2015	1970	1970	1975	2015	2010	1995	1970	2015
发展所需时间	20	55	35	30	20	15	15	40	20
超级老龄化（20%）	2035	2030	2010	2020	2035	2025	2010	2015	2035

	智利	香港	俄罗斯	印度	巴西	新加坡	中国	世界	发达国家	最不发达国家
进入老龄化（7%）	2000	1985	1970	2025	2010	2000	2000	2005	1950	2050
发展所需时间	25	30	45	30	25	20	25	35	50	40
老龄人口赡养比 1∶5＊	2025	2015	2015	2055	2035	2020	2025	2040	2000	2090
深度老龄化（14%）	2025	2020	2020	2055	2030	2020	2030	2035	1995	2085
发展所需时间	15	10	5	20	15	10	10	35	25	10
超级老龄化（20%）	2040	2025	2020	2075	2050	2030	2035	2075	2025	2100

根据联合国人口数据，比较中国和世界主要国家的老龄人口比例和老龄人口赡养比的进程的具体结果如下：（1）中国在 2000 年前后进入老龄化社会（7%），比西方发达国家晚 30 多年；（2）中国在 2025 年进入深度老龄化（14%）阶段，且出现老龄人口边界赡养比 5∶1，比西方国家的速度快，仅用 25 年；（3）中国进入超度老龄化阶段仅用 10 年，大大快于西方国家。总之，在未来十年里将面临严峻的人口结构和老年人口赡养负担问题（见图 1）。

二、人口老龄化挑战公共政策

人口老龄化是不可逆转的社会现象，尽早地、积极地制定应对老龄化的公共政策和社会发展规划十分重要。

（一）有效赡养比揭示公共政策效应

如果深入研究劳动力人口（15—64 岁）的实际赡养能力，即有效赡养比，② 在扣减在校生、失业人群、低收入人群和提前退休的人群以后发现，中国在 2010 年已经进入深度老龄化，劳动人口和老年人口的实际赡养比不足 5∶1。中国保持社会稳定的主要原因如下：一是中央政府连续 10 年提高退休职工养老金待遇，没有增加养老保险费率；二是老龄人口低消费，在一定程度上掩盖了问题，但伴随老龄人口占比的

① 数据来源：联合国经济和社会发展部．世界人口展望（2010）［Z］，2011.

② Hu Naijun，Yang Yansui. The Real Old-age Dependency Ratio and The Inadequacy of Public Pension Finance in China［J］. Journal of Population Ageing，2012，DOI 10.1007/s12062-012-9066-8（7）.（Oxford University）.

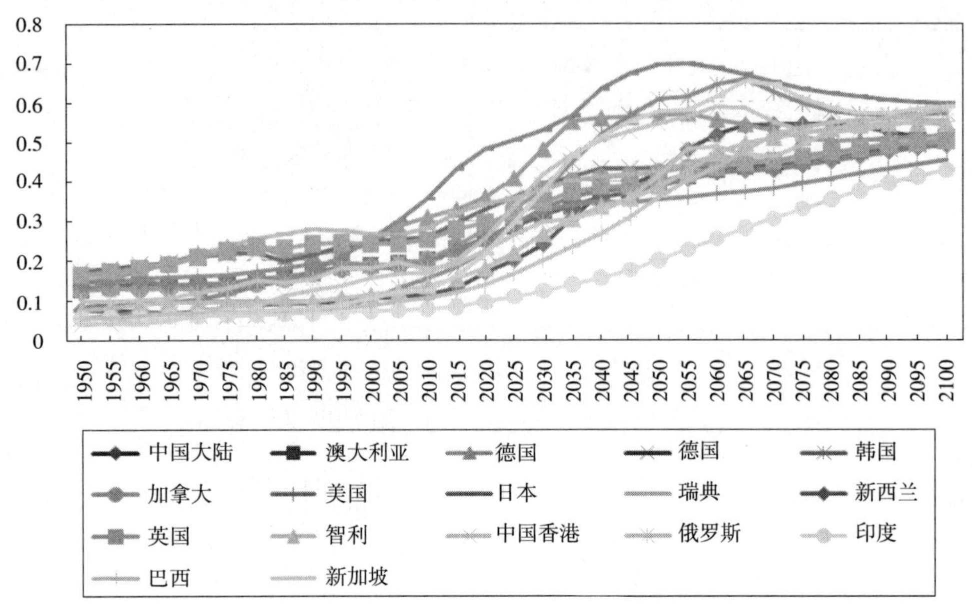

图 1 中国和世界主要国家老龄化速度以及简单老龄人口赡养比

增加，老龄人口负消费对拉动内需形成的负效应将越来越明显。可见，中国需要按照社会老龄化的时间表，倒计时地解决如下问题：(1) 改善人口结构，更新计划生育政策的内涵，从一孩家庭到有计划的合理生育，利用生育保险保障政策鼓励间隔性两孩家庭（间隔 3 年生育 2 个孩子），平滑第一人口红利，改善人口结构性问题和抑制老年赡养负担；(2) 促进就业和提高劳动者收入水平，积极调整产业结构，大力发展服务业，以及 IT、金融、统计等专业，增加就业岗位和提升就业岗位的知识匹配度，结束单纯的劳动力简单再生产，从而提高劳动人口的人力资本和赡养能力；(3) 为 55—64 岁的人群就业创造条件，逐渐提高退休年龄，在 2013 年中国劳动人口开始下降之际，先从有条件的人群做起，到 2030 年中国进入超度老龄化之前，将普通工作岗位的退休年龄提到 65 岁。可见，公共政策与人口老龄化具有正或者负的关系，积极的公共政策具有推迟老龄化时间表和淡化老龄化社会影响的积极作用。反之，可能陷入多面楚歌的境地，每个劳动力要同时负担 2 个孩子、1 个老人、1 个残疾人的供养，由此增加了老龄化的社会成本，甚至酿成社会危机。

（二）边界老年赡养比证明劳动人口红利消失

在深度老龄社会阶段可能出现 5：1 的边界老年赡养比，即指 5 个劳动人口在充分就业的情况下缴纳养老金税费，供养 1 个养老金领取者。如果用有效赡养比的方法进行测算，边界老年赡养比则来的更早。

边界老年赡养比具有如下特征。(1) 最低养老金替代率。根据国际劳工组织 1952 年通过的 102 号《社会保障（最低标准）公约》的规定，职工养老金对退休前工资的替代率应当等于或者高于50%，以保障老年人的日常生活需要，养老保障还需要分担老年人的医疗费用、保障居住和提供护理服务等。(2)最低养老金税费率。在现收现付养老金制度下，暂不考虑通货膨胀因素，最低养老金替代率决定了劳动人口的养老金税费率，必须达到工资总额的10%。此外，劳动人口还要为自己缴纳医疗保险税费、储蓄住房公积金等，约占工资的10%；劳动人口的可支配收入将等于和低于工资的80%。基于家庭日常开支、养育子女、购置首住房和继续教育的需求，劳动人口会拒绝提高养老金税费率。总之，在出现5∶1边界老年赡养比时，10%养老金税费率和50%养老金替代率是两代人均可以接受的公共政策。(3)劳动力市场刘易斯拐点。边界老年赡养比从人口结构角度证明了劳动力市场刘易斯拐点的到来，即劳动人口供给减少、劳动成本迅速提高。为提高劳动人口的赡养能力，政府可能提高税费率和提高人力资本，从而增加劳动成本。以上三点均对公共政策提出挑战。

目前中国企业职工的社会保险费率为个人工资总额的11%，加上个人所得税后的总额可能超过个人工资总额的20%，如果再提高劳动人口的税费率，必然扭曲劳动力市场。第一，迫使劳动人口放弃学习和提高人力资本，以避免个人破产；第二，将主要能力转向非正规就业，以解决个人收入和基本生活的安全性问题；这些均很不利于国民经济的持续发展。此外，未来老年护理的人工供给下降，与日益增加的老年服务需求形成反差，供求的反作用决定老年护理的人工成本将不断地持续上升。最终，提高老年人的生活水平和购买力必须另辟途径。

三、老龄人口红利理论框架和战略意义

应对人口老龄化，坚持中国经济长期平稳较快发展的战略即“增加老年人财富，提高年轻人的人力资本”，改变“未富先老”进入“即老即富”。

(一)培育养老资产

养老资产即指长期积累的、个人拥有的、用于养老且预期会给老年人和社会带来经济效益的资源，包括流动资产、固定资产和权益资产。养老资产是老有所养的物质条件，包括养老金、医疗保健、老年居住和照顾。

养老金是老年日常开支的现金流，具有安全性、保值性和生存性，属于权益资产和流动资产，应当是退休前收入的一定比例(替代率)。养老金来自四个方面，包括政府支付的基础养老金，雇主支付的职业养老金，个人储蓄养老金(包括商业保险年金)，商家让利积分转换的养老金，其管理模式可计入两个账户。通过税费征收的养老储蓄计入公共账户，由政府担保按照“全覆盖、低水平”的原则支付国民基础养老金，相当于退休前收入的20%～40%，用于克服老年贫困，属于公共品。后三类养

老金均可以计入个人账户，实行市场化和社会化管理，锁定账户、终生记录与携带，替代率达到退休前收入的40%，用于改善老年生活，属于准公共品。准公共品是自储公助的养老金计划，在个人储蓄的基础上，政府提供税收、服务和保值方面的帮助。最终，四个来源和两个账户的养老金公共政策促使大多数人的养老金替代率达到退休前收入的60%～80%。如果养老金替代率再高一些，老年人可能会具有缴纳个人所得税的能力。

老年医疗保健属于权益资产，追求如下两个目标：一是方便可及的保健服务，有赖于个人健康管理和社区全科医生服务；二是医疗保险计划分担老年医疗费用的70%～80%，如果基本医疗保险计划分担70%，还需要有补充医疗保险计划分担剩余费用。国家医疗保险计划的功能不仅在于分担费用，更在于抑制医患双方的道德风险，提供合理医疗服务，控制医疗总费用增长率。

老年居住及照顾属于固定资产和权益资产，包括老年人的房产及其残值管理、医疗护理服务和日常护理服务。老龄化和劳动人口下降决定老年护理的人工成本持续上升，大多数居民的养老金不可能用于购买服务。子女少、远、忙现象决定他们照顾老年的时间越来越少，失去老伴、买不起服务和见不到子女的家不是养老的地方。实现居家养老的愿望需要购买服务，将专业化的养老服务送进家庭和养老机构。买不起老年护理服务的人很多，他们可以将首住房卖给政府，政府对他们进行终生个人信誉检查后，对具有良好信誉的居民提供长寿担保，委托银行支付反向抵押养老金，用于购买老年服务，在养老机构中度过晚年，政府可以将老年人卖出的房产按照限价房卖给青年人，实现一举和谐两代人的首住房和限价房政策。房产反向抵押养老金属于准公共品，非单纯的银行产品，房产残值利用率，即指居民首套房产在折旧期内的计价管理和利用价值。

培育养老资产需要进行如下公共选择：（1）调整目前中国的养老金结构，回归社会统筹，建立国民基础养老金计划；回归个人账户，建立自储公助的个人养老金储蓄计划；（2）整合基本医疗保险计划，包括职工医疗保险计划和居民医疗保险计划；支持商业保险机构提供补充医疗保险；建立医生绩效工资制和财务补偿机制，规范医疗行为，提供合理的医疗服务；公立医院回归公益且以提供基本医疗服务为主，限制特殊服务；（3）依法管理50后、60后老职工的首住房，强化这类房产的残值管理，保护老职工的利益，增加老职工老年收入；尽快开办老年护理保险计划，提高老年人购买服务的能力；（4）确保农民的土地权益，让多数农村居民失土不离乡的建设绿色减员，保障他们的老年报酬和股权；对于失土离乡的人群，要保障他们的就业权和社会福利权。上述公共政策是中国实现即老即富的政策路径。

（二）老年人口红利的理论框架

好的公共选择不仅可以为老年人打造养老资产，实现老有所养的目标；更需要打造积极的发展战略和实施策略，平滑劳动人口红利，对接老龄人口红利。其中，在城镇化的进程中依法保障失地农民的土地权益，保障50后和60后老职工的养老金和房产残值权益，是最重要的发展策略问题，它们提供了改变中国“未富先老”处境，进入“即老即富”局面的可能性。

基于买方市场理论和老年经济学原理，生产力和购买力均具有经济贡献。本文提出的老龄人口红利即指老年人口的经济贡献对国民经济的拉动作用。老年人口的经济贡献由以下四个方面构成。

（1）就业能力。一方面，逐渐延迟退休年龄，从50岁到65岁；另一方面，增加老年人口就业，特别是在老年服务业中的就业能力。例如，鼓励科技、教育和卫生领域的老职工推迟退休年龄。鼓励老年人参与老年服务，退休职工非全日照顾邻里老人、提供社区养老服务，可以获得一定的劳务费用；退休医生进入社区提供家庭病床服务，应当从受益人或者护理保险计划中得到补偿。

（2）纳税能力。制定延期征税政策，鼓励劳动人口和居民建立养老储蓄账户，适度储蓄养老金和进行养老理财规划；在退休之后，加总基础养老金、职业养老金和个人储蓄养老金，达到和超过个人所得税起征额的，可以缴纳养老金税。

（3）消费能力，包括老年人口在餐饮服务业、旅游业、医疗保健业的消费能力。

（4）投资能力，包括政府、雇主和个人向养老金计划的投资，以及养老基金增值带来的经济贡献。

老年人口红利也称第二人口红利，不同于劳动人口红利，它不是生育政策的结果，而是收入分配、养老金、税收、就业、退休年龄、社会保障、养老基金投资策略等公共政策的结果。

参考文献

[1] 蔡昉．人口转变、人口红利与经济增长可持续性——兼论充分就业如何促进经济增长［J］．人口研究，2004（2）：2-9.

[2] 杨燕绥，杨娟．中央统筹的国民养老金制度构建［J］．人民论坛，2009（8）：10-11.

[3] Hu Naijun，Yang Yansui. The Real Old-age Dependency Ratio and The Inadequacy of Public Pension Finance in China［J］. Journal of Population Ageing，2012. DOI 10. 1007/s12062-012-9066-8（7）. Oxford University.

[4] Naohiro Yashiro. Aging of the Population in Japan and Its Implications to the other Asian Countries［J］. Journal of Asian Economics，1997，8（2）：245-261.

[5] Anthea Tinker. The Social Implications of An Ageing Population［J］. Mechanisms of Ageing and Development，

2002, (123): 729-735.

[6] M. Rosenburg, J. Everitt. Planning for Aging Populations: Inside or Outside The Walls [J] . Process in Planning, 2001 (56): 119-168.

[7] Mason, A. , Population and Economic Growth in East Asia, Population Change and Economic Development in East Asia: Challenges Met, Opportunity Seized [M] . Stanford: Stanford University Press, 2001.

[8] Theo Leers, Lex Meijdam, Harrie A. A. Verbon. Ageing, Migration and Endogenous Public Pensions [J] . Journal of Public Economics, 2003 (88): 131-159.

[9] Theo Leers1, Lex Meijdam, Harrie A. A. Verbon, Ageing, Migration and Endogenous Public Pensions [J] . Journal of Public Economics, 2003 (88): 131-159.

[10] Vincenzo Galasso, Paola Profeta. How Does Ageing Affect The Welfare Atate [J] . European Journal of Political Economy, 2007 (23): 554-563.

[11] Juan F. Jimeno a, b, c, Juan A. Rojas, Sergio Puente. Modelling the Impact of Aging on Social Security Expenditures [J] . Economic Modelling, 2008 (25): 201-224.

[12] Zaigui Yan. Urban Public Pension, Replacement Rates and Population Growth Rate in China [J] . Insurance: Mathematics and Economics, 2009 (45): 230-235.

[13] Leon J. H. Bettendorfa, Ben J. Heijdra. Population Ageing and Pension Reform in A Small Open Economy with Non-traded Goods [J] . Journal of Economic Dynamics & Control, 2006 (30): 2389-2424.

[14] Richard Disney. Population Ageing and the Size of The Welfare State [J] . European Journal of Political Economy, 2007 (23): 542-553.

[15] Andrew Mason, Tomoko Kinugasa. East Asian Economic Development: Two Demographic Dividends [J] . Journal of Asian Economics, 2008 (19): 389-399.

人口老龄化与文化发展研究

贾旭东[1]

【摘要】 通过人际传播的影响、亚文化和社会存在的作用，应对人口老龄化社会实践的创造机制对文化发展产生重大而深远的影响。老年人并不仅仅是需要社会关照的被动客体，更是一个能动的主体。从老年人主体的视角审视人口老龄化问题，可能更为重要，更具有根本性意义。人口老龄化核心和负面消极的文化影响，都集中在观念层面。应对人口老龄化的文化战略，首要的是推动观念变革，形成与人口老龄化发展要求相适应的老年人观、老龄社会观和新的孝道文化观，并根据老龄化的进程，适时将观念变革成果转化为退休制度、社会保障制度、公共文化服务制度等制度安排，用新的理念和观念引导社会心理，推动新的社会风尚、习俗的形成，使我国的老龄社会真正成为年龄平等、充分参与、和谐共存和互助成长的社会。

【关键词】 人口老龄化　文化发展　老年人文化　项目

人口老龄化是人类社会进步和文明发展的重大成果，自然也应该成为推动人类社会进步和文明发展的动力。但是，它确实也存在着成为人类社会进步发展障碍的风险。人口老龄化究竟是会成为发展的动力，还是会演化为发展的障碍；究竟是一个需要解决的问题，还是一个发展的机遇；关键取决于我们的态度、观念和价值观，取决于作为态度、观念和价值观外化的制度安排和行为方式，一句话，取决于我们的文化——我们关于人口老龄化以及老龄社会的文化是一种什么性质的文化。

一、问题

1. 概念

（1）人口老龄化

指人口中老年人（60 岁或 65 岁）比重日益上升的现象。

---

① 贾旭东．中国社会科学院文化研究中心副主任、研究员，中国传媒大学兼职教授，博士生导师。东京大学新领域创成科学研究科客座共同研究员（2010—2011）。

(2) 文化发展

文化发展的概念因对文化概念的不同理解而不同。本报告对文化发展作两种不同的理解。

①文化作为名词

当把文化视为名词时，本报告采用广义的文化概念，即文化是人类所创造的全部物质成果和精神成果的总和。在这一意义上的文化发展，是指物质成果和精神成果的进步状态。

②文化作为动词

当把文化作为动词时，本报告采用冯·皮尔森的文化概念[①]，即文化是人类对环境变化的一种适应机制。在这一意义上的文化发展，是指人类应对环境挑战的适应机制的变化、发展与完善。

2. 关系

(1) 初始关系

人口老龄化作为一个老年人比重日益上升的过程，在两者关系中扮演着“自变量”的角色，而文化发展作为一个既成事实，扮演“因变量”的角色。

(2) 人口老龄化影响文化发展

①老年人的增加及影响。人口老龄化作为“自变量”，直接引发老年人口数量在绝对和相对意义上的增加，“带来了发展和人道方面的挑战”，“在社会和发展方面，人口中年龄层次的结构性变化将对一个社会的社会、经济和政治生活产生深远的影响”。在人道方面，“需要特别重视老年人的人道需求”，“促进和维护老年人的权利和福祉”[②]。如何落实老年人的权利，保障老年人的生活，促进老年生活和生命质量的提升，成为社会需要解决的迫切课题。

②对文化发展的挑战。人口老龄化引发的上述问题，对文化发展而言，意味着文化发展环境的变化，包括社会环境、经济环境乃至政治环境。当这种变化并不显著时，文化发展仍然可以延续原来的轨迹；当这种变化非常显著时，就对文化发展构成新的挑战。这种挑战，突出表现为现行适应机制的不适应性。这种不适应性一是包括对新课题的困惑。如，如何为日益增多的老年人提供文化保障，文化生产和消费体系如何适应社会新的年龄结构，社会观念系统的变化和调整问题等。二是对新领域的迟钝。人口老龄化的发展及应对人口老龄化的实践，为文化发展开辟了新领域，文化发

① (荷) 冯·皮尔森·文化战略 [M]．北京：中国社会科学出版社，1992.

② 亚洲及太平洋地区老龄问题澳门行动计划 [M] //全国老龄工作委员会办公室．国外涉老政策概览．北京：华龄出版社，2010.

展对这一新视角、新素材、新动力和新实践的源泉反映迟钝。三是对新内容的惰性。文化作为社会意识形式，必然对人口老龄化的发展和应对实践进行反映，这些成果，以及应对人口老龄化社会实践所创造的精神文化成果，文化发展对这些新内容的吸收和整合滞后。

③文化发展的回应。虽然文化具有相对稳定性，但是对巨大的环境变化挑战，迟早会做出回应。解决人口老龄化对文化发展提出的新课题的过程，人口老龄化新领域的文化实践过程，以及新文化内容的吸收整合过程，就是整个社会文化重构的过程，也是文化的传承、发展与创新的过程。这一过程，正是文化发展回应人口老龄化挑战而调整、完善或创新适应机制的过程。从文化的形式到内容，从文化的生产到消费，从文化的理念、精神层面一直到文化的物质、制度和行为层面，都将在这一过程中发生重大变化。

（3）文化发展影响人口老龄化

①影响人口老龄化进程的社会轨迹。文化发展作为一个既定的文化系统，赋予处于该文化系统中的社会和个体特定的观念，包括价值体系、制度体系、思维方式、行为模式，以及作为其综合反映的特定生活方式。正是由这些因素构成的文化环境和文化条件，决定了人口老龄化进程可能引发的社会矛盾的类别、性质、特点、未来发展方向，以及这些社会矛盾的解决方式、方法、难易程度和成本高低，进而影响和决定着人口老龄化进程的社会轨迹——是和谐平稳顺畅，还是冲突动荡曲折。良好的文化环境和文化条件，有利于和谐平稳顺畅的社会轨迹的形成；不好的文化环境和文化条件，必将直接造就冲突动荡曲折的社会轨迹。

②影响老龄社会的性质和发展方向。文化发展作为一个既定的文化系统，还决定着社会对老年人及其价值、老年期对于人生的意义和价值、未来的社会理想和追求等重要问题的观念和可能的解决思路，因此影响着作为人口老龄化进程结果的老龄社会的性质和发展方向。当文化发展，即作为文化环境和文化条件的社会主导的价值体系、制度体系、思维方式、行为模式等因素有利于形成科学的老龄社会理念，就会使老龄社会向良好的方向发展；否则，就会使老龄社会成为年龄歧视的社会，或因年龄因素而发展不良的社会。

3. 问题的实质

研究人口老龄化与文化发展的关系，目的是发现和揭示两者间互相影响的关系及其内在机制，确立文化发展在应对人口老龄化战略中的重要地位，找到应对人口老龄化文化战略的可能方向和应对措施。

二、思路

1. 总体思路

（1）围绕一个核心

应对人口老龄化的文化战略，必须始终围绕落实老年人的文化权利这一核心，特别是老年人作为文化发展主体和文化消费主体的权利。落实老年人的文化权利，是满足老年人文化需求，为老年人提供文化保障，促进老年人生命质量和生活质量提高，从而促进老年人自由全面发展乃至社会主义文化繁荣发展的一个重要前提和基础。

（2）三个分析和研究领域

应对人口老龄化的文化战略，应该来自对人口老龄化发展进程、应对人口老龄化社会实践以及这些实践所创造的新的文化成果的研究、概括和提升。

2. 研究路径

（1）全社会层面

应对人口老龄化的文化战略，首先应该从全社会的层面入手，研究社会主体对人口老龄化挑战的适应机制。思考和探索应对人口老龄化的文化战略，是全社会的共同使命、共同职责和共同任务。

①社会关于老年人的观念系统。如，对老年人的定义、老年人的特征、老年人的价值、老年人的需要等方面的观点和看法。

②社会关于老年人的制度安排体系。如，法律制度、行政法规、部门规章、规范性文件、社会风俗和习惯等。

③社会针对老年人的行为模式。即，社会、各类机构、非老年人与老年人的相处模式，如，社会公共设施对老年人的免费或优惠开放、给老年人让座等。

④社会专门为老年人建设和开发的特殊场所、产品和服务设施等。如，养老机构、老年人文体活动设施、建筑环境、无障碍交通设施和通道等。

（2）老年人层面

应对人口老龄化的文化战略，还要从老年人层面入手，研究老年人对老龄期这一人生特殊阶段的适应机制。

①老年群体的生存样式。老年人不同于非老年人特殊的生存样式，是老年群体的共享文化，是老年人以其特殊的生理、心理、态度、价值观、经验、知识、能力，应对所面临的各种环境变化挑战和特殊的生存困境挑战的特殊方式。也就是说，老年人在一定的观念系统支配下，分配日常生活时间，确定养老模式，处理自己与社会、与他人关系的具体样式。一是老年期生活的观念系统，如，对老年、对

老年期、对老年期生活的意义与价值、对死亡等重大问题的观点和看法；二是时间利用模式，如，日常生活时间的基本分配、特点及变化的规律；三是日常生活模式，或通常所说的养老模式，如，是居家，还是去机构，是独居，还是与子女共同生活等；四是社会参与模式，如，老年人的社会参与意愿、参与方式、参与频率，以及参与机会的来源、参与的自由度与选择性大小等；五是人际交往模式，如，交往目的、交往对象、交往方式、交往途径、交往场所、交往频率、交往需求的特点及变化的规律等。

②老年人的文化生活。老年人的文化生活，指老年人作为文化发展的主体，参与文化交流、文化传承、文化创造和文化创新，以及作为文化消费的主体共享文化发展成果，并在文化市场上根据自己的文化偏好、文化需求和购买能力，选择、购买和消费文化产品和服务的活动和过程。一是人文科学、社会科学和自然科学知识的自由学习，二是接受和参与老年大学（学校）等各类老年教育，三是传统视觉艺术、听觉艺术和现代视听艺术的欣赏，四是各类文化、体育、休闲和娱乐等文化活动的参与。完整意义上的老年文化生活，实际上既包括老年人的文化创造活动与过程，也包括老年的文化消费活动与过程，是两者的有机统一体。

3. 重点关注

（1）人口老龄化影响文化发展的内在机制

①人际传播影响机制。文化是在交流的过程中传播，在传播的过程中继承、创新和发展的。人际交流是日常生活中的基本交流方式，正是老年人与非老年人日常生活中的广泛交流，实现了文化传播，构成了人口老龄化影响文化发展的内在机制——人际传播的影响机制。

老年人有着不同于成年劳动人口和未成年人特殊的生存方式和生活方式，老年人的精神面貌、行为模式和语言表达等，都构成老年人影响文化发展的媒介。因为老年人的言行、精神面貌和生活方式表现或反映着他们的信仰倾向、价值观念、情感特征，而这些文化要素对非老年人，特别是未成年人不仅具有示范效应，更具有不可估量的潜移默化的影响。人口老龄化影响文化发展的这一机制，是经常性或随时随地发挥作用的，所产生的影响是一种不显著的隐性的累加性的影响。随着人口老龄化的发展，社会老年人口的数量日益增多，这种影响机制的作用及其影响，愈益不可忽视。

②亚文化作用机制。老年文化是以年龄为标准划分的亚文化的一种类型。亚文化具有被主文化吸收，并上升为主文化的可能。老年文化的形成及其与社会主文化的相

互作用，构成了人口老龄化影响文化发展的又一内在机制——亚文化的作用机制①。

老年亚文化是老年群体共享的文化，反映的是老年群体特有的生活方式、思维方式、行为模式、理念和价值观。在人口老龄化不断发展的条件下，老年亚文化的特质会日趋明显。当其中的某些具有重要影响的部分被主文化接受，并成为主文化的一部分进而上升为主文化时，老年亚文化对主文化的作用影响就实现了。人口老龄化影响文化发展的这一机制，其作用的发挥需要具有三个条件：一是老年亚文化的特质足够鲜明，二是这种特质具有重要的社会影响，三是能够被主文化所接受和吸收。认识这一机制发生作用的条件，对分析、研究和应对人口老龄化对文化发展的影响具有重要意义。

③社会存在作用机制。人口老龄化作为一种新的社会存在，通过决定和反映两种方式对文化发展产生影响，这就构成了人口老龄化影响文化发展的另一内在机制——社会存在的作用机制。

人口老龄化作为一种社会存在，包括其引发的社会结构变化，新社会矛盾的产生，新的养老方式的出现等等许多不同的方面，这些都将对文化内容和形式产生决定性影响，文化也必将对这些新的社会现象进行反映并在这种反映中获得发展。人口老龄化影响文化发展的这一机制，也是经常性起作用的机制。只要人口老龄化进程不停止，这种机制就会始终发挥作用。

④社会实践创造机制。随着人口老龄化的发展，应对人口老龄化的活动，便作为一种新的社会实践应运而生。应对人口老龄化的社会实践，作为一种综合性的有意识有目的的社会实践活动，必然会创造出新文化，从而形成人口老龄化影响文化发展的社会实践创造机制。应对人口老龄化实践活动内涵的丰富性，决定了其所创造出的文化形式和内容的丰富性。如，新的老年人观，新的老龄社会理念，新的养老文化，新的孝道文化，老年人新的社会参与文化，老年人新的文化活动样式，老年人新的生活方式等等。表面看来，人口老龄化影响文化发展的这种社会实践创造机制，并不是人口老龄化影响文化发展的直接机制，实质却不然。人口老龄化并非是一种没有实践干预的纯粹自然的过程，而是在社会实践的作用下发展的，自发的因素总是与自觉的因素相互交织、相互冲突。人口老龄化与应对人口老龄化的实践是一个问题的两个方面。社会实践创造机制，是人口老龄化影响文化发展的重要机制。

（2）人口老龄化可能的负面文化影响

---

① 著名的亚文化影响并成为主文化的例子有美国二战后“垮掉的一代”（Beat Generation）、小说、情节剧的产生等。罗伯特·考克尔．电影的形式与文化．北京：北京大学出版社，2004：76—78.

人口老龄化对文化影响的性质并不必然是负面和消极的，相反，也完全可能是正面和积极的，在多数情况下可能两者兼而有之。人口老龄化某种文化影响的性质，取决于其对社会的稳定与秩序、正义与和谐、创新活力与动力的影响性质。有利于保持社会的稳定与秩序、正义与和谐、创新活力与动力的影响，就是正面的积极影响；反之，就是负面的消极影响。人口老龄化可能的负面消极文化影响，最主要的有以下三个方面。

①观念冲突与文化分裂。利益的对立与竞争，可能导致以年龄划分的老年群体与非老年群体间价值观念的差异与对立。如，正义观、公平观、伦理观、孝道观等。如果社会不能客观公正地协调和解决老年与非老年群体间的利益对立与竞争，随着老年人口占总人口比重的不断上升，就有可能发生激烈的冲突。当社会的年龄对立变得日益明显时，社会就有可能因为以年龄为尺度的社会阶层的形成而导致文化分裂，老年文化与非老年文化的对立将不可避免。人口老龄化可能导致观念冲突与文化分裂，绝非危言耸听。事实上，在家庭和社会组织内部，这种可能性已经在不同程度上变成了现实，必须对此引起高度重视，并采取有效措施防止这种情况的发生。

②信仰迷失与邪教泛滥。老年人退出社会（工作岗位）对其自身的影响是巨大而多方面的，心态、心理甚至是生理上的，不能正确应对的话，也可能会导致信念的动摇与信仰的迷失，甚至邪教泛滥。老年人通常面临着对老龄期生活的心理和思想准备不足、缺乏切实可行的新人生目标和规划、丧失进取精神和奋斗动力、大量的日常生活时间无事可做、各种各样的健康问题，以及许多意想不到的特殊问题，如，丧偶、重大疾病、与子女矛盾激化等，所有这些都可成为导致老年人信念动摇和信仰迷失的根源。在老年人信仰迷失的情况下，如果出现类似法轮功这样的邪教组织，打着帮助老年人解决生活困扰的旗号，就会因契合老年人的心理需求而引起共鸣、获得信任，进而变成信仰，导致邪教泛滥。

③认同危机与活力下降。在人们的观念中，老年人作为一个群体一直被视为社会的弱势群体。客观地说，这种认识有符合老年人实际情况的合理之处，但也存在着不合理的一面，特别是随着老年人预期寿命和健康期的延长，这种不合理性越来越突出。这种不合理之处突出表现在，对老年群体所具有的丰富社会经验、创新活力、贡献社会和自我发展的强调愿望的忽视和漠视。社会不能为老年人提供施展才华、自我实现的舞台，与社会不能为作为弱势群体的老年人提供周到、热情、温馨和满意的服务一样，都会造成老年群体对社会的不满。这种不满首先针对的可能是某些与他们切身利益密切相关的具体制度和政策。当这种不满累积、传播和扩大之后，就可能会上升为对社会基本制度的不满，进而导致老年群体对整个社会制度的认同危机。老年群

体不能实现他们的自由全面发展的不幸福的生存状态，加之这种认同危机的产生，将严重挫伤老年群体的积极性和创造性，极大地影响乃至降低整个社会的活力。

三、对策

1. 推动观念变革

人口老龄化核心的文化影响和负面消极的文化影响，都集中在观念层面。应对人口老龄化的文化战略，首要的是推动观念变革，形成与人口老龄化发展要求相适应的新的文化价值观。

（1）老年人观

①认识。必须改变全社会对老年人传统的负面看法和观点，重新认识老年人的价值，树立新的老年人正面形象，建立与现代老年人实际相符合的老年人观。

②建议。充分运用和发挥媒体的力量，如电视栏目的公开讨论，电影、电视剧等文化产品的创作开发等，引导社会文化舆论和社会心理。

（2）老龄社会观

①认识。随着人口老龄化的快速发展，树立新的老龄社会观[①]已经成为构建社会主义和谐社会，实现以人为本的科学发展的客观要求。深入研究、理解和把握人口老龄化条件下“人民对美好生活的新期待”[②]，及时调整未来发展战略和发展目标，是构建新的老龄社会观的必然选择。

②建议。根据国际国内关于老龄社会的基本理念，我国的老龄社会应该具有如下特征。一是年龄平等的社会。老年人是社会发展的重要主体，不是包袱，也不是仅仅需要抚养和照顾的客体；老年人的公民权利和主体身份必须得到充分的尊重，老年人不会因为年龄因素受到各种歧视（包括以照顾的名义）；淡化年龄界限，形成不分年龄平等发展的社会文化氛围、环境和条件。二是充分参与的社会，首先是不分年龄的公平参与。老年人具有平等的社会参与机会（包括就业），不存在任何形式的年龄歧视。其次是不拘一格的多样化参与形式。不仅仅限于就业等通常认为的正式参与机会，还应包括各种不同的非正式参与，社会能够为所有人充分发挥自己的特长和才智提供丰富的机会。三是和谐共存的社会。组成社会的成员，不分地区、民族、性别，也不分年龄，都能够和谐共存，共同为国家的发展努力奋斗。特别是社会不会按照年龄划分为不同的社会阶层或利益集团，老年人与非老年人能够和谐相处；社会成员不

---

① 老龄社会观是对老龄社会是一个什么样的社会的基本看法和观点，“六个老有”是针对老年人的保障性目标，不能将其混同于老龄社会观。

② 党的十七大报告提出的重要思想，详见：党的十七大报告。

分年龄，都能够共享社会发展成果；社会成员不是按照年龄，而是根据各自的社会贡献取得相应的社会报酬。四是互助成长的社会。老年人与非老年人一样，社会成员不分年龄，都能够获得自由全面发展的机会和条件。更重要的是，老年人与非老年人能够相互促进，老年人的自由全面发展是非老年人自由全面发展的条件，反之亦然。这样的社会，是一个互助成长，共同成长和共同发展的社会。

（3）新的孝道文化观

①认识。人口老龄化对传统孝道文化提出了挑战，并呼唤构建与社会主义市场经济体制相适应、与社会主义伦理原则相契合、与社会主义法治精神相符合的新型社会主义孝道文化。这种新型孝道文化的建设，既要充分吸取传统孝道文化的资源，在批判继承的基础上不断创新，又要根据新的环境和实践需求，不断丰富孝道文化的时代内涵，创建孝道文化的新模式。

②建议。一是挖掘传统孝道文化的合理内核，加强孝道文化教育。“孝的形式可以改变，但孝的本质不可能也不应该改变。”[①] 坚持家庭教育、学校教育和社会教育分工合作、密切配合，形成立体教育网络。各级各类学校教育应该成为主渠道。家庭要从小抓起，重在养成教育。社会要特别注意依托社区和媒体的作用，开展形式多样的孝道文化教育。二是加强法治建设，为社会主义孝道文化提供坚实的法律保障。我国历来重视孝道文化的作用，还具有孝道法律化的长期传统。要根据新的实践需要，修改和完善现行相关法律，以法促孝，在保留孝道形式的基础上，把一些带有普遍性的孝道规范上升为法律规范，同时加强现行法律的普及教育，使更多的人，特别是农村居民，增加尊老、敬老和爱老意识，切实履行养老敬老的义务[②]。通过法律对其倡导或禁止某些行为的宣示，有助于形成社会共识和新的道德标准。三是加强公民道德建设。法律不是万能的，还必须辅之以道德，提高公民孝行的道德自觉和自律，道德和法律的密切配合，才能从根本上保证孝道文化功能的充分发挥。四是理顺体制机制。社会主义孝道文化建设，是社会主义文化建设和精神文明的重要组成部分。要将社会主义孝道文化建设纳入文化建设，逐步形成各级党委宣传部门统领，教育部门、文化部门、青少年部门、民政部门和老龄委等各部门通力协作，齐抓共管的格局。

2. 推动公共文化服务的战略性结构调整

（1）公共文化服务内容的适应性优化

适应人口老龄化对公共文化服务内容的新需求，我国公共文化服务战略性结构调

---

① 李宝库．老龄社会和孝道文化［M］．通辽日报，2007-9-1（2）．

② 朱大峰．新孝道：现代家庭养老的伦理和道义支撑［J］．哲学研究，2009，25（3）．

整的一个重要方向，就是公共文化服务内容的适应性优化。所谓适应性优化，就是适应人口老龄化对公共文化服务内容的新需求，充实公共文化服务的内容，调整公共文化服务的内容结构。公共文化服务内容适应性优化的主要任务包括三个方面：一是根据人口老龄化对公共文化服务内容的新需求，引导公共文化产品和服务的生产与提供、公益性文化活动的组织与策划，能够更好地满足老年人的基本文化权益和基本文化需求；二是结合人口老龄化的发展进程，相应增加为老年人提供公共文化服务的文化资源总量，为生产和提供更多更好的适应老年人需求的公共文化产品和服务提供坚实保障；三是适应人口老龄化的新条件，处理好公共文化服务和文化产业发展的关系，调整和优化整个公共文化服务的内容结构，不断提高公共文化服务的效率和满意度。

（2）基层公共文化设施的战略性整合

适应人口老龄化及其发展对基层公共文化设施的新需求，公共文化服务体系战略性结构调整的重要方向，是对基层公共文化设施进行战略性整合。这种战略性整合的客观要求，就是尽可能打破行政壁垒，将老年活动场所、养老设施与基层公共文化设施进行有机整合，形成集文化、教育、科技、广电、体育和养老服务于一体的，具有一定辐射力、规模和集聚效应的，新型多功能综合性的基层公共文化设施。

（3）专兼结合的复合型基层公共文化服务队伍建设

街道（乡、镇）、社区（村）两级基层公共文化服务承担着综合性很强的繁重任务，而人员编制又极少且无增加空间，因此专兼结合是不二选择。同时，适应人口老龄化的新需求，基层公共文化服务队伍还应具备服务老年人的知识和技能。也就是说，建设一支扎根基层、具备服务老年人的知识和技能、专兼结合的复合型基层公共文化服务队伍，是公共文化服务体系适应人口老龄化新需求的战略性结构调整的又一个重要方向。增加老年服务专业人员的兼职比例，鼓励和支持各类专业人员提供志愿服务，特别是应该探索建立老年人中的专业人员兼职和志愿服务基层公共文化服务制度。

（4）提升为老年人服务的品质

对老年人免费开放的公共文化体育设施，在免费开放制度化的基础上，全面提升服务品质。基层公共文化体育设施，进一步提升为老服务水平和能力。建立公共文化设施服务信息平台，为老年人提供利用公共文化设施的信息指南。建立公共文化设施开放时间、服务内容、服务方式标准。

四、项目

1.21 世纪中国居民健康生活方式行动计划

（1）项目目的

根据我国人口老龄化的特点和未来发展趋势、不同队列老年人对健康生活方式的共同渴望和追求，以及当前老年人生活方式的缺陷所导致的各种健康问题，系统性而不是零散地对当前社会的主流生活方式进行全方位有针对性的指导和引导，从而推动全社会形成健康的生活方式，构建系统的科学养生文化。

（2）项目内容

深入研究全球化、信息化、数字化和低碳绿色理念条件下，我国“人民对美好生活的新期待”的具体内容、特点及未来趋势，综合文化、教育、体育、卫生领域现有研究成果和计划，如文明创建活动、学习型社会、全民健身运动、居民膳食平衡计划，幸福指数研究和调查等，结合中国优秀传统文化，并根据我国人民生活水平现状和提高速度，全面开发并在全社会大力推行健康的生活方式。

2. 老年文化创业扶持计划

（1）项目目的

发挥老年人文化创业能力，为老年人提供参与社会、参与文化发展的机会，促进文化的发展繁荣和文化产业的发展，带动就业。

（2）项目内容

联合设立以财政资金为引导、广泛吸收社会资金进入、专业基金管理机构管理、市场化机制运营的老年文化创业扶持基金。成立老年文化创业扶持计划专家指导委员会，负责项目的评审和辅导工作。成立老年文化创业扶持计划办事机构，定期发布老年文化创业项目指导，负责项目申报、立项、评审和立项后管理事务。设常规老年文化创业项目（经常性随时申报项目）和专项创业项目。

3. 老年文化创作资助计划

（1）项目目的

发挥老年人的文化创造才能，为老年人参与文化生产、文化创造和文化创新提供机会，丰富老年文化生活，促进文化发展和繁荣。

（2）项目内容

单独由国家财政出资设立老年文化原创资助专项资金，或者将老年文化创作纳入国家文化发展基金资助范围。采用后资助方式，即以对老年人的文化原创作品进行适当奖励的方式进行资助。资助频率为每年资助一次。设立老年文化创造资助计划专家委员会和办事机构，分别负责项目的评审和项目的申报、评奖组织等事务。

4. 老年文化创意行动计划

（1）项目目的

发挥老年人的文化创意才能，激发老年人的文化创意，为老年人的创意提供展示、交流和交易的平台，促进文化产业和日常生活、和传统产业融合，为转变经济发展方式，提升老年人生活品质和生活质量贡献力量。

（2）项目内容

在老年人中广泛开展文化创意活动，动员老年人普遍参与。创意内容不限，可为生活创意、艺术创意、设计创意、产品创意、建筑创意、低碳创意等等，任何领域都可以。活动组织，由相关部门出资、由专门公司运营，设立国家老年文化创意网，成为老年人文化创意成果展示、宣传、交流和交易的平台，定期举办网络老年人创意大赛和老年人文化创意产品交易会，发布年度老年人文化创意最佳成果。

5. 老年文化重大课题研究计划

（1）项目目的

加强老年文化理论建设、加强老年文化实证研究、加强老年文化政策研究，为老年文化建设提供理论支撑、数据支持和政策咨询。

（2）项目内容

制定老年文化重大课题研究规划，确定老年文化重大研究项目，建立定期研究和跟踪研究相结合的资助机制。老龄委协调国家自然科学基金管理委员会、国家社会科学基金办公室、教育部、中科院、社科院等国家重大科研项目资助管理机构，联合设立老年文化重大课题研究计划，可分别实施资助，可联合实施资助。重大课题纳入相关管理机构资助计划，公开招标，或定向委托研究。

6. 老年文化人才培养工程

（1）项目目的

解决老年文化建设人才队伍数量不足、素质不高的问题，为老年文化建设提供人才保障。

（2）项目内容

实施老年文化从业人员资格准入制度。建立老年文化人才定期培养制度。建立大学毕业生老年文化辅导员岗位计划，鼓励、支持和吸收大学毕业生从事老年文化事业。鼓励和支持职业学校和高等学校开办老年文化或基层文化管理人才专业，为基层文化建设或老年文化培养专业管理人才。

7. 老年文化消费支持计划

（1）项目目的

提高老年文化消费意识，培育老年文化消费习惯，改善老年文化生活严重失衡现象，丰富老年人的精神文化生活，促进社会文化的发展繁荣。

（2）项目内容

提高老年人对文化消费重要性的认识，激发老年人文化消费的潜能和积极性。加强老年文化消费观教育，帮助老年人成为文化消费主体。帮助老年人逐步摆脱对免费文化产品的依赖心理和习惯。建立老年人的文化消费补贴制度和财政转移支付制度。提高老年人文化欣赏水平。在各级各类学校中，增设文化艺术欣赏和文化艺术普及类课程。鼓励和支持艺术院团进入社区和养老机构，为老年人提供普及性演出。鼓励和支持老年人参与文化艺术评论，举办文化艺术欣赏活动。

第三篇 应对人口老龄化的制度安排

为积极应对人口老龄化提供法律保障

辜胜阻[1]　刘江日

【摘要】 我国老年人口基数大、峰值高、增长快，必须界定政府、家庭的责任，充分发挥市场、社区、社会的作用，从立法层面积极应对人口老龄化。

【关键词】 老年人权益　制度养老

十一届全国人大常委会第二十七次会议首次审议了《中华人民共和国老年人权益保障法（修订草案）》。作为一部关系到老年人切身利益的基础法律，老年人权益保障法自1996年颁布实施以来，在保障老年人合法权益，促进老龄事业发展，弘扬中华民族敬老、养老、助老美德方面发挥着重要作用。然而随着我国经济社会的发展以及人口和家庭结构的变化，现行法律已经难以满足应对我国日益严重的人口老龄化的需要。为适应人口老龄化带来的新情况新问题，此次修订草案做出较大修改，从现行法6章50条扩展到9章86条，新增38条，修改38条，未作修改的仅10条。这次大修为积极应对人口老龄化提供了法律保障。

针对日益严峻的人口老龄化形势，修订草案明确规定，“积极应对人口老龄化是国家的一项长期战略任务”。这是我国高度重视和积极应对老龄问题的重要体现。我国老年人口基数大、峰值高、增长快。统计显示（见下表），2011年全国60岁及以上人口为1.85亿人，占全国总人口比重13.7%，总量超过日本总人口。其中，65岁及以上人口数增长至约1.23亿人，比重达到9.1%，大大高于2006年的比重7.9%。预计到本世纪中期，我国老年人口将达到峰值4.87亿人，老年人口比重超过发达国家平均水平2～3个百分点。我国老年群体结构出现失衡，需要特别照顾的“高龄、失能、三无、空巢”四类人群多。相关调查表明，近十年来，80岁以上高龄老人增加近1倍，已超过2 000万人；失能和半失能老人约为3 300万人，占老年人口的19%；城乡老年空巢家庭比重分别达到49.7%和38.3%，部分大中城市甚至达到70%。

---

① 辜胜阻，全国人大常委会委员、全国人大内务司法委员会副主任委员，民建中央副主席，武汉大学教授，清华大学、北京大学、中国人民大学等高校和中国社会科学院兼职教授及博士生导师。

表　2006—2011 年我国人口数及其构成（按年龄阶段划分）

年份	总人口（年末）（万人）	按年龄分组							
		0—14 岁		15—59 岁		60 岁及以上		其中：65 岁及以上	
		人口数	比重（%）	人口数	比重（%）	人口数	比重（%）	人口数	比重(%)
2006	131 448	25 961	19.8	90 586	68.9	14 901	11.3	10 419	7.9
2007	132 129	25 660	19.4	91 129	69.0	15 340	11.6	10 636	8.1
2008	132 802	25 166	19.0	91 647	69.0	15 989	12.0	10 956	8.3
2009	133 474	24 663	18.5	92 097	69.0	16 714	12.5	11 309	8.5
2010	133 972	22 246	16.6	93 962	70.1	17 765	13.3	11 883	8.9
2011	134 735	22 164	16.5	94 072	69.8	18 499	13.7	12 288	9.1

资料来源：根据国家统计局数据资料和第六次全国人口普查公报公布数据整理而成

注：总人口数为中国大陆 31 个省、自治区、直辖市和现役军人的人口总和。2010 年总人口数和结构数据为第六次全国人口普查公报公布数据（以 2010 年 11 月 1 日零时为标准时点）

要积极应对我国日益凸显的人口老龄化问题，必须提高对老龄化的投入，大力发展老龄事业，提供老龄服务，满足逐渐增长的老年人口的需求，修订草案规定“将老龄事业纳入国民经济和社会发展规划，将老龄事业经费列入财政预算，建立稳定的经费保障机制，并鼓励社会各方面投入，使老龄事业与经济、社会协调发展”。由于经济社会发展程度和居民收入水平依然不高，我国应对人口老龄化的经济基础相对薄弱，社会养老负担沉重。劳动年龄人口比重相对下降，以及养老资源供给不足将形成“养老荒”。据统计，目前 5 个劳动年龄人口养 1 个老人，预计到 2030 年 2.5 个劳动年龄人口养 1 个老人。我国养老服务市场供给也远跟不上人口老龄化的需要，养老床位总数仅占全国老年人口的 1.59%，不仅低于发达国家 5%～7%的比例，也低于一些发展中国家 2%～3%的水平，一些地方“一床难求”，“养老难”浮出水面。随着加速的老龄化进程与稀缺的养老资源之间的矛盾不断加剧，艰巨的养老任务已经无法由单方力量独自承担，需要社会各方投入、积极参与，共同应对“未富先老”的挑战。

应对人口老龄化是一项复杂的系统工程，是一个需要家庭、政府、市场、社区以及个人共同努力得以解决的综合性问题。然而，在组织各方力量合力应对人口老龄化的前提下，需要处理好上述五者关系。修订草案确立了社会养老服务体系的框架，即“以居家为基础，社区为依托、机构为支撑的社会养老服务体系”。为此，要积极探索建立与人口老龄化进程和“未富先老”特征相适应、与经济社会发展水平相协调的多层次养老体系，加快发展老龄事业，培育壮大老龄产业，鼓励扩大老年社会参与，努力提升与多样化、个性化“银发需求”相匹配的养老供给。

第一，弘扬孝亲敬老传统，明确赡养义务和法律责任，强化家庭在养老中“第一支柱”的基础作用。修订草案规定“老年人养老以居家为基础，家庭成员应当关心和照料老年人”。依据我国国情和民族传统，家庭是养老“第一支柱”，能满足基本养老需求，在解决老年人的生活照料和精神慰藉上具有不可替代的作用。为此，要建立健全家庭养老支持政策，巩固家庭养老的基础性地位。要积极弘扬孝亲敬老的优良文化传统，增进家庭道德建设，将弘扬敬老、爱老、助老思想与我国传统节日活动紧密结合，不断宣传和强化以孝文化为核心的家庭养老文化和亲情纽带，增进家庭赡养、扶养老人的道德意识和认知。要按照修订草案规定“赡养人应当履行对老年人经济上供养、生活上照料和精神上慰藉的义务”，进一步明确子女及其他赡养人的法律责任，完善老年人法律服务和援助机制，严厉打击歧视、侮辱、遗弃、虐待老人的行为，保障老年人的正当权益。要适应少子化家庭结构变化，积极推进家庭养老设备信息化建设和无障碍设施改造，鼓励针对居家养老的市场服务创新，从技术实践层面上提升居家养老服务能力。针对老年人精神赡养需求增多的实际，修订草案充实了精神慰藉的规定，“家庭成员应当关心老年人的精神需求，不得忽视、冷落老年人”。要大力倡导赡养人看望、慰问老人，尤其是关注空巢老人的精神需求。

第二，政府要保证有效的养老制度供给和财政投入，建立合理的社会保障制度，增强“制度养老”能力。政府能为传统家庭养老提供基础的制度保障，弥补家庭、市场和社区做不了、不能做的养老“空档”。修订草案明确规定，“建立多层次的社会保障体系，逐步提高老年人保障水平。”要逐步建立统一的城镇职工基本养老保险制度，推进城镇居民社会养老保险制度和新型农村社会养老保险制度并轨。要在完善基本养老保险制度的同时，支持企业和单位建立企业年金和职业年金，鼓励个人开设养老储蓄账户、参加商业性储蓄养老保险，加快构建多支柱的养老保险体系。要遵照修订草案规定，完善社会救助制度和基本医疗保险制度，发展社会福利和慈善事业，形成多层次的老年社会保障体系。另外，针对目前困难老年人数量增多，修订草案规定“逐步建立长期护理保障制度”“鼓励、引导商业保险公司开展长期护理保险业务”，并将失能护理补贴和高龄津贴制度写入法律。为此，要进一步探索适合我国国情的长期照护保险制度，并尽快出台相关具体政策措施，缓解我国老龄人口结构问题带来的压力。

第三，科学规划老龄产业，充分发挥市场机制的作用，多种形式发展老龄产业，鼓励社会资本建立专业性养老机构，构建多层次养老体系。老龄产业的市场化能满足老年群体的多样化、个性化的需求。修订草案规定“鼓励、扶持企业事业单位、社会组织或者个人以新建、改建、租赁等方式兴办养老服务设施”。要科学合理规划老龄产业，积极探索新型的老龄产业发展模式，利用政府采购、补贴等方式，鼓励和引导企业、慈善机构等社会力量发展老龄产业。兴办养老机构是社会民间资本进入老龄产业的主要方式之一。依据修订草案规定“将老龄产业列入国家扶持行业目录”，进一步增强在土地、用水、用电、用气、税收、财政、金融、行政收费等方面的优惠力度和政策刚性，强化政策执行力度，支持民间资本投资建设专业化养老服务机构，培育发展老龄产业。要探索公建民营、民办公助、委托管理、合资合作、购买服务等多种方式，组织和推进供养型、养护型、医护型养老机构建设。根据修订草案提出“制定养老服务设施建设、养老服务质量和养老服务职业等标准，建立健全养老机构分类管理和养老服务评估制度”，推进养老机构现代化管理，培育高素质养老服务队伍，增强养老机构自身的发展能力。同时，要构建资源共享平台，建立公办与民办养老服务机构的功能互补机制。

第四，充分发挥社区的作用，积极探索新型社区养老模式，健全社区养老服务。老年人退休后，从“单位人”变成“社会人”。这就迫切需要社会特别是社区替代单位来发挥作用。家庭规模缩减、结构小型化、居住松散等现象削弱了传统的家庭养老功能，而目前养老机构所能提供的养老服务无论从质量还是数量上都存在较大不足，因此，发展社区养老模式成为应对人口老龄化的一种合理选择。修订草案提出了以“社区为依托”的原则。社区养老服务具有社区日间照料和护理康复以及精神慰藉的功能，主要面向家庭日间暂时无人或者无力照护的社区老年人提供服务。为促进社区养老发展，修订草案设立“宜居环境”专章，特别规定“推进宜居环境建设，为老年人日常生活和参与社会提供安全、便利、舒适的生活环境”。要根据修订草案提出“老年宜居社区建设”的要求，支持和引导老年宜居住宅开发，推动老年人家庭和社区无障碍改造，为老年人创造无障碍居住环境。修订草案还规定“将养老服务设施纳入社区配套建设规划，逐步建立适应老年人需要的生活服务、文化体育活动、疾病护理与康复等服务设施和网点”。为此，要打造社区养老服务平台，按照就近就便、小型多样原则，建设和改造托老所、老年日间照料中心、老年服务之家等社区设施；要通过组织集体性的文体娱乐活动，提供心理咨询辅导，满足老人精神关怀和心理慰藉需求，丰富精神文化生活；要不断完善社区卫生服务，加强老年医疗保健，为老年人提供预防、医疗、康复、护理照料等便捷的一体化服务。

第五，把扩大老年社会参与作为积极应对人口老龄化战略的重点，开发老年“人口红利”，让老年人在参与中分享发展成果。参与是应对人口老龄化的内在动力，也是激发老龄社会活力、改变生产性人口和消费性人口构成、提升社会生产创造能力的重要推动力量。修订草案规定“保障老年人参与经济、政治、文化和社会生活”、“国家为老年人参与社会发展创造条件”。要建立健全老年社会参与体制机制，适时合理调整退休制度，制定实施老年人力资源开发政策，积极发展老年教育，鼓励和支持更多的老年人参与社会管理和公共服务。

人口老龄化与养老保障制度可持续发展的关键战略问题[①]

林　义[②]

【摘要】 人口老龄化对我国养老保障体系构建及可持续发展带来严峻挑战，必须对我国城乡养老保险制度进行总体设计，建立以国民年金制度为基础，以多层次养老保险制度为主体，构建经济保障，精神慰籍，服务保障的综合性、可持续发展的养老保险制度体系。通过整合制度，创新机制，完善管理，实现城乡养老保险制度的可持续发展。

【关键词】 养老保障　可持续发展　风险控制　退休制度

一、人口老龄化对我国养老保障体系构建及可持续发展带来严峻挑战

一是人口老龄化对我国养老保障体系构建及可持续发展影响程度及趋势非常严峻，对养老保障制度可持续发展的挑战不应低估。这一趋势判断，既是基于人口老龄化对养老保障收支缺口的分析判断，更是基于我国人口老龄化演化发展的特殊性，面临经济社会环境的复杂性以及我国养老保障体系改革发展 30 年经验教训的系统总结。人口老龄化对养老保障体系构建的长期影响，既表现为养老保障支出结构的巨大变化，也表现为缴费能力的弱化和养老金支出的成倍持续增长，表现为养老保障管理服务需求的成倍增长。总之，养老金支出的急剧增长将长期影响我国养老保障制度的财务可持续性，进而加压于我国经济社会的总体发展格局，对我国经济社会的发展产生严重后果。

二是人口老龄化对我国养老保障体系构建及可持续发展的影响，表现在于复杂环境下的养老保障制度的改革进程的艰巨性、波动性和高度敏感性。由于我国人口老龄

---

① 此文是林义教授负责的课题，课题组成员：胡秋明、丁少群、杨一帆、张海川、辜毅、陈加旭、邱添、郑军、王强、李航、李俊、林熙、杨静。

② 林义，西南财经大学保险与社会保障研究中心主任，教授，博士生导师。享受国务院政府特殊津贴专家，兼任中国劳动学会劳动科学教学分会副会长，中国社会保险学会常务理事，中国社会保险学会教研委员会副主任委员，人力资源和社会保障部养老保险司专家咨询委员会委员，北京大学中国保险与社会保障研究中心研究员，四川省学术和技术带头人，四川省决策咨询委员会委员。

化与社会转型进程、全球化进程相交织；与风险社会的种种挑战相交织，养老保障体系建设和改革发展的任务极为繁重。如果说欧美国家人口老龄化对趋于成熟的养老保障制度影响的总体趋势较易把握，则我国覆盖城乡养老保障体系构建仍处于探索阶段，制度框架尚未定型，面临较多不确定性。这一特定的环境是我国养老保障可持续发展面临的巨大挑战，在范围和程度上要大大超过欧美国家。必须高度关注并充分估计养老保障改革的艰巨性和复杂性。这是能否实现养老保障可持续发展战略目标的一个关键性约束条件。

三是人口老龄化对我国养老保障体系可持续发展的严峻挑战还表现在传统家庭养老继续弱化背景下可能产生的一系列严重后果。区别于欧美国家的一个显著特征是，我国的养老保障制度预设目标，绝非单纯经济保障，而是必须构建集经济保障、精神慰藉、服务供养的综合性养老保障制度。长期计划生育政策的影响，社会转型中人员的高频流动，社会价值观念的巨大变化，信息网络社会的新挑战等将继续影响我国传统家庭养老制度的生存空间。如何充分估计家庭养老弱化带来的经济、社会、文化上的严重后果，扬长避短地构建具有中国特色的养老保障体系，应当构成养老保障战略研究的核心内容之一，直接关系国家的长治久安和中华民族的伟大复兴目标的实现程度。扬长避短地构建社会养老、家庭养老、机构养老的综合性养老保障制度体系和服务体系，构成老龄化背景下养老保障可持续发展战略任务的重要组成部分，对此应予以高度关注。

二、人口老龄化背景下养老保障制度可持续发展应强调的重要决策基点

一是人口老龄化是世界范围内从未出现过的一种新的严峻挑战，将对各国的经济、政治、社会、文化发展产生重大的影响。人口老龄化进程与传统家庭结构的巨变相交织，使经济保障、精神慰藉、服务保障的综合性老年保障成为区别于欧美人口老龄化背景下的又一重大特征和制度需求，使从战略高度关注人口老龄化背景下的应对策略，关注政治、经济、社会文化全方位战略部署的需求更为紧迫，更为重要。为应对人口老龄化的严峻挑战，我国已做出了若干重大战略部署，加快了覆盖城乡社会保障体系的建设步伐。但仍面临极为严峻的挑战，需要从中国经济社会长期可持续发展的战略高度，将应对人口老龄化挑战纳入国家战略发展的议题，形成国家战略发展的一项基本国策，争取战略主动权，避免全局性、战略性的失误。

从人口发展周期的总体趋势分析，人口老龄化进程又伴随着机遇和挑战，但机遇可能是转瞬即逝，而挑战则严峻且漫长。因而，从宏观、全局、战略的高度研究国家

应对人口老龄化的战略目标、战略框架、战略部署、战略措施，对于我国经济社会的长期可持续发展，对于中华民族的伟大复兴，具有十分重要的战略决策价值。

二是国家应对人口老龄化，完善养老保障发展战略的基本思路是按照构建社会主义和谐社会的要求，全面、系统、动态地把握人口老龄化对我国经济、社会、文化发展的影响与挑战，坚持以人为本，推进体制、机制创新，科学构建能满足老龄社会需要的老年经济保障及健康保障体系、老年服务体系，实现人口老龄化背景下我国经济、社会、文化的全面、协调和可持续发展，实现我国养老保障制度的长期可持续发展。

三是人口老龄化与养老保障可持续发展战略应遵循的几个基本原则：一是突出全局性、宏观性和战略性原则；二是坚持应对人口老龄化战略挑战与我国经济社会长期发展战略同步考虑的系统性原则；三是坚持国内战略发展与国际战略统筹兼顾的原则；四是坚持应对人口老龄化挑战与积极老龄化战略并举的原则，五是坚持扬长避短地发挥我国既有制度资源和文化资源原则，努力探索有中国特色的养老保障可持续发展的战略思路。

四是对我国未来 50 年到 100 年人口老龄化发展的总体态势进行全面系统分析，把握我国人口老龄化发展的总体趋势、总体特征、城乡差异、区域差异，提出我国人口老龄化对城乡养老保障制度挑战的基本判断。尤其需要突出和强调人口老龄化对我国既有家庭结构的影响及其后果评估。显而易见，人口老龄化对我国家庭结构及其影响后果极为严重，需要科学判断我国家庭结构小型化、核心化的现实背景，系统考察国际化、信息化背景下我国传统文化传承的弱化及其对中国家庭养老保障传统及行为方式带来的严重冲击。唯有如此，方有助于从中华民族伟大复兴的战略高度冷静审视我国老龄化发展态势中不同于欧美发达国家的中国元素，提升对我国应对人口老龄化挑战紧迫性、严峻性的认识，引起全社会尤其是各级领导干部对应对人口老龄化问题的高度关注。

五是充分认识和估计我国人口老龄化对宏观经济、劳动力市场供求、金融安全与金融稳定带来的一系列影响和后果，科学研判人口老龄化对我国养老保障可持续发展的机遇和挑战，科学制定老龄社会的经济增长战略和劳动力市场结构的调整战略，提升老年劳动者人力资本素质，实施积极老龄化发展战略，实现我国经济长期可持续发展的目标，为应对人口老龄化挑战奠定坚实的经济基础。

六是充分认识和估计老龄化加速发展给我国老年经济保障体系、服务保障体系带来的机遇与挑战，从战略高度构建有显著中国特色、可持续发展的老年经济保障体系、老年健康保障体系和老年服务保障体系。把握机遇，破解难题。在系统总结我国社会保障发展经验教训的基础上，加快推进城乡养老保障体系建设。在城乡养老保障制度覆盖人数、保障水平、资金支持、管理服务体系等方面统筹规划，取得实质性成效。构建覆盖城乡居民的养老保障制度、健康保障制度和老年服务支持系统的基本制度体系，探索集经济保障、服务保障、精神慰藉为一体的有中国特色的老年社会保障体系。实现城乡老年社会保障制度运行可持续、资金支持可持续、管理服务可持续，社会公众信任可持续，为亿万老年人提供有效的制度保障。

七是国家应对人口老龄化挑战是一项事关国家长治久安的重大战略部署，需要从经济政治、社会文化全方位的战略思维角度进行战略定位，需要从经济与社会协调发展的战略高度进行战略设计，需要从经济基础支持、保障制度完善、机制科学运行、破解关键制度与政策难题等方面进行战略布置，需要从弘扬优秀传统文化、营造尊老文化氛围、培植老年保障教育基础等角度充实更新国民基础教育的相关内容，加快实施应对人口老龄化挑战的国民教育体系和教育内容的创新战略。

三、人口老龄化背景下我国城乡养老保障制度改革的目标模式

考虑到我国社会经济结构急剧转型的时代背景及其未来发展趋势，我国养老保障制度改革应突破城乡养老保障制度分离式发展的既有思维惯性的束缚，以实现城乡养老保障制度统筹发展、长期可持续发展为总体目标，明确我国城乡养老保障制度改革的目标定位以及城乡养老保障制度统筹发展、动态整合的有效路径。

我们不能孤立地研究城镇职工养老保险制度改革，亦不是仅仅停留在建立和完善城乡社会养老保险制度上，而是应该将二者统一到构建城乡统筹、长期可持续发展的养老保障制度的整体研究框架中。事实上，无论是城镇职工基本养老保险制度的进一步改革，还是城乡居民社会养老保险制度的完善，都必须立足于城乡养老保障制度统筹发展的战略高度，都必须要能够适应中国社会经济结构急剧转型的现实需要，特别是要能够适应城乡劳动力就业方式的转变以及城乡劳动力频繁跨地区迁移的现实需要。只有将城乡养老保障制度置于统一的分析框架下，方有助于解决社会经济结构急剧转型中新生劳动者群体，如农民工、失地农民的养老保障问题，有助于从根本上解决劳动力城乡流动、跨地区流动时养老保险关系接续转移的难题，也才能够实现建立覆盖城乡居民社会保障体系的宏伟目标。以实现城乡养老保障制度统筹发展、长期可持续发展为总体目标，中国城乡养老保障制度改革的目标定位应着力于在维护社会公平和制度结构弹性的基础上，实现公平与效率的有机结合与平衡发展。

1. 我国养老保障制度改革的战略目标

国外养老保险制度发展的一条重要国际经验，是高度重视人口老龄化背景下的养

老保险改革战略研究。自 20 世纪 80 年代以来，国际著名智库开始对人口老龄化背景下养老保险改革发展进行跟踪研究，形成大量战略研究报告及政策建议，在发达同家的养老保险改革中发挥了重要的决策咨询价值。由于发达国家的养老保险制度覆盖面广，制度结构复杂，更由于养老保险制度改革的长期性、复杂性和高度敏感性，对养老保险制度的任何调整，受诸多因素的制约，改革调整步伐缓慢，阻力很大，波及政坛，成为社会舆论关注的焦点。因而，养老保险改革发展的一条重要国际经验是战略先行，周密论证，稳步推进。

明确我国养老保险的战略目标，是应对人口老龄化挑战国家战略的核心及重中之重。健全完善覆盖城乡居民的养老保障制度，为中国 13 亿城乡居民建立起多层次、可持续的养老保障制度，必须从战略高度进行顶层设计和制度目标设计，必须对我国养老保障制度的战略目标定位、制度框架设计，运行机制、核心技术等，有系统、全面、清晰的认识和把握。唯有如此，才可能正确设计人口老龄化背景下我国养老保险体系建设的制度蓝图、战略目标、战略框架、战略步骤及战略措施，才有可能从国家发展战略的高度构建我国养老保险体系这一艰巨复杂的社会系统工程，实现我国养老保险制度的健康、稳定和可持续发展。

科学设计我国养老保险制度发展的目标模式，必须充分估计人口老龄化挑战及其严峻后果，必须充分考虑统筹城乡社会保障制度构建的总体要求，必须充分考虑养老保障体系可持续发展这一关键，必须充分考虑现行养老保险制度与覆盖城乡的养老保障目标模式的对接和有机结合，争取赢得战略主动，切实避免战略失误。国外养老保险制度发展经验教训表明，养老保险制度建立的初创时期，制度覆盖范围及人员较少，财务平衡较易实现，制度调整及政策空间较大，也较为容易。一旦制度实现全覆盖之后，尤其是制度进入成熟期，不但财务平衡面临风险，调整进程往往异常艰难，而且调控空间非常狭小。因而，养老保险制度的目标模式选择、目标定位及可持续发展就极为关键。我国养老保险发展的战略目标是以国民年金制度为基础，以多层次养老保险制度为主体，集经济保障、精神慰藉、服务保障为一体，可持续发展的养老保障制度体系。

（1）在整合现有不同人群的各类养老保险制度的基础上，在 2020—2025 年建立健全国民年金的基本养老保险制度，覆盖全民，制度基本统一，待遇水平占社会平均工资 30％～35％，税收征缴，财政补贴，体现政府有限责任。推进和完善多层次养老保险制度，建立包括社会救助养老金、职工养老保险制度、城乡居民养老保险制度、企业年金、职业年金、地方年金、老年帮助、家庭保障计划等制度的整合的多层次养老保障制度体系，形成有中国特色的集经济保障、精神慰籍、服务保障为一体的城乡养老保障体系。

（2）在2015—2020年完善覆盖城乡各类职工的多层次养老保险制度体系。一是改革完善现行城镇职工基本养老保险制度，择机分离个人账户，社会统筹部分实现基本养老金全国统筹，建立基本统一的职工基本养老保险制度，创造条件的向国民年金制度过渡。二是整合体现企业、单位及个人责任的缴费型养老保险制度，形成养老保险形式的职业年金体系。将原统账模式下的个人账户基金并入职业年金，逐步形成以个人缴费为主，市场化运作，强化基金积累与有效增值，体现差异的养老保险的重要支柱。同时，需要政府在税收优惠、政策扶持、完善监管方面的积极支持。三是鼓励发展各种商业人寿保险计划、年金计划，充分发挥市场机制的多样性、灵活性、补充性保障功能。当然，需要认真研究制度转型的约束条件、推出时机及过渡办法。既要保障原有制度下覆盖人群的实际利益，又要为新制度的推进创造条件，也要充分考虑到制度转型的困难和不利影响。需要考虑个人账户既得权益的保护，也需要考虑我国目前大多数企业尚未建立企业年金计划的现实，考虑职工、居民、农民养老保险制度统筹发展的诸多问题。审慎决策，周密部署，稳步推进。老人老办法，新人新办法，应该是制度转型过程中一种比较现实的选择。

（3）在2012年实现城乡居民养老保险制度全覆盖的基础上，到2015年进一步完善覆盖城乡居民的基本养老保险制度框架。在新型农村社会养老保险制度全覆盖的基础上，与城镇居民养老保险制度并轨形成我国城乡居民养老保险制度。制度按基础养老金加个人账户方式运行，制度结构力求简单易行，体现制度的非缴费普惠型与个人缴费责任相结合的特征。在制度设计上与城乡职工养老保险制度留存接口。城乡居民进入职工养老保险，按基础养老金和个人账户分别转入，通过地方养老金调节差异。在全国实现城乡居民基本养老保险制度可衔接，养老保险关系易转接，真正实现城乡养老保险“一卡通”的制度平台、资金平台和技术平台。

（4）在2015年以前，突破政策障碍，积极发展各类补充养老保险制度，通过税收优惠、政策扶持，强化监管，积极推进企业年金、职业年金、家庭年金、个人年金和商业人寿保险计划。科学合理界定政府责任、市场作用、个人及家庭责任的合理边界，切实转变目前政府承担养老保险无限责任的被动局面。在逐步实现城乡居民基本养老保险全覆盖的同时，锁定政府在基本养老保险的有限责任，鼓励城乡职工和居民承担养老保险责任，以有效避免人口老龄化高峰期政府财政负担过重的被动局面，实现养老保险制度的可持续发展目标。政府需要在保障职业年金安全运行、风险控制方面承担更大的责任。而制度设计的这一理念，必须体现在养老保障战略目标、战略框架之中，必须体现在我国养老保障体系建设的过程中，必须是养老保障长期战略顶层设计须遵循的一项重要原则。

(5) 构建经济保障与服务保障相结合的老年帮助制度，提高养老保障质量和水平。各种养老保障制度安排，解决的是老年人的经济保障问题，但真正要实现老有所养，则离不开发达的养老服务。尤其是在人口老龄化加速发展而家庭结构日趋小型化以及女性参与劳动力市场的比率日益提高的条件下，没有发达的养老服务体系，即使有养老金的收入支持也难以保障老年人的生活质量。因此，在加快建立覆盖全体城乡居民的养老保障制度体系的同时，一要不失时机地推进和完善老年帮助制度和老年服务保障体系发展；二要大力发展老年服务产业，形成公助民办、官民结合的格局，构建以居家养老加社区照料为主体，辅之以各种机构养老并存的老年服务保障体系；三要大力培养老年专业护理人才，建设专业护理员队伍；四要积极引导和发挥家庭成员在老年服务保障和精神慰藉中的基础性作用，不断提高老年人的生活质量，以使得每一个老年人均能够颐养天年。

2. 实现我国人口老龄化挑战背景下的养老保障战略目标及战略框架，必须高度关注若干约束条件和制约因素

一是将养老保障体系构建纳入国家经济社会可持续发展的战略框架之中，从经济社会协调发展的高度重视养老保险体系构建。人口老龄化发展进程中的养老保障体系构建，已成为制约一国经济社会可持续发展的关键性议题而备受各国政要关注。而中国人口老龄化问题的严重性和养老保障体系构建的长期性、复杂性、敏感性，对此更应从国家战略发展的高度给予充分关注。

经济的长期持续增长是我国城乡养老保险制度可持续发展的重要物质基础。任何一种形式的养老保险制度都不可避免地要触及到国民产出的分配问题，无论养老金权益的积累方式是采取现收现付制还是基金积累制，对于整个社会而言，最终都需要变现购买经济活动人口所生产的物品和服务来保证劳动者退休后的生活。从宏观层面来看，随着人口老龄化程度的不断加深，老年人口数持续增加，经济活动人口数持续减少，在劳动生产率一定的情况下，整个社会所能够提供给老年人口消费的物品和服务减少，势必加剧代际之间的矛盾。从微观层面来看，国民经济的持续健康发展才能使政府掌握雄厚的财力用以资助养老保障制度的改革与发展，才能使政府有能力不断偿还各种历史债务，并保证新债务的发行不断得到民众的支持和信任，才能使企业和个人有足够的缴费能力。因此，对我国城乡养老保障制度而言，国民经济的持续健康稳定发展才能在人口老龄化背景下提供足够的国民产出满足其可持续发展的需要。另一方面，经济的发展程度决定了养老保险制度可持续发展的水平。养老保障制度的发展水平如果超越了经济的发展水平，可能导致养老保障制度在财务上难以为继。同时，

养老保障制度与国民经济良性互动机制的确立是养老保险制度的可持续发展的内在要求

二是在对城乡社会养老保险制度实现全覆盖的制度模式、实施步骤及推进的时序进度等，进行周密论证的基础上，审慎决策，稳步推进。需要强调，我国与欧美发达国家养老保险制度发展的重大差异在于，目前仍处于制度的建立与完善的初创时期，制度建设和改革发展步伐较快，尤其对农村养老保险体系构建，调控空间较大，恰好也是提升养老保险战略研究重大决策价值的最佳时机。只有抓住目前短暂的机遇，反复论证并明确我国养老保险体系的战略目标、战略框架、战略重点、战略步骤，在避免重大战略失误的前提下，我们才有可能赢得应对人口老龄化挑战的战略主动权。反之，如果我们是在城乡居民养老保险实现制度全覆盖之后，再明晰养老保险的战略目标及主体性战略框架，那么，我国城乡养老保险改革发展将面临极大的风险，不但战略调整的空间非常小，而且调整进程将严重受阻。养老保险制度发展的一条重要国际经验是，养老保险制度具有很强的路径依赖特征，制度演化发展的惯性极大，改革调整极为困难。尤其中国养老保险制度的改革调整，比其他国家更为艰巨。这已为我国城镇养老保险改革的曲折发展道路所证实。

三是实现我国养老保险改革的战略目标，必须从战略高度上重视覆盖城乡养老保险管理体系改革与重构。现行社会保障管理按属地化原则设计，曾经在城镇养老保险改革进程中发挥过重要作用。城镇养老保险制度长期未能实现省级统筹，利益机制和管理体制是其中重要原因。但城乡基本养老保险发展战略目标的实现程度，则根本取决于构建垂直管理体制及其高效运行。如果没有管理体制上的大调整，覆盖城乡养老保险战略目标可能很难实现，城乡养老保险制度可持续发展的目标也将大打折扣。因此，从战略高度重构社会保险管理体制，高度重视基层社会保险管理平台建设，高度重视城乡社会保险管理干部的系统培训和能力建设，应当成为我国社会保障高层决策的一项重要议题，加以重视并尽快付诸实施。这是我国养老保险发展战略的一项长期而艰巨的任务，在加快构建城乡养老保险制度的现实背景下，更具有紧迫性。

强化制度体系及管理能力建设是我国城乡养老保险制度可持续发展的重要制度保证。城乡社会养老保险制度体系、管理能力建设主要包括养老基金管理、养老保险经办体制建设和专业养老服务人才培育等方面，其中养老保险基金管理处于核心地位。养老保险经办体制和经办机构的能力建设是我国城乡养老保险制度可持续发展面临的重大现实问题。西方发达国家的实践经验表明，养老保险政策的制订和实际管理操作方面的不同步往往难以避免。惟有在养老保险经办体制完善和经办机构准备充分的情况下，当关键问题预期可操作时，养老保险制度的改革与发展才能真正做到可持续。

此外，管理能力的提升有赖于管理人才的培养，养老保险制度的良好运行依赖于专业养老服务人才优秀的工作绩效。养老保障服务最终是通过经办人员传递到国民手中，经办人员的专业化程度直接关系到的养老保险的工作绩效和国民对养老保险制度满意度的评价，关系到城乡养老保险制度长期稳定和可持续发展的公众信任基础。

四是实现我国养老保险发展的战略目标，应当坚持适度普惠与缴费相结合的原则，体现国家责任与个人责任的有机结合。完全的普惠福利型意味着国家承担无限责任，福利国家的教训应当认真吸取。我国经济长期增长的能力和严峻的养老保险支付压力必将使其难以为继。因而，适度普惠福利型有助于尽快扩大我国养老保险覆盖面，缩小城乡差别，让更多城乡居民拥有养老保险的制度化保障。同时，也为养老保险的可持续发展奠定了良好的制度基础。国家责任的体现旨在为国民最基本养老保险待遇提供一定的资金支持。发展中国家养老保险发展的经验教训表明，完全缴费型养老保险在农村推广的成功经验很少。由于农村地区的经济基础、管理能力与管理水平的限制，实现农民可持续缴费的吸引力大都存在较大阻力，应多方面鼓励农民多缴费、长缴费，尤其注意通过机制创新和技术手段创新，吸引农民的长期缴费意愿。坚持个人缴费，体现个人责任，也是实现城乡养老保险可持续发展，避免国家承担无限责任的重要决策基点。但需要将个人缴费与政府补贴有机结合，个人缴费与养老保险待遇调整有机结合，个人缴费与基金保值增值有机结合，为居民的长缴费、多缴费创造有利条件和激励机制。简单行政命令下的个人缴费方式难以持久，机制创新与政策鼓励的有机结合是维持居民长期缴费意愿的重要制度保证。实现我国养老保障战略目标，应该按照“双轨运行、缩小差距、创造条件、逐步统一”的实施步骤，纳入我国经济社会的长期发展规划，稳步有序地加以推进。

四、人口老龄化背景下我国养老保障制度可持续发展的若干政策建议

一是强化养老保险基金的投资管理和建立风险控制体系，探索多元化的基金投资渠道。在我国个人账户做实和社保基金做大的背景下，基金投资绩效、投资安全及风险管理就成为一个长期的关键性瓶颈制约。建议通过多种渠道强化养老保险基金投资。养老保险基金投资应当体现政府政策扶植，如投资有一定投资收益的社会保障特种国债，投资于国家的重点建设项目，投资于新兴能源项目。在完善市场机制和强化监管的背景下，逐步引入市场机制和多元投资组合方式。但社会保险基金入市的规模和比例，需要严格限制，否则会使社会保险基金投资营运带来极大的潜在风险。强化综合配套和完善各项制度保障，建立健全养老保险基金的动态风险控制机制。

建议尽快推出社会保基金长期国债投资项目，发行期限 30 年以上的社保基金长期社保国债，国债利率实行指数化浮动，盯住经济增长率、利率，通货膨胀率等多种综合指数，实施动态调控。一方面提高社保长期国债利率，提升社保基金的保值增值能力，另一方面国家可主导基础设施、重点项目的投资，增强国家对宏观经济及长期战略发展的调控能力。即使是资本市场十分完善和发达的欧美国家，目前也正在抓紧研究发行期限 30 年以上的社保长期指数化国债投资项目，以应对人口老龄化的严峻挑战。这一新的发展动态，值得关注。建议由财政部牵头，组织专门课题组进行集体攻关，近期拿出方案，尽快实施。这是在中国目前经济、金融条件下，解决社保基金安全营运和保值增殖的上策。需要强调，中国社保制度的最终责任人，是中央政府。社保基金的安全直接影响人们对社保制度的信心，影响人们对社会稳定的信心。创新社保基金保值增值途径，可以更好体现政府承担的社会保障责任，体现政府对社保基金集权管理的思路，体现政府对经济社会宏观调控能力的增强，体现政府对社会保障可持续发展的战略思维。

二是我国退休政策的改革调整，需要进一步立足国情，解放思想、拓宽思路、积极创新，推行综合性的改革思路。实施标本兼治的退休政策改革策略。强调发展模式和就业模式的调整是退休制度改革的根本着眼点。我国现行的发展模式和就业模式乃是西方现代化模式中国化进程中的一种体现，基本态势表现为资源扩展型、城市化的发展道路。如果现行发展模式没有一个根本转变即从以资源扩张向以人为本的战略转移，从以城市为中心向以乡镇为中心发展模式的转变，那么，这一发展格局中的退休政策的调整空间总是有限的。同时，必须着眼于中国人口众多、资源充裕的基本国情，发展中间技术，发展劳动密集型产业和服务业，使我们具备退休政策调整的广阔空间和调整余地，扬长避短地推进中国式发展模式和就业模式，那么，按现行思路设计的我国经济社会发展进程中的诸多困境，均可以从根本上得以缓解；退休政策调整与劳动力市场供求矛盾的两难困境，可以有一种更为清晰的思路和措施。

应当指出，这一战略性调整，乃是在对未来国际国内发展宏观形势客观估计基础上的一次重大政策调整，关系到我国在未来国际政治大格局中的基本定位。退休政策调整的具体思路：需要在深入调研基础上，加强理论和政策研究，制定我国 2020—2030 年综合退休政策调整战略规划和应对人口老龄化、发展老龄事业的总体规划，制定养老保险制度改革和退休政策调整的联动方案，把调整退休政策纳入国家应对人口老龄化总体战略规划。预先谋划新的退休政策下战略规划方案的调整，为政策的实施到位预留充分的社会磨合期。采取有效措施，坚决抑制提前退休；逐步提高领取全额养老保险待遇的时间；逐步推行弹性退休政策。

三是构建集中垂直管理构架，理顺管理体系。我国现行社会保障管理体系，受制于部门利益、地方利益、行业利益的冲突，管理效率低下，政出多门，管理和协调难度不断增大，已严重影响社会保障功能的顺利实现，也使各项改革因部门利益干扰而严重受阻。必须站在国家战略发展和维护社会稳定大局的高度，强化中央政府的权威，各地、各部门的利益必须服从国家利益。否则，会严重妨碍社会保障改革的整体推进和可持续发展。当前提高社会保障统筹层次、社会保险税费征缴、社会保险基金投资管理与监管等都迫切需要尽快理顺管理体系，强化政府集中管理、提高社会保险经办机构能力，需要强化服务意识，堵塞管理漏洞，切实减少因社会保障待遇等问题诱发的群体事件，切实维护社会稳定。统筹城乡社会保障的各项任务十分艰巨，新的探索提出了若干新课题，但管理难度要大大超过以往城镇社会保障改革。构建集中管理、垂直管理的社会保障管理构架，强化制度设计和政策实施的有效性、预见性，不但十分重要，而且非常紧迫。

四是养老保险改革战略的有效性，取决于综合配套、整体推进的相关制度和政策措施的支撑。当前，在我国养老保险改革的若干深层次问题逐渐显露的背景下，养老保险方案的选择和模式转换的若干基本约束条件，都必然涉及同财政、社保基金理事会、民政、法律、国有资产管理、金融保险等部门的综合配套与协调配合。建议尽快建立由相关部委组成的国务院社会保障改革综合协调机制，负责在国务院领导下统一协调社会保障改革的若干重大战略性决策问题，尤其需要协调解决城乡养老保险改革中面临的若干重大战略问题。以便更好把握历史机遇，尽快实现城乡养老保障整体改革方案的设计和有效实施，为养老保险改革方案的科学决策和逐步建立起养老保险的长效机制，提供重要的制度保证和决策支持系统。多数发达国家在近年来的社会保障改革进程中都建立起高层决策机构及有关国家建立的部际协调机构，发挥了非常重要的决策作用。

五是高度重视社会养老保障与家庭保障的融合发展的相关配套支持政策。要实现人口老龄化背景下我国养老保障的可持续发展，必须使养老保障体制与我国社会结构、家庭模式相契合，家庭养老保障资源与社会养老保障资源相配合，才能解决我国的养老保障问题，才能实现养老保障的可持续发展。政府需要在社会上倡导家庭和美的理念，巩固我国的家庭制度。国家的老年事业工作者，社会的扶老助老力量，应该特别关注老年群体。同时，需要完善实现社会养老保障与家庭保障融合发展的各项配套支持政策。

六是积极促进商业养老保险的发展，满足多样化养老需求。现阶段我国商业养老保险在多层次养老保障体系中的作用还没有完全体现出来，亟需从战略高度重视商业保险在人口老龄化背景下的重要保障作用。需要完善国家的政策支持，加快发展企业年金和职业年金计划，不断完善和优化政策环境。发挥保险公司在发展我国老龄产业中的重要作用。不断发挥保险公司专业化的发展优势，鼓励多种形式的保险专业化发展方向，使商业保险在城乡养老保障领域的优势得到充分发挥，尽快使我国多层次养老保障体系建设迈出实质性的战略步骤。

七是强化精算技术在养老保障可持续发展中的支撑作用。我国人口老龄化的快速发展和城乡养老保险制度全覆盖的实现，我国养老保障体系构建及其可持续发展必须强化精算技术的支撑作用。迫切需要进一步强化精算技术在养老保障体系构建、养老保障制度可持续发展的基础性技术支撑作用。需要在养老保障体系的战略规划、制度构建的决策体系中融入并强化精算技术在科学决策中的重要技术支持作用。我国养老保障体系架构的复杂性、养老保险制度碎片化的现实，使精算技术的应用空间受到很大限制。但精算技术没有能够在养老保障体系的决策框架中发挥应有的重要作用，这是需要认真总结的一个经验教训。在城乡养老保障重大政策出台，养老保险待遇水平调整，养老保险中长期收支平衡，养老保险的全国统筹方案设计，多层次养老保障各层次保障程度、保障水平衔接及财力安排等工作中，都需要精算技术和精算方法的支撑，需要精算技术提供重要的决策参数和决策参考。尤其是由于我国城乡养老保障制度框架的复杂性，经济发展的区域性及发展不平衡性，经济金融环境的波动和复杂多变性，更是需要发挥精算技术在养老保障改革决策及顶层设计中的重要作用。城乡养老保障制度运行和可持续发展迫切需要完善和提升我国各级社保管理机构的精算技术能力及精算服务能力。需要进一步充实各级社保机构的社保精算能力建设和社保精算人才培养。在有条件的高校设立社保精算培训项目，加大社保机构在职人员社保精算的业务培训、政策培训和技术培训。发挥社保机构在养老保险运行管理、业务水平和管理能力提升中的重要作用。

人口老龄化对卫生系统的挑战及健康老龄化战略

饶克勤[1] 钱军程[2]

【摘要】 人口老龄化对医疗卫生服务提出了严峻挑战，通过改革和完善医疗卫生服务系统来应对人口老龄化，尤其是建立和实施健康老龄化战略，完善老年医疗和护理保障制度，加强老年医学人才培养和科学研究，从而实现健康老龄化、提高老年人的生命质量。

【关键词】 健康老龄化

21世纪是人类老龄化时代。2025年，我国60岁以上老年人将达到2.9亿人，约占我国总人口的1/5。与其他国家相比，我国老龄化呈现规模巨大、增长迅速、地区失衡、城乡倒置、女多于男、未富先老的特点。快速人口老龄化给我国医疗卫生系统带来严峻挑战，人口持续老龄化导致慢性病的发病率和患病率上升，社会和个人医疗成本增加，患者生活质量下降。老年人的医疗服务需求，尤其是护理照料需求更加迫切。因此，要通过改革和完善医疗卫生服务系统来应对人口老龄化，尤其是建立和实施健康老龄化战略，完善老年医疗和护理保障制度，加强老年医学人才培养和科学研究，从而实现健康老龄化、提高老年人的生命质量。

一、我国人口老龄化的趋势及其特点

上世纪末，我国就进入了老龄社会，是较早进入老龄社会的发展中国家之一。2010年，我国60岁以上老年人口已达到1.78亿人，是世界老龄人口最多的国家，是位居第二印度的1.8倍和位居第三美国的3.2倍，绝对数量上超过日本人口总数(1.28亿人)，并且以每年800万人的速度递增，至2020年将达到2.5亿人。近些年来80岁以上高龄人口快速增加，已接近2 000万人，2020年将达2 700万人。与之相关的医疗卫生和健康问题凸显，疾病经济负担沉重。如果应对不当，将严重影响我国

---

① 饶克勤，中华医学会。

② 钱军程，卫生部统计信息中心。

社会经济的发展。因此，人口老龄化既是现实面临的也是长远存在的问题，迫切需要科学筹划应对策略。

我国人口老龄化与西方发达国家相比，具有鲜明的特点。一是老龄化速度快，西方发达国家从成年型人口走向老年型人口，一般要经历 40 至 100 年，如英国用了 80 年，而我国仅 20 年；二是未富先老，我国进入老龄社会时人均 GDP 不足1 000美元，而发达国家在进入老龄化社会时人均 GDP 一般在5 000至10 000美元；三是原因不同，我国主要是以人口政策导致的少子老龄化为主，西方国家则是由于社会经济的发展而导致寿命延长的一个自然老龄化过程；四是社会心理与社会法律制度准备不足，改革开放以来，我国以经济建设为中心，在社会领域重视不够，应对人口老龄化的体系不健全、制度不完善或缺失。

二、人口老龄化对医疗卫生系统挑战

人口持续老龄化使慢性病的发病率、患病率和失能率上升，社会和个人医疗成本增加，患者生活质量下降。

1. 老年人口慢性病发病率、患病率上升，医疗卫生服务需要量增加

我国老年人慢性病发病率和患病率呈明显的上升趋势。由 20 世纪 90 年代初的 50.1%上升至目前的 59.5%，经医生明确诊断的慢性病病例数由4 108万增加至9 513万。从我国老年人的疾病构成分析发现，常见的传染病、呼吸系统、消化系统疾病等以感染性为主的疾病呈现下降趋势，与 90 年代初相比分别下降了 56.3%、48.0%和 32.8%。而非传染性慢性病增加十分迅速，心脑血管疾病、恶性肿瘤、糖尿病、慢性支气管炎、泌尿系统的患病率呈明显上升趋势，其中高血压、糖尿病、椎间盘疾病、脑卒中分别增加了 2.0 倍、2.7 倍、2.4 倍和 56%。目前我国每年新增1 700万慢性病例数，主要发生在 60 岁以上老年人群。假设未来老年人各年龄组的慢性患病率不变，仅考虑各年龄组人口变化，至 2050 年，我国老年人慢性病将由目前的9 987万例增加到26 916万例，年平均增长为 2.5%，绝对数增加 1.7 倍。如果同时考虑各年龄组患病率的变化，病例数将达到30 911万例，年平均增长 3.8%，绝对数增加 3.5 倍。

慢性疾病是导致老年人失能和残障的主要原因。目前，我国老年人失能率为 16.9%，比前 10 年的 10.6%增长了 59.4%。按照 2010 年 1.68 亿老年人口推算，我国失能老年人约有2 840万人。农村老年人失能率为 19.0%，高于城市的 12.8%，二者比前 10 年分别增加 32.0%和 69.6%。假定未来各年龄组失能率维持不变，由于老年人口增加，2050 年失能人数将达到8 929万，年均增长 2.9%，增加了 2.2 倍。同时考虑失能率变化，2050 年失能人数将达到16 373万人，年均增长 4.1%，增加了

3.9倍。

残障是指生活起居需要他人帮助或社会支持的严重失能。2008年，我国60岁以上老年人具有完全生活自理能力的比例为87.6%。目前，我国生活不能自理需要照顾的老年人数为1 500万人，占老年人总数的8.8%。预计到2020年将超过2 500万人，到2050年将达到4 000万人，年均增长4.3%，增长4倍。高龄老年人健康状况更差，失能残障情况严重，对护理照料需求更加迫切。残障老年人生活需要他人照顾，将消耗更多的社会资源。

慢性病患病率上升导致医疗卫生服务需要量增加。2010年我国年患病人次数为55亿人次，预计到2025年达到85亿人次，增加30亿人次，其中57%的增长归因于人口老龄化，43%归因于患病率的变化。

2. 老年人口医疗卫生需求和利用变化，疾病经济负担日益加重

2011年全国医疗卫生机构诊疗人数达到62.7亿人次，比2005年41.0亿人次增加了53%。其中60岁以上老年人就诊占诊疗总数的40%～45%。据第四次国家卫生服务调查估算，我国老年人两周患病率为43%，两周就诊率为30%，两周自我医疗率为12%。近年来，老年人利用城市社区、农村乡镇和村级医疗机构的比例上升，城乡之间老年人门诊利用水平的差距在缩小，公平性在改善。随着医疗保障制度的建立和完善，目前城乡各种医疗保障制度覆盖人口超过95%，老年人住院服务利用增加明显。2011年全国住院人数达15 298万人，比2005年7 184万人增加了113%，其中60岁以上老年人住院占住院总数的31%。老年人住院率比前10年增加了1.5倍。

60岁以上老年人两周患病期间没有进行任何治疗的比例在2008年为9.7%，比2003年的13.7%下降了29.2%。农村老年患者未治疗的比例大于城市，尤其是农村高龄老年人有病不治比例达到15.7%。主要原因是经济困难和自感没有必要去看病。老年人中应住院未住院的比例也呈逐渐下降的趋势，由1998年的45%下降到25%以下。

老年人口医疗费用负担及其变化。老年人医疗费用呈快速上涨趋势，一方面与慢性病尤其是心脑血管、恶性肿瘤、糖尿病高发有关，另一方面与医疗技术进步、医疗价格的上涨有密切关系。1993至2008年，老年人门诊就诊费用年平均增长11.8%，其中城市增长11.6%、农村增长13.9%。老年人次均住院费用由1 467元增加到6 723元，年增长10.7%。2008年城、乡住院费用的医保实际报销比分别为53.4%和30.5%。

我国老年人口总的疾病经济负担（包括就诊、住院、自我医疗、残障照顾等）：1993年为775亿元，2011年为14 283亿元，年均增长18%以上，其中疾病治疗相关

费用（直接和间接）从542亿元增加至9 127亿元，年均增长17%，失能照顾的费用为5 156亿元。从卫生总费用的角度测算，扣除物价上涨因素，归因于60岁以上老年人口的疾病治疗费用2011年为9 127亿元，2015年为14 487亿元，2020年为23 778亿元。可见，无论是疾病治疗相关费用，还是疾病经济负担均呈现快速增长，超过我国GDP和居民收入的增长速度。详见表1。

表1　1993—2011年我国60岁以上老年人口疾病经济负担

指标	2011	2008	2003	1998	1993
总的疾病经济负担（亿元）	14 283	9 211	3 939	1 737	775
其中：疾病治疗负担（亿元）	9 127	5 551	2 706	1 365	542
失能照料负担（亿元）	5 156	3 660	1 233	372	233
CPI调整总的疾病经济负担（亿元）	6 896	4 813	2 452	1 082	775
其中：疾病治疗负担（亿元）	4 407	2 900	1 685	850	542
失能照料负担（亿元）	2 490	1 912	767	232	233
疾病治疗负担占卫生总费用的比例（%）	40.3	38.2	41.1	37.1	39.3
疾病治疗负担占GDP的比例（%）	2.1	1.8	2.0	1.6	1.5

（三）对传统医疗卫生服务模式的挑战，护理服务需要增加

我国基本建成比较完整的三级医疗卫生服务体系。2011年各级各类医院达到2.2万所、基层医疗卫生机构91.8万所、专业公共卫生机构1.2万所。每个县都设有政府办医院和中医院，每个乡镇都设有政府办的卫生院，90%的村设有卫生室。我国从事医疗卫生的人员数达862万人，卫生技术人员620万人，其中执业（助理）医师247万人，注册护士224万人，乡村医生和卫生员113万人。

各级各类医疗卫生机构在满足老年人医疗卫生服务需求方面发挥了重要作用。目前，我国门诊和住院服务量的45%和32%是老年人群所利用。但是与妇女、儿童医疗卫生机构相比，老年人的专业性医疗机构相对较少，尤其是老年护理机构更少，全国老年病医院有61家［三级医院一家（北京老年医院），二级医院有19家，一级医院有18家，其他为未评级医院］，床位7 191张，平均每家医院有床位118张。与老年健康紧密相关的康复医院全国有265家，其中城市219家、农村46家；专业性老年康复医院只有15家，护理院41家，床位2 310张。护理站全国有65家，其中城市59家、农村6家。

目前，我国医疗卫生服务模式存在着“重医疗、轻预防、轻康复”的现象。无论是财政投入、基础设施建设、人才培养，都有向医疗服务倾斜的特点，对疾病预防、康复的重视较弱。公共卫生和健康教育不到位，许多慢性疾病的致病因素如吸烟、酗酒、高盐、高油、高糖等没有得到控制，是慢性疾病持续增长的重要因素。公立医疗

机构注重医疗技术的发展，过度追求经济利益，忽视疾病预防和疾病康复。医疗服务模式是以坐堂行医、住院护理为主。老年慢性疾病的特点或特殊性，需要医疗卫生服务关口前移、重心下沉，注重预防和健康教育，加强疾病管理和健康管理，控制慢性疾病的危险因素；需要医疗卫生服务走进社区、走进家庭、签约服务，改变坐等病人、住院护理，向社区和家庭护理转变；需要建立首诊医疗、双向转诊制度，强化医疗卫生服务的连续性和协调性，提高老年人利用医疗卫生服务的方便程度。

三、国际健康老龄化实现途径及方法

1. 健康老龄化的基本内涵和外延

1961 年，Havighurst 最早定义健康老龄化为延长寿命，增加生活满意度。之后，学者们开始探讨符合健康老龄化的标准和因素，如独立性、生活满意度、自我实现、自我效能、自我价值、长寿、躯体功能、没有残疾。

1990 年，世界卫生组织提出“健康老龄化”，是指延长人类的生物学年龄及心理和社会年龄，使得老年人健康和独立生活的寿命更长、生命质量更高。现在健康老龄化的基本内涵主要从心理、生理两个方面，或两者混合的框架下定义。生物学强调躯体和认知功能，长寿、健康、无残疾、没有慢性疾病或危险因素并且躯体功能良好；社会心理学强调生活满意度、心理资源和社会功能。

Rowe 和 Kahn 提出了健康老龄化的生物模型，认为健康老龄化应该具备三个特点：疾病以及疾病相关残疾发生的风险性低；认知能力和躯体功能良好；积极参与生活。除此之外，独立性和社会支持对健康老龄化也很重要。Rowe 和 Kahn 模型应用最广泛，但该模型忽视了在生命进程中不可避免的老化过程，即对于大多数老年人来说，没有疾病是不现实的。社会心理模型中的满意度通常包括热情、决心、刚毅、预期目标和现实之间的关系、自我概念、士气、情绪和整体的幸福感；心理资源一般包括积极的观点、自我价值、自我效能（控制生活的意识）、独立性、对环境变化的适应性；社会功能包括社会角色扮演、社会关系。

健康老龄化是一个动态的过程，是人在整个生命过程中逐步发展的结果。至少体现在四个方面：（1）生活能自理，具有独立生活的能力和条件；（2）精神上愉快健康；（3）良好的社会交往或社会适应性；（4）对社会的贡献性。

2. 发达国家健康老龄化的制度安排和现行政策

为了应对老龄化带来的各种影响，国际社会尤其是一些发达国家根据本国实际，制定了一系列“健康老龄化”或“积极老龄化”的制度安排。包括养老金保障制度、医疗保障制度、老年人护理保障制度、老年人福利制度、健康老年人行动计划等。值得一提的是一些欧美国家、日本等建立了较为完善的老年护理制度保险制度，包括全方位的护理服务项目、综合性的老年康复护理以及针对老年精神或治理残障病人的系统而适宜的作业疗法训练。老年人长期护理保险制度是解决老龄化问题的一项重要措施，它在化解老龄危机、保障老年人护理服务需求、抑制医疗费用上涨等方面起到了重要的作用。目前，国际社会现行政策主要包括：

（1）制度保障和立法支持

老年人医疗保障制度和老年人护理保障制度是保障老年人健康的重要制度支撑。日本的老年社会保障有《国民年金法》《老人福利法》《老人保健法》三部法律作为支撑。其中《老年人保健法》规定：①向老人提供从疾病预防到完全康复的全部医疗服务；②老人的医疗费用将由国家、地方公共团体和医疗保险制度的保险人共同支付；③老人需要承担一部分医疗费用以实现费用负担的公平化以及合理就诊。

日本还建立了由政府强制实施，市町村具体运营，40 岁以上公民无论身体状况好坏均要参加的老年护理保险制度。该制度建立了一套科学合理的管理方法，重视建立以市町村为责任主体的综合护理预防体系，将预防与护理服务紧密结合起来，并通过对被保险人的申请调查认定来确定保险等级，评估其健康状况，降低了资源的不合理利用。养老保障制度、老年福利制度等对促进健康老龄化有积极作用。如日本的社区照顾服务，依托社区建立多种服务设施，开展家庭看护服务，使老年人能够在社区和家中安度晚年。

（2）老年人长期照顾政策

长期照顾作为老年护理制度的一部分是指由非正式的照顾提供者（家庭、朋友或邻居）或专业人员（卫生、社会和其他）开展的活动系统，以确保缺乏自理能力的人能根据个人的选择保持生活质量，并享有最大可能的独立、自主、参与、个人充实和人类尊严。M·J·Lauren、Le Roy 等人提出了一系列长期照顾的基础工作方法，包括在合适的环境下养老、协助老年人在家生活、在护理院中的“文化改变”、提高服务质量、加强人力资源建设等。当前国外长期护理产业的发展实践，老年人长期护理“去机构化”趋向明显，以社区为基础的老年人长期护理机构和方式，正逐步取代集中性的长期护理机构，成为老年人长期照护的主体。

美国的长期护理主要通过护理院保健、家庭卫生保健和临终关怀三种途径实现。护理院保健主要是针对那些患有慢性病而生活不能自理，不能够在家得到长期照顾的老年人。护理院保健分为专业性护理保健和托管，联邦医疗照顾计划（Medicare）对专业性护理保健付费，托管的资金来源主要包括患者自付、医疗救助付费和私人长期照顾健康保险。家庭卫生保健是指老年人在生活上需要一定的帮助，但是并不需要进入到护理院中，只需要护士对其定期访问。护士所提供的服务包括监测病人使用药品，评估病人食物的营养，评估继续在家是否安全。此外，部分老年人还可以配备家庭助手，对患者的日常生活提供帮助。家庭助手主要是帮助患者洗浴、提供三餐。联邦医疗照顾计划（Medicare）是家庭卫生保健的主要付费来源。临终关怀主要是针对身患绝症的患者。临终关怀主要是通过对照看者和患者提供情感支持来减轻痛苦，其目的并非是延长患者寿命。通常情况下，临终关怀包括一个卫生保健团队，该团队由医生、护士、社会工作者、牧师、经过训练的家庭保健助理和社区志愿者构成。

韩国制订了长期护理计划，作为医院和社区保健中心的延伸，为老年人提供长期照顾服务。在马来群岛，健康中心为老年人提供动态的服务，服务内容包括家庭护理，咨询和物理康复。日本、马来群岛和新加坡还为那些在家照看患者的人提供经济激励。在马来群岛，政府对有老年人花费医疗费用的家庭减免税收。

（3）基于年龄友好的初级卫生保健政策

WHO 提倡创建老年人友好型初级卫生保健中心。初级卫生保健是以实际的、科学的和社会可以接受的方法和技术为基础的基本保健，社区内的个人和家庭通过全面参与均能普遍获得，而且社区和国家可以负担其在发展的每一阶段的投入。对很多贫穷老年人来说，以社区为基础的初级保健中心通常是最早接触，也是唯一能够接触到的保健系统。在这些机构中所获得的服务和治疗对促进老年人健康影响重大。对老年人健康和康复进行投资，最终目的是通过为老年人提供持续性照顾，延长寿命、保持健康。创建友好型初级卫生保健中心需要做到以下几点。①加强对卫生人员的教育培训。所有的卫生人员都应接受与年龄、性别、文化相关的技能培训；临床人员要接受老年护理核心技能培训；初级卫生保健中心要对老年人进行健康教育、疾病管理、提供药品；卫生服务人员定期对老年人的药物使用进行检测。②初级卫生保健中心的健康管理系统要考虑到老年人需求，治疗成本应相对较低，以确保低收入人群对卫生服务的利用。中心应该提供连续的保健服务，通过建立机制协调社会和家庭照顾的服务。中心还要为老年人建立健康档案，使老年人能够在社区、二三级医疗机构和社会服务之间得到连续性的支持。③确保适宜老年人的卫生服务环境。初级保健的中心整体设计除了应该符合卫生机构普遍原则外，还要利用各种社区资源（如志愿者），以确保所有人尤其是低收入的老年人能够安全地被运送到保健中心，并且能够支付得起运送费用。

（4）积极推行健康老龄化的适宜技术

适宜技术是针对老年人不同人群中存在的不同常见疾病所采取的干预措施，目标是促进老年人的健康。目前，国际社会关注的适宜技术主要包括以下几种。①针对心血管疾病、中风和糖尿病的干预技术。主要针对行为和生物危险因素，如不健康饮食、缺乏体育锻炼、吸烟以及肥胖、高血压和异常脂蛋白血症。预防政策重点放在减少烟草危害与减少肥胖。②针对骨质疏松症引发的老年人骨折。在成人早期，骨量的峰值可以通过充足营养、锻炼、不吸烟来获得最好值。预防骨质疏松和骨折包括HRT 干预和非 HRT 干预。应用 HRT3—10 年后，骨质疏松性骨折的发生率减少30%～50%，同时使用雌激素可很大程度地减少心血管疾患的发病和死亡。非 HRT 干预措施已经获得批准的方法包括使用钙剂、降钙素及二磷酸盐。③老年人精神健康。保障老年人精神健康政策包括：支持和发展由家庭成员提供的照顾（例如暂托照顾，培训等）；将精神健康评估和抑郁管理以纳入初级卫生保健；对遭受老年人虐待或其他形式的暴力的女性给予特殊照顾；帮助消除与精神疾病有关的耻辱感；立法保护患有严重精神紊乱的人的权利。④老年失智症。目前证据表明药物（胆碱酯酶抑制剂）在一定程度上可以减缓失智症患者（AD）认知功能下降的速度。药物治疗可以应用于心理治疗，如抑郁、焦虑、兴奋、妄想、幻觉等症状。

四、实现健康老龄化的政策建议

健康老龄化是从生命过程的角度，关注老年前期及老年期健康，尽可能避免疾病的发生和发展，有了疾病尽可能减少失能的发生，有了失能尽可能的避免残障的发生，从而延长老年人的健康寿命，增强其生活自理能力，缩短死亡之前的失能或残障寿命，提高老年人的生活质量，减轻社会和经济负担，同时使老年人尽可能为社会发挥余热，做到老有所为。因此，健康老龄化是应对我国快速老龄化所致老年人健康问题新形势下的唯一选择。

1. 应对快速人口老龄化健康新形势的总体策略

医疗卫生系统应对人口老龄化的总体策略应该包括：实现一个总目标，就是倡导老年人科学健康的生活方式，提高老年人生命质量，促进健康老龄化的实现；贯彻一个总方针，就是老年卫生工作要坚持贯彻预防为主（预防疾病和失能），防治结合的方针；构建两个保障制度，就是完善推进老年医疗保障制度，积极建立老年人护理保障制度；做好三个结合，就是要把老年卫生工作与深化医药卫生体制改革相结合，与发展社区卫生服务相结合，与重点慢性病防治相结合；建立一个连续的无缝的医疗卫生服务体系，就是要逐步建立以社区老年卫生服务为核心、以家庭配合与关怀照顾为基础、以老年专业性医疗卫生机构（如老年专科医院、综合医院老年科、预防保健机构等）为支持依托的老年健康的预防保健、医疗服务、失能康复、长期护理照顾、临终关怀的完整体系。

2. 建立与完善老年健康支持体系与基本卫生服务模式

建立老年健康卫生管理体系。由于老年人的健康问题有了一个从量变到质变的飞跃，以前瞻性的角度，明确成立一个老年卫生工作的管理机构，正如管理、协调妇女卫生问题有“妇卫处”、儿童卫生问题有“儿卫处”，建议成立一个“老年卫生处”，全盘规划、协调、管理、整合与老年卫生相关的一切事宜。

改造与完善老年健康的卫生服务体系。老年卫生服务体系应在现有的卫生服务体系基础上改造、转型、发展，必要时新建一部分。根据老年卫生服务需求的类型，可以把老年卫生服务体系划分为：预防保健与疾病控制体系、医疗服务体系、失能康复体系、长期护理照料与临终关怀等子体系。

建立以“社区—家庭”双向互动的老年基本卫生服务模式。老年人以慢性病为主、长期失能为主的特点决定了社区是改善老年人健康的最广大的实践主体，各专业子体系的落脚点均在社区。居家养老将成为我国老年人未来主要的养老模式，因此以强调双方责任的“社区—家庭”双向互动为主的老年基本卫生服务模式能很好的适应居家养老模式。社区主动服务，家庭主动配合并接受相关培训。全面探索和构建针对老年人主要卫生问题的预防保健、医疗服务、失能康复、长期护理照顾、临终关怀的基层卫生服务体系，建立“社区—家庭”双向互动、各司其责的操作模式，是应对目前快速老龄化及未来爆发式增长的老年卫生问题的最迫切要求。

3. 制订健康老龄化重大行动计划

以预防保健为主的重大行动计划。中老年人健身行动计划，应制定适宜方案，由政府发动、基层组织实施。中老年人健康教育行动，包括科学平衡饮食合理控制体重，改变不良卫生行为，修身养性调节身心等。老年人的计划免疫行动，如针对流感等老年人易患病等开展大规模的免疫接种。预防老年人跌倒、损伤为主的干预行动计划，包括实行多元化干预和个体化方案指导相结合的方案，并纳入社区卫生服务工作的内容，开展社区健康教育、健康促进以全面提高老年人防跌意识，改善家庭与社区环境以便于老年人的无障碍行动，合理补钙和营养，加强老年人机体的抗跌倒能力。

重点慢性病管理干预的行动计划。对老年人慢性病进行全程管理，最大限度的预防老年人失能、延长健康期望寿命，降低社会经济负担。确定重点管理干预慢性病名单，明确重点慢性病管理干预“三早”原则，通过健康筛查早发现、早诊断、早治疗。为每个 60 岁以上老年人免费建立健康档案，定期跟踪与体检。建立重点慢性病管理资金保障、工作制度保障、考核保障等制度。

老年人失能康复重大行动计划。加快康复体系构建与康复中心设施建设。适宜康复技术研究推广。加快与扶持失能康复产业发展。突破传统失能康复理念、创新方法与技术。

重点加强长期护理照顾的制度性建设。高龄老年人的快速增加带来失能残障的老年人数量的快速增加，对卧床老年人、生活不能自理或部分生理功能丧失的老年人的长期护理照顾工作，已迫在眉睫。中国目前应加强针对失能残障老年人的、在社区层面上的护理队伍的培养、护理内容的确定、护理操作规范与流程的制度性建设，适应快速增长的老年人的护理需求。护理任务重心下沉，由以医院护理为主转向由以社区护理为主的方向发展。

4. 健康老龄化的立法支持与制度建设

现行的《老年人权益保障法》已经实施了14年，其立法背景发生了深刻的变化，目前，在社会生活中出现了许多新的问题，因此，迫切地需要对《老年人权益保障法》进行大幅度的修改①。政府有责任健全与完善养老保险、医疗保险、社会救助、社区服务、住房保障、老年教育、法律援助等社会保障制度与措施，逐步扩大老年社会保障覆盖面，构筑社会保障安全网，逐步建立资金来源多元化、保障制度规范化、管理服务社会化，与我国经济社会发展水平相适应的老年社会保障制度。应针对护理保险开展立法并与医疗保险立法相衔接，护理保险制度针对老年人日益下降的自理能力，特别是对于卧床老人和残障老人来说，是对其归宿的一种支持与关怀。

5. 建立支持老年健康事业的多元投入机制

老年健康事业应成为公益性卫生事业的一部分，要确立政府在为老年人提供公共卫生和基本医疗服务中的主导地位，研究政府责任的表现形式，确保老年人均等享受到政府提供的医疗卫生服务，同时社会、个人也要体现各自的责任。在主渠道之外，国家应明确准入条件，允许合格的慈善机构、民间组织、营利性机构、私人等参与老年卫生事业的发展，建立多方投入机制扩大老年卫生事业的筹资渠道。

6. 老年医学的人才建设与健康老龄化科技创新

建立一支适应中国老龄化形势的卫生职业队伍。把老年医学人才纳入区域卫生规划，根据现有老年人口数以及未来的增长，制定出各种老年卫生服务人才配置标准，比照现有老年医学人才数，计算医疗服务、预防保健、失能康复、护理照料、临终关怀的人才缺口量，根据缺口量、现有经济发展水平和财政支持力度制定出现在及未来的人才培养计划。

加强科技研究、依赖科技创新寻找健康老龄化新手段新方法。目前老年医学的研

① 新的《老年人权益保障法》已于2013年7月1日生效实施。

究还比较薄弱，老年人的预防保健、失能康复的内容、特点、方法与儿童和青壮年有所不同，在借鉴传统中医养生、现代健康老龄化通行做法和国外已有的先进方法的基础上，拓宽健康老龄化的内容和领域，目的是要降低成本（尤其是失能康复成本如人工关节等），使每个老年人均能享受到基本的预防、康复和保健服务，切实延长老年人的健康寿命。

中国老年人长期照护制度研究

杨菊华[①] 杜 鹏 张文娟 彭舒新 唐丹 姜向群

【摘要】 随着社会发展和医学技术的进步，人类寿命不断延长。然而，新增寿命中的大部分时间处于不能自理状态。研究表明，2011 年，在我国城乡 60 岁以上人口中，约有 1 695 万～1 882 万失能和半失能老年人口；预计到 2030 年，中国失能老年人口将达到 3 322～4 721 万人左右，分别将占届时我国 60 岁以上老年人口的 8.96％和 12.74％。人口老龄化、老年人口高龄化、高龄人口趋于失能化的宏观态势，导致老年人长期照护负担加重，对中国长期照护服务的提供带来了巨大压力，对现有照护体系提出了严峻挑战，构建和完善我国长期照料服务体系迫在眉睫。我们需要高度关注失能老年人数量及其变动趋势，分析我国老年人长期照料体系面临的困境，积极探索长期照料商业保险和社会保险模式。

【关键词】 失能老年人 长期照料 社会保险 商业保险

无疾而终是人类的亘古梦想。但是，在生命历程中，失能（即生活自理能力的丧失）是多数老年人必经的一个阶段。中国是世界上失能老年人口最多的国家，也是目前世界上唯一一个失能老年人口超过1 000万人的国家，且该数量还将随着快速的人口老龄化和老年人口高龄化而急剧上升。挑战已成定局，情势极为严峻。

在快速的人口老龄化、老年人口高龄化、高龄老人失能化的宏观背景下，如何满足老年人日益增长的长期照料需求成为家庭和社会关注的热点。我国失能老年人的现状如何？未来发展趋势怎样？目前我国各长期照料服务主体提供的照料服务能否满足现在及未来长期照料的需求？满足老年人长期照料的成本有多高？如何保障通畅的资金来源渠道？商业保险和社会保险在未来我国老年人的长期照料服务方面将能起到怎样的作用？这些问题都是我国在老龄化、高龄化、失能化不断加剧的背景下，加快建立老年人长期照护制度体系过程中，首先必须要明确回答的问题。

人们失去生活自理能力后的带残存活时间即需要长期照护的时间；失能老年人的

① 杨菊华，中国人民大学社会与人口学院教授，博士生导师。

长期照护制度是一个复杂的体系，涉及到照护主体、服务机构和设备、被照护者的需求评估、服务内容和资金筹措等诸多方面。在我国，体系尚未确立，经验还在积累。本文从现状与问题出发，分析需求与成本，探求保险的可行性，并提出相应的对策建议。具体安排如下：首先，了解当前失能老年人的现状，预测其未来的发展趋势，评估其照料需求；其次，分析当前家庭照料、居家照料和机构照料的供给现状，论证我国构建长期照料服务体系的要素和资金保障机制；其三，尝试测算老年人长期照料的成本，研究长期照料服务费用来源的现状，提出国家、社会、家庭、个人责任分担机制和比例构成；其四，借鉴国际经验，结合中国国情，探究建立长期照料商业保险和社会保险的可行性及初步思考，以期帮助解决长期照料服务费用的来源问题。

本文利用多个相互补充的数据，进行预测、测算、分析，包括（1）郭志刚的“我国人口老龄化发展态势预测”数据；（2）李军的“2011—2050 年中国宏观经济趋势分析与预测”数据；（3）国家统计局 1994 年和 2004 年人口变动抽样调查数据；（4）全国老龄委 2008 年的“全国民办养老服务机构基本状况调查”数据；（5）卫生部 2008 年卫生服务调查数据；（6）全国老龄科研中心的城乡老年人口状况调查数据；（7）北京大学的“中国老年人健康长寿影响因素跟踪调查”数据；（8）作者在全国多个地点收集的定性访谈资料。

一、失能老年人的规模和未来发展趋势

随着社会的发展和医疗技术的进步，人口老龄化、高龄化、高龄老人失能化的进程不断加快。2010 年全国第六次人口普查数据显示，中国 60 岁以上的老年人口达 1.78 亿人，占总人口的 13.26%；其中，65 岁以上老年人为 1.19 亿人，占总人口的 8.87%，中国成为世界上唯一老年人口超过 1 亿人的国家。“十二五”期间，60 岁以上人口将突破 2 亿人，占总人口比例将超过 15%（全国老龄委，2010）；2030 年，该人群的比重将达 25.1%；2050 年进一步升至 33.3%，占总人口的 1/3。与此同时，高龄化的趋势越发明显，据郭志刚预测，2050 年，80 岁以上老年人口将占 60 岁以上人口的 22.7%。

1. 失能的界定

然而，新增寿命中的绝大部分时间处于不能自理状态（杜鹏、李强，2006）。2007 年底，全国约有1 350万名迫切需要长期照料的失能老年人，涉及近5 000万个家庭、近 1 亿名亲属（党俊武，2008）；随着时间的推移，失能老年人的数量将进一步增加，涉及的家庭和亲属数量更是十分庞大。这部分老年人往往是长期照料或长期照护（Long-Term Care）的需求者。

根据美国医疗保险协会（HIAA）的定义，长期照护是指在一个较长的时期内，为因诸如早老性痴呆等慢性疾病或肢体残障而失去独立生活能力之人提供的一系列支持性服务、护理和帮助，包括医疗护理、社会护理、居家服务、运送服务或其他支持性服务（Kane，et al.，1998）。

失能是长期照护需求的决定因素。测量和评估失能的指标有多种，“日常生活自理能力”是一个常用指标，指老年人独立应对日常生活活动的能力，包括两大类别：基本生活自理能力（Activity of Daily Living，简称 ADL）和利用设施的生活自理能力（Instrumental Activity of Daily Living，简称 IADL）。ADL 指人们进行生命基本活动所必需的活动能力，通常采用 katz 量表（Katz，1963）测量，包含洗澡、上厕所、上下床、室内走动、穿衣和吃饭等方面。IADL 衡量老年人作为独立个体进行各项社会活动的能力，主要涉及除基本日常生活自理能力外更复杂、更高级的自我照顾活动，如日常购物、驾车等（Kane & Ladd，1998；Kinney，1996）。

在中国目前的社会环境下，首先只能满足失去基本生活自理能力之人对外界帮助的需求，故在本文中，失能老年人是以基本生活自理能力的受损和确认为基础的。如果一个人无法独立完成包括洗澡、上厕所、上下床、室内行走、穿衣、吃饭等内容在内的一项或多项活动，就被认定为失能。同时，根据各项活动能力的受损程度，将失能划分为轻、中、重度：轻度失能老年人极有可能无法独立完成洗澡和上厕所，中度失能老年人可能还需要提供穿衣和室内走动等帮助，重度失能通常即长期卧床的老年人。

2. 当前失能老年人的规模

了解失能老年人的规模及失能状况是评估老年人长期照料需求的重要环节。通过估算城乡老年人口的健康预期寿命及其发展趋势，可获得老年人需要长期照料的时间，并进而以了解老年人群对各项基本生活自理活动帮助的需求状况。

数据分析结果表明：2006 年，在我国 60 岁以上的老年人中，在洗澡、上厕所、上下床、室内走动、穿衣、吃饭六项活动中，至少一项做不了的占 6.4%；其中最严重的是洗澡（占 6.0%），是无法完成吃饭（0.6%）的 10 倍。

失能是一个动态的过程。一般情况下，最初可能不能洗澡，其后依次不能上厕所、不能上下床和室内走动、不能穿衣、无法吃饭。无法洗澡的轻度失能状态进一步发展的最可能结果是，上厕所的自理能力也随之消失，说明这两种能力对肢体活动能力的要求较为接近。若老年人轻度失能，则最有可能丧失的是独立洗澡和如厕能力；室内走动和穿衣可能随之发生，进食功能的丧失概率较小，仅在严重失能的情况下才发生。

据此标准，以 2006 年城乡老年人口状况跟踪调查数据为基础，可获得老年人轻、中、重度失能及随年龄变化的趋势。就不同程度失能人群的年龄分布而言，轻度失能人群在各年龄组老年人中比例最高，重度失能人群次之，中度失能老年人的比例最低。随着年龄的增长，中、重度失能老年人的相对比重有所上升，但轻度失能老年人仍占失能老年人中的大多数。

3. 未来失能老年人趋势预测

1994 年和 2004 年人口变动抽样调查包含 60 岁以上老年人的失能状况信息，为预测失能老年人的规模提供了数据。老年人口的失能变化可能存在三种情况：随时间上升、下降和保持不变的模式。本文以 1994 和 2004 年老年人的失能率信息为依据，设定高低两套方案进行预测：（1）高方案假定，老年人失能率随时间推移略呈匀速线性上升，由 1994 年与 2004 年间的平均速度测定；（2）低方案假定，老年人失能率随时间保持不变，失能率采用 2004 年的信息。基于预测结果，得出以下基本判断。

一是在未来的二三十年中，我国将面临巨大的老年人长期照料压力。高方案的预测结果表明，2011、2015、2020、2025 和 2030 年的失能老年人口规模分别为1 882万、2 302万、2 882万、3 457万和4 721万人，分别占同期 60 岁以上老年人口比重的 10.15%、10.41%、11.31%、11.24%和 12.74%。低方案的预测结果显示，2011、2015、2020、2025 和 2030 年的失能老年人规模分别为1 695万、1 952万、2 288万、2 741万和3 322万人，分别占同期 60 岁以上老年人比重的 9.14%、8.83%、8.98%、8.91%和 8.96%。可见，无论高方案或低方案，未来 20 年中国失能老年人的绝对数量将持续增长。

二是长期照料压力主要来自 80 岁以上的高龄老年人、女性老年人、农村老年人。失能老年人中 80 岁以上的高龄老年人比重增长较快，2011 年占全部失能老年人的 38.84%，2015 年超过 40%，2030 年达到 42.06%。2011 年，在全部失能老年人中，男性有 768 万人，女性有1 114万人；城市有 642 万人，农村有1 240万人。

三是农村女性失能时间最长、需求最大。2011 年，60 岁的老年人群中，城市男性需要长期照料的时间为 1.82 年，城市女性为 3.13 年，农村男性为 1.99 年，农村女性为 3.43 年。随时间推移，老年人所需平均长期照料时间不断延长：对年龄为 60 岁的城市男性而言，这个时间由 2011 年的 1.82 年增至 2030 年的 2.88 年。

四是东部老年人的生活自理能力高于中、西部，对长期照料服务需求的增长较为缓慢；中低龄老年人的生活自理状况呈上升趋势，说明该地区的老年人在寿命不断延长的同时，存活状态也更健康。西部老年人健康预期寿命的增长落后于东部。在 1994—2004 年的十年间，中、西部老年人的失能比率变动比东部地区更突出，西部男性老年人的变动幅度最剧烈，这意味着该地区的老年人口对日常照料服务的需求持续上升。

二、长期照料服务的现状及发展趋势研究

失能老人数量的日益增加、随预期寿命的延长而不断增加的照料需求、传统家庭照料能力的削弱，加上机构长期照料和居家长期照料服务能力的过低，均使失能老年人的长期照料需求与供给之间出现了深刻的矛盾。这对我国发展、完善长期照料服务体系提出了迫切的需求，也使之面临越发严峻的挑战。

1. 长期照护的现状

目前，中国的长期照护现状可以概括如下。

一是家庭照护是主体、但供给愈发不足。家庭依旧是失能老年人长期照护的主要载体，但由于子女数量的急剧减少、人口的社会流动和地域流动的持续增长，家庭长期照护面临人力、财力、精力、技术等诸多方面的巨大压力，所能提供的长期照护越来越有限，难以完全独立承受老年人的长期照护。

二是居家照护是补充、但规模和服务亟待发展。居家照护是老年人在家里居住和社区为老年人提供上门服务的结合，也是目前政府大力提倡和支持的一种照护模式，在近年得到较快发展。但是，该模式的覆盖面有限，资金保障不够充裕，提供服务的数量不足，特别是在提供长期照护服务的功能上还需要进一步扩充。

三是机构照护正在发展、供给依旧十分有限。总体来看，机构长期照料数量与质量双重不足，现有资源得不到有效利用，潜在的性价比不高制约了机构照料服务的供给能力，结构性矛盾比较突出，存在发展层次模糊问题，在服务类型、费用设置、硬件软件配置、服务的专业性等方面都需要改进与创新。比如，截至2010年底，我国共有国家、集体、个人开办的养老机构4.0万家，共312.3万张床位，收养近236.5万人。但是，现有状况远远不能满足老年人长期照料的需求。不论按“9073”还是“9064”（即90%的老年人由家庭照料，7%或6%的老年人居家照料，3%或4%的老年人由入住养老机构照料）的养老格局，按照我国2010年60岁以上老年人口1.77亿的比例计算，需机构养老床位531万张或708万张，均缺口甚大。

表1列举了三类照料模式的现状及存在的主要问题。

同时，城乡之间在长期照料服务需求和供给方面各有特点：农村因为人口流动和社会照料的基础缺失而使得供给问题更为严重，城镇因为大量的空巢家庭而使得该问题更为复杂。若现状不尽快改变，则在未来的几十年中便会有很多家庭陷于长期照料的需求困境中；很多失能老年人将难以享受经济社会发展的成果、过上有尊严的日子。

表 1　家庭、机构、居家长期照护服务现状

	家庭照护	机构照护	居家照护
照护软件主体	成年子女（特别是女性）就业压力增加，照护时间减少	养老机构专业服务人员严重短缺；服务人员录用、考核等专业标准缺乏	服务队伍素质有待提高，需专业护理人员
照护硬件主体	老年人居住方式空巢化	机构数量不足；设施设备质量不齐，因陋就简养老机构服务质量不合格	覆盖面有限，提供服务的数量不足；
资金压力	更长期、更严峻的照护和医疗支出挑战	老人支付能力有限，无法独立承担机构长期照护费用	经费筹集的渠道较单一，限制发展
发展问题	老年人自身经济水平提高，思想进步，有能力、也愿意选择选择家庭照护之外的照护方式	城乡差异、区域差异显著；长期照护服务机构存在结构性矛盾	需建立长期与家庭合作照护机制；城乡差异较大，农村面临更大的供需矛盾

2. 长期照护体系的发展趋势

发展、完善长期照料服务体系不能一蹴而就。中国目前处于家庭转型和经济社会发展阶段，没有任何一个部门和个人可成为独立的长期照料服务的承担者。我国长期照料服务的出路必然是政府主导，社区、家庭、个人多主体联动，花 5—10 年或更长时间，共同探索出一条适合国情的长期照料服务体系道路。

基于目前的人口特征和经济社会发展水平，“十二五”（及“十三五”）期间将是进一步发展、完善现有长期照料服务体系的最好时机。长期照料服务体系由运作规则、照料主体、服务机构和设备、被照料者、服务内容、资金筹措体制等六大要素支撑运行。

一是制定运作规则即政策法规、政策条例、监管措施等，为长期照料服务体系正常运行提供制度保障。通过强制性法律条文规定政府、企业、家庭和个人在长期照料服务体系各环节的权力与义务，保证该体系有条不紊地运转。

二是建立高素质的服务人才储备。由政府主导，并逐渐引导市场发展专业化长期照料护理人员的教育、培训机构，制定上岗资格标准，提高服务人员社会地位、工资水平等，为长期照料服务体系储备优良的人力资源。

三是装配合适的照料主体的硬件设施，为长期照料服务奠定坚实的物质基础。根据养老机构、居家服务与家庭照料所承担的长期照料责任，配备相应设施，并进一步发展不同类型的养老机构，扩大居家养老服务覆盖范围。

四是评估照料服务对象的需求，因需供给，提高服务质量。由政府主导、专家指导制定出一套适合我国老年人健康状况及服务需求状况的综合评估体系，明确不同老年人群体所需服务类型、等级和费用机制。

五是明确家庭、居家、机构长期照料服务的不同承担能力，规约其合理的服务内容，平衡社会照料资源分配，使其在差别中相互配合承接。

六是建立有效的资金筹措机制，为长期照料服务体系的可持续性运作奠定经费保障础。经济发展水平和社会福利发展水平决定了我国不能单一地实行长期照料商业保险或长期照料社会保险，而是在商业保险先行探索的前提下，逐步由政府在监管、运作和服务方面建立起完善的管理运作体系，发展保证最低长期照料服务水平的长期照料社会保险。要分步骤、分区域进行，最终形成根据个人收入水平、经济能力决定的，由个人、企业和政府分担的多元化长期照料保险体系。

作为一种全方位的综合照料体系，长期照料服务体系涉及到多方要素的协调配合。中国长期照料服务体系的宗旨应是，在社会服务的框架下，以资金筹措机制为保障，以政策法规为规约，以科学的评估体系为依托，对照料主体、照料内容、照料模式进行合理调配，满足不同健康水平、经济收入水平的被照料者需求，最终达到长期照料服务资源的最优化，满足老年人在生命最后阶段的生活尊严。

三、长期照料服务的成本预测

上述六个方面对于我国长期照护体系的构建都十分重要。本文主要关注其中一个维度，即资金筹措机制；实际上，长期照护服务体系可否持续发展，在很大的程度上受制于经费来源。为此，首先需要把握长期照护的成本。

1. 成本测算的基本假设

有关长期照料的成本问题，国内可资借鉴的经验很少；我们主要参照国外学者的“综合正式照料和非正式照料的预测模型（MLRB 预测模型）”，及国内学者的“余生期望照料费用”研究方法，对中国未来 40 年失能老人长期照料的成本。

当前成本依据是基于在北京、上海、河北、湖北城乡养老院、福利院的调查结果，在中等失能程度、居住条件一般的情况下，机构长期照料服务价格每月约 900～2 100元，折合成每年的费用约为10 800元至25 200元之间。公立养老机构一般由政府对价格作出统一规定，机构本身可以进行微调，但实际上，许多养老机构都在近年大幅度调高了收费标准。这种间断性的调价可以看作是随着经济增长和人均收入水平的提高而作出的反映。我们假定收费价格在未来的增长率等于经济增长率，这意味着长期照料服务业发展与经济发展同步，但实际上，随着长期照料服务行业的发展，护工短缺的现象可能会越来越严重，收费价格上涨幅度可能快于其他行业。同时，收费价格也存在明显的地区差别。

非正式照料的价格主要参考蒋承等（2010）计算的结果。根据“余生期望照料费用”和伤残期望寿命，计算出失能老人在家中的年均非正式照料直接费用。按照2005年调查时的价格，城镇和农村失能老人每年非正式照料成本分别为2 421元和1 400元，城乡平均每年非正式照料成本为1 910元。根据经济增长率将其折合成每年的费用，就可预测失能老人每年非正式照料的总成本。

需要指出的是，测算长期照料服务成本及其未来趋势具有很大的不确定性。它对一系列的影响因素非常敏感，包括老年人的数量、失能程度、非正式照料的可及程度、照料服务的实际成本、健康预期寿命的变化趋势、不同的照料模式、长期照料的制度和政策，等等。

2. 全国老年人长期照料总成本的预测结果

一是高失能率（即失能率随时间而微略上升）、高照料价格（2 100元/月）、“七三模式”（30%的老年人为机构照料或居家照料）的照料成本估计将从2011年的2 020.2亿元上升到2050年的50 803.7亿元；低失能率（失能率保持不变）、低照料价格（900元/月）、“九一模式”（10%的失能老年人为机构照料或居家照料）的照料成本将从2011年的728.5亿元上升到2050年的18 319.1亿元。成本变化对失能率并不敏感，但对照料模式非常敏感：2050年，在高失能率的情况下，“七三模式”与“九一模式”的正式照料成本差额达20 618.7亿元；而在“七三模式”下，高失能率与低失能率的正式照料成本非常接近，二者仅差3 063亿元。

二是在2011—2050年间，长期照料总成本占GDP的比重区间分别从2011年的0.26%、0.71%升至2050年的0.66%、1.83%，占财政支出的比重将从2011年的2.05%上升到2050年的2.76%。2009年公共财政支出对社会保险基金的补助占财政支出的比重为2.84%，表明在公共财政资源的配置中，有足够的财力考虑长期照料的支出问题。

三是在现收现付制的长期照料社会保险制度下，长期照料成本分摊到未来每个劳动力身上的负担虽然会持续增加，但是比例很小。在高失能率、高照料价格、正式照料比例达到30%的情况下，该比例也只从2011年的0.57%上升至2050年的1.73%。高方案和低方案的中间价格，从2011年占工资收入的0.34%上升至2050年占工资收入的1.04%。

四是女性长期照料总成本高于男性的长期照料总成本；城镇的长期照料总成本高于农村的成本（主要是由于劳动力价格不同所致）；东部地区的正式照料成本高于中西部地区的成本。中部地区的正式照料成本接近于东部地区的非正式照料成本，西部地区的正式照料和非正式照料差别不大。

3. 长期照料的经费来源

长期照料服务成本分担或费用来源可分为两部分：一部分是私人负担，另一部分是公共财政负担。前者包括三种情况：一是完全由老人自身的退休金或养老金负担，二是老人和子女亲属共同负担，三是完全由子女亲属负担。就后者而言，目前公共财政对失能老人长期照料的支持处于一种非均衡的状态，还没有相关法规对地方政府的长期照料公共支出作出明确规定，故在公共财政支出体系中，没有明确的老年人长期照料支出项目（如保险的基金积累）。因此，公共财政负担的部分主要通过地方政府根据本地财力，通过养老金支出、医疗保险支出和低保支出，以补贴的形式支付给养老机构或基层组织，并没有形成一种财政转移支付的制度保障模式。各级政府对老龄事业的支持力度取决于地方财政的实力。

从目前进入养老机构接受正式长期照料的老人情况来看，除了政府规定接收的“五保老人”和“三无老人”外，绝大部分入住养老机构的照料费用都是由老人自己或子女承担。现有体制对失能老人的变相选择性支持，加上市场化入住的收入选择性，使目前的长期照料制度存在缺陷。达到政府救济标准的失能老人很有限，收入较高的老人或家庭才能承担入住养老机构的长期照料费用，目前入住养老机构的老人中，很多都是体制内退休老人。随着城市房地产价格的上涨，在养老机构有限的情况下，长期照料费用将日益提高，成为阻碍大量低收入失能老人入住的主要壁垒。

从发达国家的经验来看，由于长期照料需求的复杂性，任何一种融资方案都无法独自解决失能老人的长期照料需求问题。特别是当公共财政支出作为一种长期照料融资来源时，将会遇到难以避免的道德风险问题，某些本来由子女和亲属提供的免费照料将会显性化为昂贵的市场照料，加重公共负担，最终将使长期照料的公共财政体制崩溃。所以，控制公共支出的过分膨胀是建立和完善长期照料制度的首要任务。在英国，公共财政负担的长期照料成本只占长期照料成本的40%～60%。中国目前没有关于长期照料的公共支出统计数据，但可以参考发达国家的比例设计公共与私人之间的分摊比例。

根据发达国家的经验和中国的国情，公共财政在长期照料服务总成本中可以承担30%～40%，私人承担60%～70%。公共和私人融资的划分，需要建立在一定的税收制度、财政转移支付制度、福利和救济制度、长期照料服务资金管理制度之上。同时，需要建立老年人长期照料服务的评定和资格认证制度，控制长期照料费用和成本。

四、长期照料保险制度的可行性和必要性

老龄化的加剧使得家庭护理难以为继，护理费用高昂，长期照料的资金来源已成

为进入人口老龄化国家面临的重大挑战。我国目前不可能选择单纯的福利模式来解决长期照料费用问题，完全采用社会保险模式的条件亦尚未成熟。目前看来，福利、社会保险和商业保险是解决经费筹措的三大途径。

长期照料保险是指对被保险人因为年老、严重或慢性疾病、意外伤害等原因导致身体上的某些功能全部或部分丧失，生活无法自理，需要入住医疗护理或康复机构接受长期的康复和护理，或在家中接受他人护理时支付的各种费用给予补偿的健康保险，即提供护理服务费用补偿的一种社会保险。建立长期照料商业保险和社会保险将是有效应对我国长期照料费用负担的选择，可部分解决长期照料资金来源问题。

1. 长期照料商业保险

长期照料商业保险是在老年人口比例持续升高、失能人口规模逐渐膨胀、照料负担日益加重、照料费用不断增加的背景下产生的金融产品；其目的是为失去生活自理能力的个人在接受长期照料时为其提供经济或服务补偿，从而减低个人、家庭及整体社会的长期照料经济负担，也可为一部分有支付能力的人提供所需的长期照料服务。

长期照料商业保险于 1975 年出现于美国，其目的是要解决由于“婴儿潮”一代逐渐步入老年所带来的老年人护理问题及其所产生的护理费用问题；德国、法国、英国也相继建立了该险种。但总体而言，长期照料商业保险仍处于初步发展阶段，在我国更是如此。因此，一些国家比较成熟的经验（和教训）对我国设计、实施商业保险无疑具有一定的启示和借鉴作用。

2. 国外长期照料商业保险的经验

一是发展长期照料商业保险必须有健康的市场环境。健康且自由竞争的市场促使企业致力开发适合消费者的保险产品，为消费者提供最高性价比的服务。

二是发展长期照料商业保险必须建立完善的法规制度。缺乏宏观监控的完全自由市场是危险的，故长期照料商业保险在市场竞争中发展的同时，政府也需制定相关法规制度予以监控。

三是发展长期照料商业保险必须基于科学的精算数据库。对企业来说，为未来设定一个合适的长期照料商业保险费率很有挑战；科学的精算数据库既可减轻消费者的负担，也可增加企业的收益，达到企业和消费者双赢的结果。

四是发展长期照料商业保险必须开发多样化的产品。长期照料保险的额度由多个因素决定，主要包括日支付金、给付期、豁免期三个因素。每个因素都可能存在多种选择；三者相结合，构成长期照料保险方案的最终保额。同时，目前各国的长期照料保险一般采用现金（保险金）方式直接给付照料费用，但最近市场上一种新的保险形式正迅速发展，即保险公司介入长期照料服务提供市场，将保险人与照料服务提供人的职能结合起来，由此引起实物（照料服务）给付方式的发展。此外，目前长期照料商业保险主要是有“补助型（indemnity）”和“偿还型（reimbursement）”两种模式。在理赔发生时，根据约定对投保者进行固定金额赔付（SCOR，2003）的“补助型”，更简单，更具弹性，对保险双方的风险更小。在商业保险发展尚不发达的中国市场，操作更为简单的补助型产品更可能被企业掌握和被消费者接受。

五是发展长期照料商业保险必须配备多元化的服务支持体系。美国的长期照料保险规定的照料服务既包括具有治疗性质的专业照料，如诊断、预防、康复，也包括其他不具有治疗性质的中级照料、家庭照料、成人日常照料等。同时，照料可以是“全天候”24小时的专业照料，也可以是非全日的日常照料，甚至包括家庭健康照料，部分或全部在家中进行。

3. 中国试行长期照料商业保险的思路

虽然处于萌芽和初创阶段，但在我国开始试行长期照料商业保险具有可行性。近30年来中国经济良好的上升势头及商业保险业的迅速发展，为长期照料商业保险开创了一定的市场。对于高收入的家庭而言，长期照料商业保险的费用约为个人年收入的10%，作为保障及投资的途径是可以承受的。同时，国外的经验也为我国提供了有益的借鉴。

一是在“十二五”期间，积极开展长期照料商业保险制度的探索，并在政府合理监管协调下，采用不同的途径逐渐推行。其一，选择在经济发展较好、人均可支配收入基本达到发达国家水平的地区宣传长期照料保险，让人们加深对该险种的了解，积累运营经验，进而在全国范围内有区别、有重点地推广；其二，选择在收入较高、保险意识较强的人群中进行宣传试行，积累经验，并不断改进和完善，再逐渐推及到其他人群；其三，个人投保与政府补贴相结合。

二是政府需要从政策环境、产品开发、配套产业等多方面和多环节同时着手，促进长期照料商业保险的顺利发展。这包括（1）为长期照料商业保险提供政策环境支持；（2）集中优势力量，鼓励重点企业拓展市场，缩短市场份额整合期，为企业设定科学公平的市场准入标准；（3）构建长期照料服务需求评估体系，为保险理赔提供科学公平的依据，实现长期照料社会资源的最优配置；（4）建立长期照料保险精算模型，使保险方案对企业和消费者双方都可以更好地规避风险；（5）开发符合中国消费者特点的产品。

三是积累经验，将长期照料商业保险平稳过渡到长期照料社会保险制度。商业保险只能为一小部分中高收入群体提供保障；我国长期照料的资金筹措最终还将落足到长期照料社会保险制度，或者是福利、社会保险和商业保险、个体分担“多位一体”

的经费筹措模式。为实现两类保险的衔接，政府可在经济发展较好的地区扶持优质保险企业，发展团体保单，由政府、单位及个人共同出资购买，由保险企业进行资金运作，为日后政府建立长期照料社会保险做好准备。时机成熟后，可将保险企业的团体保单业务全盘转交政府，发展长期照料社会保险，由政府设立专门部门对长期照料保险资金进行运作；而长期照料商业保险的个人保单由企业继续运营，对于个人而言，其个人保单可成为社会保险的有力补充。

4. 长期照料社会保险制度的必要性

长期照料社会保险是现代社会保险发展到较高阶段的产物，是高水平社会保险的重要组成部分，也是解决公民在年老、病残、伤害时出现生活障碍问题的一个必要的保障项目，是现代社会中国家或政府保障公民基本生活的重要社会福利措施。它的推出标志着现代社会保险制度的日臻成熟，意味着现代社会保险制度成为更加完整的社会安全网，囊括了生、老、病、意外伤害、失业和死亡以及死亡前的长期照料等个体生命周期中的主要生命事件。

目前中国的经济规模位居世界第二，财政收入占经济总量的比重超过 20%，完全有能力拿出一部分公共资金建立长期照料社会保险制度，并以此作为社会建设和改善民生的一项重大社会工程。从制度安排上通过社会保险的方式予以解决，将是我国社会保险发展的一个新的增长点，对其他社会保险项目（尤其是医疗保险）起到了重要的补充作用。随着人口老龄化的快速发展，我国需要照料护理的老年人的数量将十分惊人，而长期照料服务的资金筹措体制最终的落脚点必然是兼具公平性、公共性、强制性、广覆盖性、福利性等特点的长期照料社会保险制度。

5. 长期照料社会保险制度的初步设想

一些发达国家（如欧洲的荷兰、德国）和亚洲的日本已经实行长期护理保险制度；它们在经费来源、人力资源和机构服务、等级评估、照料地点选择等方面都积累了一定的经验，对我国逐步建立长期照护社会保险提供了宝贵的借鉴。

虽然我国目前建立长期照料社会保险制度的时机尚未成熟，但必须立足国情，采取渐进式的推进方法，逐步建立起低水平、社会化的长期照料社会保险制度。

一是分三步构建长期照料社会保险：（1）建立互助会。入会者需缴纳少量会费，照料以社会互助为主，有照料需求的人可在互助会享受低于市场价格的照料。还可鼓励低龄、健康老人向高龄、有需要的老人提供照料，将提供服务的工时记入劳务工时账户，在自己需要服务时返还；（2）逐步发展成准照料保险形式；（3）将来条件成熟时正式建立照料保险制度。现阶段在经济发达地区选择适合群体可首先建立长期照料社会保险制度，作为试点；2020—2025 年，在我国实现全面小康社会、经济社会条件具备时将该制度扩展到全国。

二是建立和完善长期照料社会保险的制度保障。在近5—10年，开展制度准备。首先是法律法规建设，修改完善社会保障法规时增加长期照料保险内容。其次是制度机制建设，由政府部门设立课题开展研究，积累、完善照料保险制度文献，逐步过渡到操作层面制度体系和机制的建立。

三是做好思想舆论准备，转变观念，为实施长期照料保险创造思想舆论环境。我国素有“养儿防老”观念，短期内长期照料保险难被多数人接受。多数老年人受传统思想影响，不愿使用社会保险达到照料目的，或不愿接受机构照料。因此，应扩大宣传“接受照料保险与传统观念不矛盾”，借助社会保险安度晚年是社会发展的必然，是减轻家庭负担的理性选择。

四是加快机构建设和专业人才的培养。由于长期照料社会保险的特殊性、专业性，适保条件及核保与其他险种不同，长期护理保险涉及保险人、被保险人、医院、照料机构等方面都要求高素质的管理机构与核保理赔和精算人员，故应加强专业培训工作，为长期照料社会保险创造组织、技术和人员队伍条件。

五是在条件具备的地区由商业公司先行长期照料商业保险，采取非强制办法，探索向社会保险过渡的途径。现阶段鼓励商业照料保险发展，政府应当给予政策支持，如保费在税前列支，减免保险公司税费等。

六是基于我国国情和经济发展不平衡现状，分地区、分人群采取两种长期照料保险模式。东部经济较发达地区、高收入行业或群体，可采用商业长期照料保险；同时在经济发达的城市选择适合群体试行长期照料社会保险。随着国力增强，逐渐积累经验，总结成效，进一步推至其他地区、其他类型群体，推广政府、企业、个人三方共担的长期照料社会保险机制，建立覆盖全民的长期照料保险。

七是制定长期照料社会保险的时间进程。比如，2010—2015年，开展宣传舆论工作；建立人才培养机构，开展专业培养；建立长期照料商业保险，在全国推行商业保险项目。2015—2020年，总结商业保险的模式经验，在东部发达地区建立长期照料社会保险制度，在中西部地区试行这一制度。2020—2025年，总结试点经验，在全国建立长期照料社会保险制度。

六、结语

总之，长期照料服务体系必须是一个立体、多元、多层次的系统，由机构、居家和家庭等互补的照料模式构建而成。从应对人口老龄化战略的高度出发，我国既要发展居家养老照料服务，又要加强老年照料机构建设，还要对在家照料的老年人及服务提供补助。未来我国长期照料的方向应是，鼓励并创造条件让人们实现居家照料，政府对在家照料老年人的护理人员给予护理补贴，以鼓励居家长期照料服务者。但是，当老年人身边无人照料而需要机构服务时，我国必须有合格的机构供其入住。在大力推进经济建设同时，着手推进长期照料制度等社会建设，建立切实可行的长期照料资金保障机制，促进经济与社会的协调发展，不仅可以减轻子女和家庭的负担，使老年人过上有尊严的日子，而且也是和谐社会建设的应有之意。

人口老龄化对中国社会经济发展的影响及其应对

彭希哲[①]

【摘要】人口老龄化将成为人类社会的常态，对储蓄、税收、投资与消费、社会福利体系、劳动力市场和产业结构等形成冲击。随着人口老龄化的加剧，我国“现收现付”式的养老金制度面临极大压力。应对人口老龄化并不是一个局部的、静态的政策问题，更应该从社会整合和长期发展的战略角度来重新思考我们目前为解决老龄化问题而实施和运作的公共政策体系。

【关键词】经济影响　创新理念　政策体系

一、人口老龄化将成为人类社会的常态

卫生条件的改善、医疗技术的推广、生活水平的提高以及保健意识的增强，大大降低了人类的死亡率，使人类寿命普遍延长。这一进步被视为20世纪最为重要的社会发展成果之一。世界人口的平均预期寿命已从1950—1955年时的46.6岁提高到2005—2010年的67.6岁[②]。1949年新中国成立时中国的预期寿命还不足40岁，而2009年这一数字已跃升至73岁，并预计在2045—2050年达到80岁[③]。

在人类寿命普遍延长的同时，人们的生育行为也发生了显著变化。发达国家与发展中国家的人口生育水平依次开始下降，全球的总和生育率已从1965—1970年期间每名妇女生育5.0个子女下降到2005—2010年期间每名妇女生育2.6个子女[④]。人口生育行为的变化在中国更为突出，自20世纪70年代以来，中国人口生育水平显著下

---

① 彭希哲，复旦大学社会发展与公共政策学院院长，复旦大学公共管理与公共政策研究国家哲学社会科学创新基地主任，享受政府特殊津贴待遇。兼任国家人口与计划生育委员会人口专家委员会委员，上海市社会科学界联合会副主席，中国人口学会副会长等，是世界经济论坛全球议程委员会老龄社会理事会成员，地球系统科学伙伴计划科学委员会委员。

② United Nations：World Population Prospects：The 2008 Revision.

③ 中国老龄工作委员会：中国人口老龄化发展趋势预测研究报告 . UN：World Population Prospects：The 2008 Revision.

④ UNFPA. World Demographic Trends［R］. Report of the Secretary-General（E/CN. 9/2009/6）. New York：UN Documentation Database，2009：17.

降，全国的总和生育率从1970年的5.8下降到目前的1.6～1.7左右。中国人口的膨胀性增长得到有效抑制，人口自然增长率目前远低于世界平均水平，2000—2010十年间的年平均增长率仅为0.57%①。

人口增长模式的这些变化不可避免地加速了老龄化进程，人类社会开始全面进入老龄化阶段。作为一种必须面对的客观趋势，任何国家和地区都概莫能外，差别只是出现的早晚和进程的快慢。就中国而言，根据中国国家统计局所发布的数据，60岁以上老年人占中国人口的比例在2000年首次突破10%②，并在2009年达到12.5%，并预计在2050—2055年达到峰值，即使以后的人口老龄化速度会有所放慢，但总的趋势是2100年时中国人口中老年人口比例将维持在34%的水平③。在一个相当长的时期内，中国乃至全球人口老龄化的趋势在总体上是不可逆转的，老龄化现象将在整个21世纪持续存在。

人口老龄化将成为人类社会的常态。它不仅是社会经济发展的必然趋势，也是人口再生产模式从传统型（高出生率—高死亡率）向现代型（低出生率—低死亡率）转变的必然结果，甚至可以说是社会现代化的一个重要标志。

二、人口老龄化的主要经济影响

作为今后人类社会的常态，人口老龄化从本质上讲并没有好坏之分。但在目前的社会经济制度安排下，人们仍对这种前所未有的人口学变化缺乏必要和及时的反应、适应和调整，从而使得老龄化在今天仍然更多地被视为是一种挑战，并涉及社会经济发展的方方面面。

在一定程度上，人口老龄化继续发展下去所产生的冲击将不亚于全球化、城市化、工业化等人类历史上任何一次伟大的经济与社会革命④。人口老龄化会对储蓄、税收、投资与消费、社会福利体系、劳动力市场和产业结构等形成冲击。从公共部门与私人部门来讲，在整个老龄化过程中间，公共部门的压力越来越大，老龄化社会保障体系面临巨大的挑战；老龄化很重要的特点是青年劳动力的短缺，因此会直接影响到一个国家或地区的产业结构，影响到企业等私人部门的管理模式甚至其发展前景。但从另一个角度来看，老年型社会可能倒逼产业升级，老龄产业被认为是朝阳、新兴

---

① 中国2010年第六次人口普查

② 中国国家统计局．中国统计年鉴2009［M］，北京：中国统计出版社，2009.

③ 杜鹏，翟振武，陈卫．中国人口老龄化百年发展趋势［J］．人口研究，2005，29（6）．

④ Alan Pifer and L・ia Bronte，Introduction：Squaring the Pyramid［M］//Alan Pifer and L・ia Bronte，eds Our Aging Society：Paradox and Promise. New York：W. W. Norton，1986：3.

产业，横跨第一、第二、第三产业，会随着人口老龄化而被激活，并被不断挖掘。

由于各国各地区人口转变和社会经济的发展进程存在差异，日本等国人口老龄化加剧，已经造成国内劳动力严重短缺、社会保障和公共服务压力剧增，经济增长呈现持续缓慢乏力等现象。而中国的劳动力供求关系也随着人口老龄化发生着深刻变化，整个中国劳动年龄人口在未来 5 年间总量还会增加，到未来 10 年出现下降，廉价劳动力的优势逐渐削弱，并开始对产业结构调整和社会保障体系产生影响。与此同时，南亚各国的人口高增长为未来的发展提供了大量潜在的劳动力人口。亚洲各国和地区间这种人口老龄化进程的差异必然会形成劳动力供给和涉及老人的社会福利保障体系的新变化，并正在引发各国国内产业结构的变化，也直接影响国际资本在亚洲不同国家和地区之间的转移，对各国乃至整个亚洲未来经济发展产生重大的影响。20 世纪七八十年代，日本、韩国等国加工密集型经济产业向中国和其他亚洲国家转移的历史正在新的历史时期重新出现，导致了产业结构的升级和制造业基地的转移，必然会影响甚至是重置整个亚洲经济版图，全球制造业可能逐步向劳动力更为低廉的中国内地以及越南、老挝等东南亚国家转移。

人口老龄化对社会保障体制形成压力是媒体和学者们关注最多的领域。社会保障作为国民收入再分配的一种基本形式，是推动经济发展和实现社会公平的必要保证，也是构建和谐社会的重要内容。建立一个健全完善的老年人社会保障体系不仅直接关系老年人（特别是贫困老年人）的基本生存状况，其运作与分配过程中所产生的问题还会直接影响社会制度的公平与公正。

中国大陆劳动力人口与老年人口的比例关系正在发生重要的变化，传统意义上的老年人口赡养比正在不断提高，中国“现收现付”式的养老金制度面临极大压力。从 2006 至 2008 年，中国的养老金支出从4 897亿元升至7 390亿元①，平均每年增长 22.84%，这部分是由于领取养老金人口数量的增长，部分可归因于个人养老金的提高。与此同时，中国政府自 20 世纪 80 年代以后开始建立的社会保障体系的覆盖面仍显狭窄。至 2010 年 6 月，中国参加城镇基本养老保险人数为 2.45 亿人②，而新农保尽管进展很快，但也只覆盖了部分人群。随着老龄化进程加快和城乡人口迁移流动的持续，中国农村在养老、医疗等方面的压力相对于城镇将更加突出，特别是在西部和贫困地区。

---

① 中国人力资源和社会保障部，国家统计局．2008 年度人力资源和社会保障事业发展统计公报［EB/OL］．［2009-5-19］．http：//www. stats. gov. cn.

② 尹蔚民．展望中国社会保障事业发展前景［EB/OL］［2010-08-23］，http：//news. xinhuanet. com/fortune/2010-08/23/c _ 12476236. htm.

以上我们对人口老龄化的经济影响进行了简要的分析，而事实上这些影响已逐渐渗透到人类社会生活的各个领域和不同层面。尽管人口老龄化首先是一种人口现象，但其并不外在于社会稳定、经济繁荣与文化发展，也不是一种与全球化、城市化、家庭核心化、贫富两级分化无关的问题，它正与越来越多的社会、经济、文化问题及趋势联系在一起，并在与它们的相互作用中产生越来越大的影响。因此，应对人口老龄化在很大程度上已不仅仅是一个技术性问题，而需要统筹各种不同系统的作用以形成合力，从而对整个社会的组织和运行进行再设计。

三、应对人口老龄化需要创新的理念和整体的制度设计

人口年龄结构是社会结构中最基本的结构形式，更是其他社会结构包括阶层结构、城乡结构、区域结构、就业结构、社会组织结构等的基础①。当人口年龄结构发生重大改变时，必然要求对基于社会结构的相关制度或政策做出相应调整。由于人们的观念转变和社会形态的演变都需要过程，使得这种调整往往滞后于人口年龄结构的改变②。从这个意义上讲，人口老龄化所带来的挑战和问题并不完全来自于老年人或者老龄化本身，而更多地源于人类社会对这种变化缺乏必要和及时的反应、适应和调整。换言之，是现有的社会制度或政策体系不能满足老龄化社会的发展需求③，这使得公共政策调节成为应对老龄化的必要手段。

从现有的相关公共政策研究来看，单单针对人口老龄化或者它的某一方面进行论证和建议的研究取向相当普遍，但它们经常忽视与之密切相连的其他问题或者同一问题的其他方面，有着明显的工具理性特征，难以反映出人口老龄化问题的多样性和复杂性，因而不足以全面应对人口老龄化所带来的冲击。

仅仅调整人口政策不足以应对人口老龄化。人口政策的调整和完善，以及由此导致的人们生育行为的变化，能够延缓老龄化的速度，为我们赢得更多的时间来完成应对老龄化所需的社会制度变革，但不可能从根本上扭转老龄化的发展趋势。人们可能更需要做的是适应这一人口变化趋势，通过调整或重构制度安排和整合公共政策来协调这种老化的人口年龄结构与现有政策体系之间的矛盾。

仅仅调整对老年人的政策不足以应对人口老龄化。老龄化问题常常被看作只是老年人的问题，即如何为老年人提供经济赡养和公共服务的问题。如果人们能够认识到老龄化将成为未来社会的常态，是一种正常的社会形式，便不难理解仅仅调整对老年

---

① 陆学艺．当代中国社会结构［M］．北京：社会科学文献出版社，第15、53、68-71页．

② 党俊武．如何理解老龄社会及其特点［J］．人口研究，2005（6）．

③ 穆光宗．老年发展论：21世纪成功老龄化战略的基本框架［J］．人口研究，2002，26（6）．

人的公共政策无法应对老龄化社会的众多挑战。老龄化问题不再局限于老年人，而是一个全民参与的主题。老年人的健康问题和医疗保健支出问题往往可以通过对年轻人的健康投资和行为转变来改善①；老年人的养老金问题也需要通过提高年轻人的劳动生产率和推动老年劳动力的经济参与来缓解。

仅仅调整某一部门的政策不足以应对人口老龄化。人的需要是通过多种渠道或系统来满足的，公共政策要想发挥持久有效的作用，就必须促进和协调各种不同系统共同发挥作用，而不是仅仅依靠某一项目、某一部门或某一社会系统来承担责任②。考虑到人口老龄化对经济社会的全方位的影响，只有将社会视为一个整体，才能形成一个促进不同社会系统共同发挥作用的应对老龄化的公共政策框架体系。

人口老龄化只是一个自然的发展过程，所谓的老龄化问题其实源于现有的社会制度安排阻碍了我们采取及时有效的行动来应对其所带来的挑战，它反映出老龄化的人口年龄结构与现有社会架构及公共政策之间的相互不适应，而不适应的程度则反映了老龄化问题的严重程度。老龄化的影响已经渗透到人类社会的各个领域，它与各种社会要素不断地相互作用，并由此形成一个复杂的系统问题。因此，应对人口老龄化并不是一个局部的、静态的政策问题，我们更应该从社会整合和长期发展的战略角度来重新思考我们目前为解决老龄化问题而实施和运作的公共政策体系。

四、重构应对人口老龄化的体制和政策体系

联系中国的实际，笔者认为以下三个方面是在公共政策体系重构的过程中不可回避的重要主题。

其一，建立权威的常态统筹机构，整合并统一调度各类行政资源，管理、调控和实施相关应对老龄化政策，这是重构中国涉老政策体系的首要保障。

目前以部门为主导而形成的各种涉老的公共政策，对于应对短期内的一些具体问题无疑是非常重要的，但恰恰由于“部门性”所带来的种种局限性，削弱了相关政策在可持续发展这一大局中所应承担的责任。尤其在现有的行政体制下，应对人口老龄化往往需要多个职能部门的协调，部门之间职责交叉但界限不明确的情况时有出现，易造成政策之间的相互制约乃至冲突。近些年，虽然政府的老龄工作创造出一些新的

---

① 已有越来越多的研究表明，许多慢性疾病（如糖尿病和心脏病）的初始信号，在童年早期甚至更早便出现了；而长寿的生活方式，及其身体、知识和情绪基础，也多是在青年和孩童时期建立的。老年人的健康状况在很大程度上与其在年轻时代的生活与行为方式密切相关，因而降低老年人口医疗保健支出的一个重要途径是以青少年人口为对象，提倡健康的生活方式与保健观念，以有效推迟人体功能退化的起始点，减少整个生命周期中的非健康的生命历程。

② 张秀兰．建构中国的发展型家庭政策［J］．中国社会科学，2003（6）．

服务管理模式，但由于体制的制约，仅仅依赖部门联动，许多基础性工作难以开展、源头问题难以得到根本解决、政府各部门的服务与管理难以形成合力。

因此，统筹应对人口老龄化应当首先寻求在行政管理体制上的突破，这是重构中国涉老政策体系的首要保障。只有建立一个权威的常态统筹机构，整合人口计生、民政、公安、卫生、人力资源与社会保障等部门的相关职能和资源，为统筹应对人口老龄化提供重要的体制、组织和资金保障，才能有效推动涉老政策体系的重构，并对相关政策进行统一的管理、调控与实施，从而为中国社会在老龄化的前提下继续健康、协调地运行和发展奠定必要的制度基础。

其二，重新定位老年人的社会角色，协调老年人群体内部以及老年人与非老年人之间的关系，这是统筹机构的施政前提、也是中国老龄化政策的基本出发点。

联合国把建立一个“不分年龄人人共享的社会”① 作为“国际老年人年”的主题。“共享”表明了社会的包容与平等，是所有人给所有人以机会，它包涵着对老年人重新定位、让老年人有机会继续参与社会发展的目标。

公共政策对于老年人的社会角色应当有着灵活的定位，而不是把他们一律视为需要被供养、被照顾、被救助的对象。当我们的公共政策不再机械地将“老年人”与“被供养的人”划上等号，人们自立自强的意识就可能会增强、不良的生活方式就可能会减少、平均健康水平就会提高，社会运行的成本才有可能降低，从而形成“积极应对老龄化”的良好环境。

社会制度安排应当致力于营造这种环境，将老年人口包容在正规的就业市场之内，通过延长退休年龄等制度安排让老年人口中蕴含着的巨大的、不断扩充的、可供开发的人力资本与社会资本得到最大限度的开发利用，这对中国未来的发展会有非常强大的好处。

对老年人的社会角色重新定位，不仅能帮助老年人更好地分享社会经济发展的诸多成果，更在于维护老年人口参与社会经济发展的权利。老年人不仅是消费者，而且同样是生产者，更是历史的创造者。公共政策所要做的，正是将这些角色统筹起来。

尽管政府、市场等社会福利提供者将不可避免地承担越来越大的养老责任，但任何社会养老政策都无法完全取代家庭在养老中的责任与功能。对于老人来说，通过家庭获得情感和心理上的满足可能是任何专业的社会服务都无法取代的；缺少家庭责任的养老政策是残缺的政策，既不能使老年人获得完整的福利，还会造成社会和政府财

---

① “不分年龄人人共享的社会”这一概念源于1995年在哥本哈根通过的《社会发展问题世界首脑会议行动纲领》。1999年，联合国将其作为“国际老年人年”的主题。

政的过重负担。家庭曾经是中国社会最有价值的资产，它不仅决定其成员的生活质量，而且是影响未来经济社会发展的重要因素。转型期的中国社会政策赋予了家庭重要的社会保护责任，但对家庭的支持却非常有限①，家庭在整个社会政策领域中甚至是一个很少被提及的概念②，对家庭的公共政策研究存在缺位。

需要说明的是，强化家庭功能和家庭责任，并不只是简单地将国家或社会原来承担的养老责任转移给家庭，而是将家庭从“幕后”推向“台前”，将对家庭的支持建立在政府、市场、社区等与家庭的合作关系之上，从而统筹这些不同社会系统的作用。显然，支持家庭，并在养老政策中强调政府、市场等系统与家庭的合作关系，不仅很好地诠释了“统筹”的内涵，而且使中国绵延千载的传统养老文化得以传承与进化。

其三，统筹老龄化政策的短期目标与中长期战略，在为应对人口老龄化创造必要的物质技术条件的同时，支持中国经济社会的可持续发展。

进入老龄化社会，国民需求结构发生变化，尤其是老年人口不断增长的物质与精神需求促使老龄产业的发展被提上议事日程。老龄产业的发展，将成为未来经济社会可持续发展的重要支柱。在老龄产品和服务的供给上形成“政府主导和市场运作”的格局。相当一部分老龄产品属于公共物品或准公共物品（即有明显外部性的私人物品，如养老院等）的范畴，这一属性决定了政府不可推卸的责任。因此，在发展老龄服务产业的过程中，公共政策应统筹政府、市场和社会的作用，并根据产品和服务的不同属性来选择合适的运作模式。

老年人口中同样蕴藏着巨大的消费能力，未来老年人口相比之目前的高龄老人的经济特征已经发生了重要的变化，这是中国经济发展的必然结果，这对国内消费市场是一个利好的消息。国家应对制定老年产业发展规划，推动老年产业的健康发展。提高养老服务效率的科技开发与支持。在这一领域，信息科学和技术可以发挥的作用巨大，可以从技术创新上解决老年人的生活需求和安全需求，特别是针对失能老人护理的新的技术手段的普及。

在产业结构转型升级的过程中推动适合老年人就业的产业发展。为使人口老龄化与社会经济发展相协调，发展适合老年人就业的产业呈现出越来越多的现实意义。年老只是每个人生命及事业的自然延续，老年人的需求、能力和潜力在整个生命期间都一直存在，不仅如此，老年人在知识、经验、社会关系等方面还具有独特的优势。公

---

① 张秀兰，徐月宾．发展型社会政策及其对我们的启示［M］//张秀兰，徐月宾，等．中国发展型社会政策论纲．北京：中国劳动社会保障出版社，第56-86页．

② 张秀兰．建构中国的发展型家庭政策［J］．中国社会科学，2003（6）．

共政策应引导老年人进入适合其体力和脑力条件的行业，根据老年人的特点开发合适的职业，并避免卷入同年轻劳动就业者的竞争。需要指出，尽管老年人力资源开发成本低，但发展适合老年人就业的产业仍然需要对老年人（尤其是年轻的老年人）进行必要的教育投资。对教育的投资本就应当贯穿于人的整个生命周期，年轻人通过有效的教育能够进一步提高其劳动生产力和创造能力，而中老年人也可以通过教育延缓衰老的进程，从而更长久地保持工作的能力。

五、结论

不管人们是否愿意积极地面对人口老龄化的问题，都不可能再回避它。一个老龄化的世界蕴藏着不可忽略的机遇与活力。当然，我们必须为此而对社会的组织和运行进行再设计，并制定更为智慧和高效的公共政策。

首先，人们应当认识到，人口老龄化并不是一种不正常的社会态势，而是社会发展的必然结果，更是未来社会的一种基本特征。尽管在今天看来，人口老龄化带来了很多挑战，但这些挑战并不完全在于人口老龄化本身，而是人类社会对这种前所未有的人口学变化缺乏必要和及时的反应、适应和调整。我们应以公共政策的视角来重新审视中国乃至全球的人口老龄化进程，并为调和这种人口年龄结构与现有社会制度之间的矛盾给出一个统筹的公共政策框架。

其次，人口老龄化是经济社会发展的必然趋势，尽管它首先表现为一个人口现象，却不断和社会经济、环境资源的各个领域相互作用，并对它们的发展产生越来越深远的影响。因此，仅仅调整人口政策或者对老年人的政策不足以应对人口老龄化，对公共政策进行局部调整或者刚性调节也不足以应对人口老龄化。人口老龄化所带来的是一个复杂的系统问题，公共政策要想在这个系统中发挥持久有效的作用，就必须将社会视为一个整体，统筹人口与社会、经济、资源、环境等要素之间的关系，并促进和支持各种不同的系统共同发挥作用。

再次，人口老龄化并不是一种短期现象，人口年龄结构的老化具有巨大的惯性。尤其对于中国来说，它的人口老龄化是在经济不发达、就业不完全和社会保障不完善的背景下出现的，与经济社会的发展并不同步。因此，在中国应对人口老龄化的过程中，公共政策安排不只是一种应急策略，更重要的在于能否同经济社会的可持续发展相互协调。

此外，几乎所有的公共政策都具有鲜明的国家特征，涉老政策也不例外。尽管那些提前进入老龄化的发达国家为中国提供了丰富的“前车之鉴”，但国情的不同使我们无法生搬硬套它们的政策模式，何况这些国家正由于高福利与福利刚性等原因而陷入债务泥潭至今不拔。因此，中国应对老龄化的政策应该有效协调西方国家的经验与中国文化传统的关系，在强调中国国情与东方智慧的基础之上，创造出中国人自己的发展模式与生活方式。

创新体制机制　优化资源配置

——加强和改进社会养老服务的若干思考

何文炯①

【摘要】随着我国人口老龄化、高龄化和家庭小型化，社会化的老年照护服务和精神慰藉需求将不断增长，因而以提供服务为主的老年保障制度建设将被提到更加重要的位置上。然而，我国现行体制机制与老年人对养老服务的需求及其质量不相适应，需要通过体制改革和机制创新来破解这一系列难题。

【关键词】养老服务　体制机制　均等化

从老年人的需求出发，老年保障体系应当包括基本生活保障、健康保障、照护服务、精神慰藉四个项目。在我国，前两个项目的制度已经基本建立，国家通过社会养老保险和社会医疗保险这两项经济保障制度，为老年人分别提供基本生活资料购买能力保障和基本医疗费用保障，今后的重点是从制度全覆盖走向人员全覆盖，从人人享有走向人人公平地享有。但是，后两个项目的制度还比较薄弱。然而，随着我国人口老龄化、高龄化和家庭小型化，社会化的老年照护服务和精神慰藉需求将不断增长，因而以提供服务为主的老年保障制度建设将被提到更加重要的位置上。也就是说，我国老年保障体系建设的重点，将从经济保障为主转向经济保障与服务保障并重的阶段。

一般认为，老年照护服务的提供，通过社会福利制度的安排来解决。因而，较长一个时期来，我国政府主要通过兴办社会福利事业，例如发展养老机构、发展社区居家养老服务等，增加老年照护服务供给，提高老年服务保障水平。然而，供给的增加总是跟不上需求的增长，缺口越来越大。与此同时，政府财政在这一领域投入持续增多，但群众的意见不仅没有随之减少，反而有所增加。这就使我们不得不去思考更深层次的问题，重新评价养老服务资源配置的效率，重新审视我们的体制机制。

---

① 何文炯，浙江大学社会科学研究院副院长，浙江大学风险管理与劳动保障研究所所长。

一、社会养老服务领域的主要问题

经过多年的改革探索，我国社会养老服务事业有很大的发展，但总体上说，社会养老服务的供给与不断增长的需求不相适应，尤其是与日益严峻的人口老龄化、高龄化趋势不相适应。具体地说，有两大问题，一是社会养老服务的资源不足；二是资源配置不合理。

所谓资源不足，主要是指社会养老服务的资源动员能力不足。现在我们社会养老服务主要依靠政府投入，民间资源没有充分调动，市场机制还没有充分发挥作用。尽管政府投入连年增长，但供求矛盾依然很突出。例如，居家养老，住宅设施、社区设施不适应，医疗服务、照护服务、心理疏导等服务跟不上，许多服务无法顺利获得；机构养老，总量不足，尤其是随着失能老年人的增加和家庭规模的缩小，养老机构的数量和床位以及服务质量都无法适应需求。可以说，现在不适应，未来更不适应。然而，我们目前缺乏一套有效的资源动员机制，让更多的资源进入社会养老服务领域，特别是让民间的社会资源进入这一领域的机制。例如，老龄产业发展，就是一个重大问题，现在还没有破题。又如，民办养老机构怎么准入，怎么运行，还缺乏一套有效的办法。还有，如何使得居家老年人能够方便快捷地购买到养老服务，更是一个崭新的课题。

所谓资源配置不合理，是指在已经进入社会养老服务领域的资源，其配置不合理，公平性不够，效率也不高。从公平性看，养老服务资源在人群之间、区域之间、城乡之间的配置失衡，少数人占用大部分养老服务资源，大量的老年人享受不到社会养老服务，尤其是未能享受到政府提供的养老服务。因此，在养老服务领域，基本公共服务均等化的任务还很艰巨。从资源配置的效率看，也有很多问题。一是重机构养老、轻居家养老。在居家养老与机构养老之间，我们现有的资源投入在机构养老方面比较多，在居家养老方面投入相对比较少。然而，无论是现在还是将来，居家养老应该是主流的养老方式。二是养老机构入住“冷热不匀”。有些养老机构门庭若市，一床难求；而有些养老机构是门可罗雀、冷冷清清。我和我的同事专门做过调查，许多养老院的床位空置率很高，资源浪费严重。三是养老机构的区域布局不合理，一些地方把养老院规划在边远的地段，不适合老年人居住。许多领导虽然重视养老机构的发展，但舍不得把市中心的地拿出来盖养老院，只得把养老院安排到山沟沟里。四养老机构中护理型床位偏少。据调查，现在的养老机构中入住的主要是生活基本能自理的老年人，很少有失能老年人。从养老机构设立的宗旨看，主要应该收养生活自理能力较弱且家庭无法照顾的老年人，凡生活能够自理或家庭有能力照顾的老年人，应当鼓励其居家养老。然而，现有的养老机构中，护理型的床位比较少，护理型的机构更少。因此，优化社会养老服务资源配置，已经成为一个很重大的课题。

二、加强和改进社会养老服务的基本思路

未来一个时期，我国经济社会将加快转型发展，城乡居民收入水平进一步提高，消费从“生存型”向“发展型”、“享受型”升级，老年居民对养老服务及其质量有更高的期待。然而，现行体制机制与之不相适应。因此，需要通过体制改革和机制创新来破解这一系列难题，其要点有四。

第一，全面提升社会养老服务资源动员能力。从全社会的资源配置来看，目前，用于养老服务的资源不足，因此，我们需要寻找一种有效的机制，把养老服务资源这块“蛋糕”做大，使资源能够更多地进入养老服务领域。从国际经验看，养老服务需要政府资源、社会资源和家庭资源的有机整合。从我国的情况看，重点是如何调动社会的资源。因此，要充分利用市场机制，撬动能够让更多社会资源进入养老服务领域的杠杆。这里的关键是两个：一是市场机制，二是民间力量。在市场经济条件下，市场机制无时不刻在起作用，调动社会资源必须尊重市场规律。然而，这几年我们在推动社会养老服务事业发展的过程中，并没有充分注意这一点，因而社会资源动员不够。例如，由市场提供的居家养老服务不够，民办养老机构发展不快。民间力量是指两个方面，一是营利性社会养老服务，二是非营利性社会养老服务。这两类养老服务，近几年发展都不快，因为他们与公办机构所提供的养老服务处于不平等的地位，有时甚至还受到某些歧视，这种不平等的竞争，影响了民间养老服务业的发展。所以，尊重市场规律、建立平等竞争机制、营造全社会支持养老服务的氛围，是促进民间养老服务业发展、从而调动社会资源进入养老服务领域的重要条件。

第二，着力推进基本养老服务均等化。社会化的养老服务可以由政府直接提供，也可以由民间机构提供。但是政府所提供的养老服务属于基本养老服务，这类服务是基于公民基本权利和政府基本责任而确定，是政府对于每一位老年人应尽的责任，不分人之贵贱，人人公平享有，所以应当以社会公平为原则，以实现均等化为基本目标。然而，现阶段政府提供的养老服务并没有覆盖全体老年人，且其均等化程度很低，保障过度与保障不足、保障缺失并存，一部分人以廉价的成本获得政府提供的良好的养老服务，一部分人则无法从政府那里得到本应得到的养老服务。从 2010 年到 2011 年的半年多时间，我有幸参与国家基本公共服务体系“十二五”规划的编制工作，积极建议加强基本养老服务，并加快基本养老服务均等化推进力度。令人欣喜的是，这个规划对于“十二五”时期我国基本养老服务列出了一些项目，明确了服务项

目及其服务对象、保障水平、责任主体、资金来源和发展目标。我盼望我国基本养老服务的范围进一步拓展、均等化程度不断提高。

第三，清晰界定政府责任边界。对于社会养老服务，政府负有十分重要的责任，也有十分重要的作用，关键是政府如何定位。如果政府定位准确，则社会养老服务资源就能够得到优化配置，社会养老服务事业就会健康发展。反之，如果政府定位不准确，其责任边界不清晰，则政府或者很累，或者投入虽多但产出很低，甚至引来更多的矛盾。从这几年的实践看，各级政府在社会养老服务领域投入不少，但其收益、其社会效应并不与之相称。所以，一定要明确政府与家庭、政府与市场、政府与社会的关系，要把政府的责任清晰地加以界定，即要明确政府管哪些事情，管到什么程度。我理解，在市场经济条件下，政府在整个社会养老服务体系中的职责，一是直接主导提供基本养老服务；二是通过建立规制，实施监管，并通过一定的政策鼓励和引导民间社会养老服务事业发展，使各类老年人能够得到与自己经济地位和购买能力相适应的个性化的补充性养老服务。从目前的情况来看，一要推进基本养老服务均等化，二要充分利用市场机制，调动社会资源，加快发展民办的补充性养老服务，包括营利性的和非营利性的。

第四，努力创新社会养老服务供给机制。无论是政府直接提供的基本养老服务，还是由民间各类营利和非营利组织提供的市场化的补充性养老服务，都是要讲效率的，都应当采取有效的供给模式。因此，政府主导提供的基本养老服务可以由政府直接提供，也可以通过购买服务的方式，由市场提供。从这几年的实践看，在加强社会养老服务体系建设的过程中，政府主要通过政府部门或其下属事业单位，或通过其直接支持下的社区组织提供养老服务，而通过市场提供的养老服务较少。总体上看，这样的供给模式有三个方面的缺陷，一是效率不够高，二是公平性受到质疑，三是老年人的选择权受到限制。因此，改革的方向是社会养老服务供给以市场为主。还有一点值得注意，目前政府在社会养老服务领域的资源投入以补供方为主，我认为，应该逐步转变为以补需方为主。经济学理论告诉我们，补需方的效率要比补供方要高，而且更为公平。因此要学会利用市场机制，要充分发挥 NGO（非政策组织）、NPO（非营利组织）的作用，还要积极推行政府购买养老服务。

三、现阶段社会养老服务体系建设的重点

社会养老服务体系建设，要从需求和供给两个方面来看。从需方看，需求旺盛，但有效需求不足，主要表现在相当一部分低收入家庭的老年人迫切需要社会化养老服务，但无力购买，因此要设法提高他们的购买力，即增加有效需求；从供给看，老年

人所需要的社会养老服务无法得到满足，养老机构床位总量不足、结构不合理，能够支撑居家养老的社会化服务更是不足，因此，要加快发展居家养老服务和机构养老服务，着力增加供给，满足老年人的服务需求。基于这样的理解，现阶段我国社会养老服务体系建设的重点有三。

（一）实施养老服务补贴制度

养老服务补贴制度是指政府对于满足一定条件的老年人发放补贴，用于购买社会养老服务，包括居家养老服务和机构养老服务，此项经费全部由财政承担。这是政府购买服务的一种类型。建立这项制度，有利于政府履行基本养老服务职责，有利于增加养老服务有效需求，也有利于改进政府在养老服务领域的投入机制。过去，政府对于社会养老服务也有不少投入，但主要采用补供方的办法，且以补助养老机构为多，属于“暗补”。从实际效果看，这种方式带有明显的弊端。建立面向服务需方的补贴机制是增加需求的有效途径。这将有利于财政投入使用效益的提高和养老服务市场的健康发展，体现了对老年人选择权的尊重。由老人自主选择养老机构，客观上使得养老服务提供主体有了竞争的压力，迫使他们根据老年人的需求，想方设法改进服务质量，丰富服务内容，有利于其优胜劣汰。

从政府基本养老服务的职责出发，养老服务补贴制度应当是一项面向全体老年人群的普惠性制度。但是，老年人的身体和家庭情况千差万别，其照护服务的需要不同，因而政府对于不同的老年人承担不同的责任，提供不同程度的补贴。为了提高财政资金使用效率，从社会公平的原则出发，政府提供的养老服务补贴对象主要有两类：一是身体状况较差、家庭经济困难的老年人，二是作为优抚对象的老年人。享受养老服务补贴的对象，需要通过一套科学合理的评估办法来确定，其主要标准是老年人的失能程度、家庭经济状况和家庭照护能力。在制度实施之初，建议先在农村“五保”老人、城镇“三无”老人和优抚对象中施行，前两类老人没有劳动能力、没有收入来源、没有法定赡养人或者其法定赡养人无赡养能力，应当由财政全额补贴，而优抚对象是为国家做出牺牲和贡献的特殊群体，对他们的保障标准要高于一般社会成员，应确保优抚对象的生活水平高于当地社会成员的平均生活水平。当然，如果上述老年人已经进入了集中供养的机构，则其补贴就直接补贴到养老机构，相当于其个人已经拿到补贴，并购买了机构养老服务。

老年照护服务既是政府的责任，也是家庭的责任。基于家庭和政府共担的原则，养老服务补贴标准应当适度，要坚持保基本、低标准起步，先从解决特别困难的群体入手，随着经济发展和国家财力的增长逐步扩大覆盖范围、提高补贴水平。

（二）发展市场化居家养老服务

从养老方式看，居家养老是大多数老年人的选择，因而把居家养老服务做好，就能够解决大多数老年人的照护服务问题。所以，居家养老服务在整个社会养老服务体系中占有十分重要的地位。

多年来，在各级政府的重视和支持下，社区养老服务，特别是城镇社区养老服务得到较快的发展。今后，需要继续通过“星光老年之家”，以孤寡、独居、困难、残疾和高龄等五类老人为工作重点，面向社区老人，提供各类服务；通过全科医生网络，为老人配备家庭责任医生，实行定期健康探视；逐步推广应用紧急救助服务，为“空巢”老人安装求救求助呼叫器；为低收入老人提供定额免费的装修及家电家具，美化亮化老年人家庭。在此基础上，适应老年人需求，不断创新社区居家养老服务项目和方式。

与此同时，要加快发展市场化的居家养老服务。要引入市场机制，打破社区行政界限，通过税收减免和相关补贴政策，鼓励企业在一定区域内提供更加高效的养老服务，以满足老年人的需求。例如，鼓励生活服务企业、家政服务企业等发展养老服务。建立评估机制，经过认定后，给予税收优惠、职业培训补贴等。在现有税收政策不作调整的情况下，需要扩大税收优惠政策的覆盖范围，吸引更多的民间资本参与居家养老服务供给。对居家养老服务供给达到一定规模的生活服务企业、家政服务企业给予税收优惠政策，鼓励这些公司拓展服务内容和项目（如上门做家务、聊天解闷、陪散步和其他应急服务等）。

发展居家养老服务，需要注意城乡统筹协调发展。与城镇相比，农村居家养老社会服务供给明显滞后，但农村老年人社会服务的需求在快速上升。事实上，随着城市化进程的加快，农村的老龄化程度已经高于城镇，且农村家庭的老年照护服务能力下降速度快于城镇。因此，农村的居家养老服务要加快发展，养老服务的资源要向农村倾斜，同时要向欠发达地区倾斜，向贫困人群倾斜。在城镇，居家养老服务要增加项目、提升水平，更要注意辐射和带动农村社会化养老服务的发展。

（三）优化机构养老资源配置

随着人口老龄化和家庭小型化，机构养老需求日益增长。然而，目前有些养老机构门庭若市，一床难求，等候入院者排起长队；有些养老机构则门可罗雀，入住率很低。对此，我们做过调查和分析。虽然这几年机构养老事业有较大的发展，但供给总量依然不足。更值得关注的是，有限的机构养老资源还没有得到充分利用，配置不合理，浪费严重，其主要原因一是高档次的床位价格相对较高，入住条件严格，普通收入水平的老人很难进入；二是部分床位价格较低的养老服务机构又因为居住和配套条件较差，除了社会供养老人及少数困难老人入住外，一般老人又不愿入住；三是护理型养老机构和床位偏少，目前大多数养老机构无法提供护理，或者说，提供护理服务的能力很弱，护理型养老机构的床位数仅占养老机构总床位数的25%，而需求量最大的就是这一类。因此，排长队等待与大量闲置床位并存现象持续多年。所以，应当按照市场配置为基础、政府适度干预的原则，优化机构养老资源配置，促进机构养老服务事业的健康发展。

一要优化养老服务机构的功能布局。依照功能定位和医疗介入程度的不同，对养老服务机构进行功能分类，合理布局。要鼓励企业和事业单位对现有空置房产设施资源进行改造和利用，对现有养老机构资源进行整合，提高现有资源的利用率。同时，要制定引导、鼓励城区老年人入住郊区养老机构的补贴措施，对符合一定条件的老年人入住郊区养老机构实施补贴，降低养老机构的空置率，提高资源利用效率。

二要大力发展护理型机构养老服务。无论从老年人养老服务的需求出发，还是从资源合理配置的角度出发，对于生活基本能够自理的老年人，应该鼓励其居家养老，因而机构养老主要针对失能半失能老人，所以，要加快发展护理型养老机构，或增加护理型床位。要按照“统筹规划、各有侧重、相互补充”的原则，统筹规划老年护理医院和养老机构的养老护理资源。通过改造和新建等方式，大力发展护理型养老机构，统筹城乡合理布局。支持各类养老服务机构开展社会化老年医疗卫生服务和老年病护理服务。符合条件的，应将医疗卫生服务和老年病护理服务纳入职工基本医疗保险范围。

三要大力支持民办养老机构的发展。目前，我国养老机构以公办为主，民办的养老机构发展缓慢，已经办起来的民办养老机构亦是步履维艰，这需要引起高度重视，特别是给予明确的法律地位，并给予创造必要的条件，包括各种支持政策，如准入门槛、土地政策、税收政策等。要逐步降低养老服务机构建设准入门槛，简化养老服务机构审批程序；要确保养老服务机构建设用地，包括营利性养老服务机构。营利性养老机构建设和运营项目规费等享受与非营利性养老服务机构同等优惠政策。在各项政策未能全面到位之时，发展公建民营和民办公助型的养老机构是一种值得推荐的模式。对公建民营养老机构，在运营主体的遴选上实行竞标制度，入选运营主体允许在适度范围内获取盈利，养老服务机构相关资产的所有权和处置权属于国有。对民办公助养老服务机构，提供建设补贴和服务补贴。同时，要积极推进养老机构公办民营的改革。鼓励非公有制经济参与社会福利养老单位的产权制度和经营方式的改革，可以依法将经营权以承包、租赁、出让、委托经营、参股等方式转给企业、社会组织或个人以及外资等市场主体，由市场主体按照自主经营、自负盈亏、自我发展、自我约束的原则为老年人提供养老服务。

此外，要逐渐缩小和控制福利性养老机构规模，逐步增加政府向民办养老机构购买服务的比重。

四、促进社会养老服务发展的政策建议

保障和改善民生是服务型政府的基本职责，也是促进经济发展方式转变的有效手段。作为民生领域的一个重要项目，加强和改进社会养老服务需要从经济社会发展的全局出发，建立健全法律规章，落实各项政策措施，优化发展环境。

（一）加强发展规划和政策统筹

社会养老服务是一项长期的事业，需要在充分把握未来发展趋势的基础上，制定长远的发展规划，统筹协调各项政策，形成合力，优化资源配置，提高服务水平和效率。这些年来，尽管各级政府印发了推进社会养老服务体系建设的不少文件，但由于缺乏系统的总体规划，导致政策之间衔接不到位，甚至有不少政策无法落实到位。部分领导干部和有关部门对人口老龄化、高龄化、家庭小型化及由此带来的社会问题认识不到位，尤其是对政府在社会养老服务体系建设中所扮演的角色定位不准，致使实践中政府既有“缺位”、又有“越位”，因而社会养老服务体系建设未能有突破性进展。因此，要根据社会养老服务发展的思路和重点，加强规划和统筹。一要明确社会养老服务在整个经济社会发展中的定位。充分考虑人口老龄化和基本公共服务体系建设的背景，将社会养老服务纳入国民经济社会发展规划，将基本养老服务列入基本公共服务范围。二要明确社会养老服务发展的重点。从国际经验和我国国情出发，要把发展居家养老服务作为重点，并将其纳入城乡社区建设规划。三要根据人口和家庭结构变化趋势，研究机构养老服务需求变化趋势，确定养老机构和床位的总量和结构，制定建设计划，同时，合理布局养老机构的规模和选址，并将其纳入国土利用规划，完善支持社会养老服务发展的土地政策，尽早解决土地指标问题。四要研究和把握老年人消费变化趋势，制定老龄产业发展规划，以更好地满足老年人需求。

（二）健全资金投入保障机制

在社会养老服务领域，财政投入主要体现在两个方面。一是对于基本养老服务的直接投入，其中包括政府直接提供服务和通过购买服务所需的财政经费，这需要全额纳入财政预算，并根据老年人需求变化建立相应的调整机制，确保稳定增长。二是支持民间力量参与社会养老服务体系建设的政策，具有一定的含金量，也需要财政投入，例如对养老机构和从事居家养老服务的企业或民间组织给予一定的财政补贴。这些都需要列入财政支付范围。在财政资金之外，还应当充分发挥福利彩票、体育彩票

等公益金、慈善捐款等对社会养老服务体系建设的积极作用，形成政府和社会共同投入的多元化经费投入格局。

（三）实施促进老龄产业发展的政策

发展老龄产业是满足老年人需求的主要供给渠道，因此，要把老年用品、用具和服务产品开发等产业发展提到更加重要的位置上，积极拓展适合老年人多样化需求的老年旅游服务、特色护理、家庭服务、健身休养、文化娱乐、金融理财等老年服务业，把老龄产业列入扶持行业目录。所以，要研究制定支持老龄产业发展的政策。一是清除阻碍非公有资本参与营利性老年服务机构的体制性障碍，取消对非公有制养老机构的种种限制。以市场为导向，建立公平竞争机制，让非公有制养老机构和公有制养老机构一同享受补贴和政策优惠等待遇，进行公平竞争。二是税赋政策优惠。要适时出台养老机构、老年教育用地优惠政策；非公有制养老服务机构、老年文化教育企业税赋减免政策；旅游景点对老年人的优惠标准；非公有制养老服务机构、老年文化教育企业用水、用电、燃气、电信优惠政策。三是补贴政策。老龄产业是国家社会保障、社会福利的有机组成部分，投入大、利润少，国家应给予适当补贴。现阶段，如果财政不能拿出更多的资金用于对养老服务的补贴，则可以考虑改变社会保障、社会福利资金的投放方式，使养老服务机构以服务换取社会保障、福利资金的补贴。四是鼓励社会对养老服务机构的捐助。应制定社会和企业向国家认可的养老服务机构捐助，可以抵税、可得到相关慈善事业荣誉褒奖的政策，鼓励全社会关爱、关注老年人，支持老龄产业的发展。五是鼓励探索公有制养老机构的多种实现形式，如公办民营、股份制、合资等，打造“社会化与产业化、福利性和市场性兼容并蓄”的老龄产业发展模式，以适应市场化不断发展的趋势，使国家已经投入的资本发挥更大的经济效能和社会效能，给广大老年人带来更大的实惠。

（四）制定实施养老服务行业规范

随着社会化养老服务比重的提高，制定和实施养老服务行业规范势所必然。因为家庭养老以亲情为基础，每家每户各有各的生活方式，因而各有各的老年照护服务方式，呈现出多样性和个性化，且很少有社会性的矛盾和争议。社会养老服务方式进入，照护服务的统一性与老年服务需求的个性化之间存在着矛盾，这不仅影响老年人生活质量，而且会增加服务成本，甚至增加法律纠纷，处理不当则有可能成为社会性矛盾。因此，必须制定和实施一套行之有效的行业规范，以确保服务质量、保障老年人权益，并清晰界定养老服务提供者的责任，从而降低其职业风险。一是行业准入规范，包括服务机构准入标准和退出机制，服务人员从业资质等。二是养老服务机构建设标准，包括设备设施要求，人员配备要求和管理规则等。三是服务规程，包括服务工作流程、服务标准、收费标准等。四是养老服务质量评价机制，包括评价指标体系的建立和多维度评价方法的运用。

为此，需要建立社会养老服务行业自律组织，积极协助政府部门，制定行业标准，进行资质评估，开展行业自律，加强社会养老服务机构规范化建设。要积极创造条件，推行养老服务机构 ISO9001 质量体系认证，切实提高养老服务质量。政府和行业自律组织根据评估结果对居家养老服务和机构养老服务进行分级定位，并向社会公布评估结果，接受社会监督。关于服务质量的评估，应当逐步引入第三方评估，以增强独立性、客观性，提高公信力。

尤其需要指出的是，随着养老服务补贴制度的实施，需要建立服务补贴对象的资格评估机制。这个评估机制包括老年人的资格确认、需求评估和服务项目设计等内容。一是通过建立一套科学的、完整的评估体系，对申请享受政府购买服务的老年人进行资格评估。二是对符合享受条件的老年人进行服务需求评估，即通过 ADL 或 IADL 等科学指标体系判断老年人的日常生活能力，确定其所需的养老服务内容。在此基础上，根据老年人的服务需求和经济状况确定相应的补贴标准。

（五）加强社会养老服务队伍建设

与家庭养老服务不同，社会化的养老服务需要专业化，包括硬件和软件的专业化，其中最为重要的是服务人员的专业化。然而，我们的现状与之差距甚远。因此，要把社会养老服务队伍的专业化建设放到重要地位，要把从事社会养老服务作为三百六十行中的重要一行，明确其职业素质要求、薪酬标准，并落实其相应的社会保险和福利待遇。同时，还要培育志愿者队伍，形成有效的激励机制和风险保障机制。一要制定养老服务人才队伍培养规划，进一步明确养老服务人才队伍培养的重点目标、主要任务、政策措施和方法步骤，增强养老服务人才培养的计划性、系统性和针对性，整体推进养老服务人才队伍建设。二要建立健全养老服务教育培训体系，完善养老服务从业人员免费培训制度，对从事养老服务的工作人员，包括对为老年人服务的家政人员、志愿者、社工等进行集中免费培训。当前一个重点是要通过职业培训提高居家养老服务人员家政服务、医学常识等专业素质，政府对居家养老服务人员的专业化培训要进行补贴，同时，有计划地在高等院校和中等职业学校增设养老服务相关专业和课程。三要健全完善养老服务人才使用制度，建立健全岗位管理、岗位考核与人员退出制度，合理配备工作人员，严格人员管理。特别要鼓励各类居家养老服务机构和组织优先招聘失业人员、享受最低生活保障待遇人员和农村转移就业登记劳动力从事居家养老服务工作，符合职业培训补贴政策条件的人员，按照相关规定提供免费或优惠培训。四要建立完善激励保障制度，制定养老服务人才薪酬指导政策和奖励政策，切实改善养老服务工作人员的工资收入和福利待遇。建立完善养老护理员职称评聘体系，护理员职业技能等级与职务晋升、待遇相挂钩。研究制定优惠政策和措施，积极鼓励大中专院校和护士专科学校毕业生到养老服务机构和社区从事养老服务工作。

后　记

2012年7月1日，由中国老龄协会主办的“积极应对人口老龄化战略研讨会”在京举行。全国人大常委会副委员长华建敏，原全国人大常委会副委员长蒋正华，全国老龄委副主任、民政部部长、全国老龄办主任李立国出席开幕式并分别致辞。全国老龄办常务副主任、中国老龄协会会长陈传书主持研讨会。全国人大常委会委员、内司委副主任委员辜胜阻，全国人大常委会委员、内司委副主任委员陈斯喜，国家人口计生委副主任王培安，全国工商联党组副书记、副主席、中国老龄产业协会副会长褚平，原民政部副部长、中国老龄事业发展基金会理事长李宝库，原劳动保障部副部长、中国社会保险学会会长王建伦等出席会议。来自中国社会科学院、北京大学、清华大学、中国人民大学、浙江大学、复旦大学等单位的专家学者在研讨会上发言。此次研讨会共分为经济发展、社会保障、公共服务及社会发展等四个单元，活跃在学术界前沿的20余名专家学者，围绕中国人口老龄化态势、人口老龄化与家庭结构及代际关系、人口老龄化与经济可持续发展、人口老龄化与养老保险制度可持续发展的关键战略问题、国际社会应对人口老龄化的战略与策略、养老保险制度改革与发展研究、社会养老服务体制机制改革创新、长期照料制度研究、城镇发展与老年宜居环境建设研究、农村人口老龄化及其应对、人口老龄化与老年健康支持体系建设等方面发表了精彩的演讲。与会专家普遍认为，人口老龄化将对我国发展带来诸多可以预见和难以预见的风险挑战，但从长远来看前途是光明的，挑战之中也蕴藏着许多新的发展机遇。国家应及早用积极的心态和理性的制度实施积极老龄化战略，从物质、精神、制度、体制机制等方面做好应对人口老龄化高峰的战略准备，着力推进老龄战略对策、老龄服务、老年经济供养、老年健康支持、老年宜居环境、老龄工作体制等“六大体系”建设。这次“积极应对人口老龄化战略研讨会”的召开，旨在在我国第一个老年人口增长高峰到来之际、在社会各界深人研究老龄问题之时，以积极的态度、积极的思考、积极的观点，对人口老龄化给中国经济、政治、社会、文化等诸领域带来的重大问题进行探讨研究，以期在专家的真知灼见中、在各方的思维碰撞里，建言国家应对之良策，寻求中国老龄事业未来又好又快的发展路径。此次研讨会得到了中国老龄产业协会及其常务理事单位山海树集团、华寿养老、中冶寰泰等部门的大力支持，来自全国老龄委成员单位有关部门负责同志，相关领域的专家学者，各省、自治区、直辖市、计划单列市、新疆生产建设兵团老龄办负责同志，以及社会各界代表共

260 多人参加了会议。

为了把研讨会的学术成果向社会广泛地宣传，让更多的人深入了解人口老龄化，我们编辑了《国家应对人口老龄化战略研究论文集》。本书由全国老龄办组织领导，有关专家为本书的出版提供了文字、图表材料。华龄出版社的有关同志为本书的出版做了大量细致工作。

全国老龄办

2012 年 12 月 30 日